金融仿真综合实验

JINRONG FANGZHEN ZONGHE SHIYAN

主 编 李 政

复旦大学出版社

前　言

>>>>>> 金融仿真综合实验

随着人工智能、大数据技术对金融领域的渗透,传统的金融岗位在急剧减少,而资产管理、私人财富顾问、风险控制等岗位的数量在快速增加。金融领域的这些变化越来越要求金融专业学生同时具备金融理论、数据分析建模和软件操作三方面知识。面对新技术、新产业和新业态的发展对于人才供给的迫切需求,需要金融类专业人才培养基地——高校加强学生综合应用金融专业各学科知识的技能和对现实金融数据分析处理能力的培养。最终的培养目标是要求学生不仅具备较正确地分析和预测各种市场走势的能力,还要求学生能借助各种量化投资工具,将自己的判断应用于实践,并在投资中获取收益,或者能够给客户提供准确率较高的投资建议。

要实现上述人才培养目标并非易事。目前我们高校金融类专业的学生在数理建模和软件操作等方面的基础参差不齐。为了让金融类专业的学生,特别是数理和软件操作技能相对薄弱的学生尽可能掌握量化分析的能力,本综合实验教程通过设置一系列经典的金融类综合实验,试图来解决培养目标高与学生基础相对薄弱之间的矛盾。

本实验教程侧重综合性、通俗性、傻瓜型。其中综合性体现在实验项目的编写过程中,不仅综合利用了多个金融理论,还注重综合利用 Python、Eviews、Excel 等多个数据分析处理软件;通俗性是指对于实验项目所涉及的一些比较复杂的数理模型,本教程都会尽量采取通俗易懂的表述方式进行讲解;傻瓜型是指本教程通过对软件操作过程的详细描述以及截图,尽可能让学生可以不在老师讲解下,仅仅凭借本实验教程就掌握实验项目所涉及的 Python、Eviews 等软件的操作方法。

本教程的写作分工如下:

段军山(广东财经大学)——实验十二;

李　政(广东财经大学)——实验三、实验八、实验十一,及全书的统改定稿;

苏国强(广东财经大学)——实验八;

张　芳(广东财经大学)——实验一;

黄金波(广东财经大学)——实验五、实验六;

马宗刚(广东财经大学)——实验二、实验十;

何晓光(广东财经大学)——实验四、实验九；

邓永超(华南农业大学)——实验八；

黄永政(广东财经大学,硕士研究生)——实验四、实验五、实验七、实验十二、附录；

鄢笑玲(广东财经大学,硕士研究生)——实验二、实验三、实验六、实验十一；

姬昌阳(广东财经大学,硕士研究生)——实验一；

李　宽(广东财经大学,硕士研究生)——实验一。

这本实验教程肯定还存在许多缺点和不足,诚恳希望前辈、同仁及广大读者提出批评意见。

编　者

2018年10月

目 录

实验一 基于杜邦分析法的上市公司财务分析　　1

　　一、实验目的 ………………………… 1　　　　五、实验过程 ………………………… 5
　　二、实验内容 ………………………… 1　　　　六、实验报告要求 ………………… 21
　　三、实验原理 ………………………… 1　　　　七、思考题 ………………………… 21
　　四、实验要求 ………………………… 5　　　　八、注意事项 ……………………… 21

实验二 利率久期的计算与应用　　22

　　一、实验目的 ……………………… 22　　　　四、实验过程 ……………………… 29
　　二、实验内容 ……………………… 22　　　　五、实验报告要求 ………………… 38
　　三、实验原理 ……………………… 22　　　　六、思考题 ………………………… 38

实验三 二叉树的计算　　39

　　一、实验目的 ……………………… 39　　　　五、实验报告要求 ………………… 57
　　二、实验内容 ……………………… 39　　　　六、思考题 ………………………… 57
　　三、实验原理 ……………………… 39　　　　七、注意事项 ……………………… 57
　　四、实验过程 ……………………… 49

实验四 金融期货在套期保值中的应用　　58

　　一、实验目的 ……………………… 58　　　　三、实验原理 ……………………… 59
　　二、实验内容 ……………………… 58　　　　四、基于最小方差套期保值比率

　　　　实验步骤 …………… 59
　　五、基于 OLS 模型最优套期保值
　　　　比率 ………………… 61
　　六、基于 B-VAR 模型最优套期
　　　　保值比率 …………… 64
　　七、基于 ECM 模型最优套期保值
　　　　比率 ………………… 71
　　八、套期保值的绩效 ……… 76
　　九、实验报告要求 ………… 78
　　十、思考题 ………………… 78
　　十一、注意事项 …………… 78

实验五　资本资产定价模型和套利定价模型　　79

　　一、资本资产定价模型（CAPM）
　　　　……………………… 79
　　二、套利定价模型（APT）…… 85
　　三、实验报告要求 ………… 89
　　四、思考题 ………………… 89
　　五、注意事项 ……………… 89

实验六　Black-Scholes 期权定价公式　　90

　　一、实验目的 ……………… 90
　　二、实验内容 ……………… 90
　　三、实验原理 ……………… 90
　　四、实验过程 ……………… 92
　　五、Black-Scholes 期权定价公式的
　　　　应用 ………………… 101
　　六、Black-Scholes 期权定价公式的
　　　　不足 ………………… 102
　　七、实验报告要求 ………… 102
　　八、思考题 ………………… 102

实验七　单位根检验、协整与误差修正模型实验与案例分析
　　　　——中国金融中介发展与经济增长之间关系的检验　　103

　　一、实验目的 ……………… 103
　　二、实验内容 ……………… 103
　　三、实验原理 ……………… 103
　　四、实验要求 ……………… 106
　　五、实验步骤 ……………… 106
　　六、实验报告要求 ………… 121
　　七、思考题 ………………… 121
　　八、注意事项 ……………… 121

实验八　序列相关和 ARIMA 模型分析　　122

　　一、实验目的 ……………… 122
　　二、实验内容 ……………… 122
　　三、实验原理 ……………… 122
　　四、实验过程 ……………… 124

五、实验报告要求 …………… 130
　　六、思考题 …………… 130
　　七、注意事项 …………… 130

实验九　大豆期货价格的波动非对称性效应　　131

　　一、实验目的 …………… 131
　　二、实验原理 …………… 131
　　三、实验内容 …………… 131
　　四、理论模型 …………… 131
　　五、实验步骤 …………… 133
　　六、模型的识别方法 …………… 151

实验十　基于情景理论的宏观经济运行风险预测与模拟　　155

　　一、实验目的 …………… 155
　　二、实验内容 …………… 155
　　三、实验原理 …………… 155
　　四、实验环境 …………… 162
　　五、实验要求 …………… 162
　　六、实验过程 …………… 162
　　七、实验报告要求 …………… 179
　　八、思考题 …………… 179

实验十一　基于损失分布的操作风险 VaR 度量　　180

　　一、实验目的 …………… 180
　　二、实验内容 …………… 180
　　三、实验原理 …………… 181
　　四、实验过程 …………… 184
　　五、实验报告要求 …………… 190
　　六、思考题 …………… 190
　　七、注意事项 …………… 191

实验十二　货币流通速度测算与货币需求函数估计综合试验　　192

　　一、实验目的 …………… 192
　　二、实验原理 …………… 192
　　三、实验内容 …………… 196
　　四、我国货币流通速度的变化情况 …………… 200
　　五、货币需求函数实验步骤 …………… 206
　　六、实验报告要求 …………… 215
　　七、思考题 …………… 215
　　八、注意事项 …………… 215

附录一　pip 的安装与使用　　　　　　　　　　　　　　　　　　*216*

附录二　Python 基础知识　　　　　　　　　　　　　　　　　　*219*

附录三　部分 Python 库和模块的介绍　　　　　　　　　　　　*222*

附录四　二叉树补充　　　　　　　　　　　　　　　　　　　　*226*

实验一　基于杜邦分析法的上市公司财务分析

一、实验目的

1. 学习和掌握上市公司财务状况资料的搜集；
2. 学习和掌握财务比率分析方法；
3. 学习和掌握杜邦财务分析方法。

二、实验内容

1. 利用所学的财务分析方法对指定上市公司的财务状况进行分析，重点分析其盈利能力、偿债能力、资产利用效率等方面。

（1）盈利能力指标：净资产收益率、总资产收益率、成本费用率、销售毛利率等。

（2）偿债能力指标：流动比率、速动比率、现金比率；资产负债率、产权比率、利息保障倍数等。

（3）营运能力指标：总资产周转率、应收账款周转率、存货周转率等。

2. 杜邦财务分析。

（1）相关财务比率计算。

（2）杜邦图设计。

三、实验原理

财务状况是用价值形态反映的企业经营活动状况，通常通过资产负债表、资金流量表、利润表及有关附表反映，是企业生产经营活动的成果在财务方面的反映。

（一）盈利能力指标

1. 净资产收益率

净资产收益率 ROE（Rate of Return on Common Stockholders' Equity），又称股东权益报酬率、净值报酬率、权益报酬率、权益利润率、净资产利润率，是净利润与平均股东权益的百分比，是公司税后净利润除以净资产得到的百分比，该指标反映股东权益的收益水平，用以衡量公司运用自有资本的盈利效率。指标值越高，说明投资带来的收益越高。该指标体现了自有资本获得净收益的能力，其计算公式为：

$$净资产收益率 = 净利润 \div 净资产 \tag{1-1}$$

由于计算公式中分母处的净资产不同，该指标可以分为全面摊薄净资产收益率和加权平均净资产收益率，其计算公式分别如下：

$$\text{全面摊薄净资产收益率} = \text{报告期净利润} \div \text{期末净资产} \qquad (1\text{-}2)$$

$$\text{加权平均净资产收益率} = \text{报告期净利润} \div \text{平均净资产} \qquad (1\text{-}3)$$

全面摊薄净资产收益率计算公式(1-2)中计算出的指标含义是强调年末状况,是一个静态指标,说明期末单位净资产所能得到的净利润,能够很好地说明未来股票价值的状况。所以,当公司发行股票或进行股票交易时,该指标对股票价格的确定至关重要。另外,全面摊薄计算出的净资产收益率是影响公司价值指标的一个重要因素,常常用来分析每股收益指标。

从企业外部的相关利益人股东的角度看,应使用公式(1-2)中计算出的全面摊薄净资产收益率指标。也正因为如此,在中国证监会发布的《公开发行股票公司信息披露的内容与格式准则第二号:年度报告的内容与格式》中规定了采用全面摊薄法计算净资产收益率。全面摊薄法计算出的净资产收益率更适用于股东对于公司股票交易价格的判断,所以在向股东披露会计信息时应采用该方法计算指标。

加权平均净资产收益率计算公式(1-3)计算出的指标含义是强调经营期间加权平均后的净资产赚取利润的结果,是一个动态的指标,说明经营者在整个经营期间利用单位净资产为公司新创造利润的多少。它是说明公司利用单位净资产创造利润能力大小的一个加权平均指标,该指标有助于公司相关利益人对公司未来的盈利能力作出正确判断。

从经营者使用会计信息的角度看,应使用公式(1-3)中计算出的加权平均净资产收益率指标,该指标反映了过去一年的综合管理水平,对于经营者总结过去、制定经营决策意义重大。因此,企业经营者在分析企业财务情况时应该采用加权平均净资产收益率。另外,这在对经营者业绩评价时也可以采用。

总之,对企业内更多地侧重采用加权平均法计算出的净资产收益率;对企业外更多地侧重采用全面摊薄法计算出的净资产收益率。

2. 总资产净利率

总资产净利率是指公司净利润与平均资产总额的百分比。该指标反映的是公司运用全部资产所获得利润的水平,即公司每占用1元的资产平均能获得多少元的利润。该指标越高,表明公司投入产出水平越高,资产运营越有效,成本费用的控制水平越高,体现出企业管理水平的高低。其计算公式如下:

$$\text{总资产净利率} = \text{净利润} / \text{平均资产总额} \times 100\% \qquad (1\text{-}4)$$

$$\text{平均资产总额} = (\text{期初资产总额} + \text{期末资产总额}) \div 2 \qquad (1\text{-}5)$$

3. 成本费用利润率

成本费用利润率是指企业利润总额与成本费用总额的比率。它是反映企业生产经营过程中发生的耗费与获得的收益之间关系的指标。其计算公式为:

$$\text{成本费用利润率} = \text{利润总额} / \text{成本费用总额} \times 100\% \qquad (1\text{-}6)$$

该比率越高,表明企业耗费所取得的收益越高。这是一个能直接反映增收节支、增产节约效益的指标。企业生产销售的增加和费用开支的节约都能使这一比率提高。

4. 销售利润率

销售利润率(Rate of Return on Sale)是企业利润总额与企业销售收入净额的比率。它反映企业销售收入中,职工为社会劳动新创价值所占的份额。其计算公式为:

$$销售利润率 = 利润总额 / 销售收入净额 \times 100\% \qquad (1-7)$$

该项比率越高,表明企业为社会新创价值越多、贡献越大,也反映企业在增产的同时,为企业多创造了利润,实现了增产增收。

(二) 偿债能力指标

1. 流动比率

流动比率表示每 1 元流动负债有多少流动资产作为偿还的保证。它反映公司流动资产对流动负债的保障程度。其计算公式为:

$$流动比率 = 流动资产 \div 流动负债 \qquad (1-8)$$

在一般情况下,该指标越大,表明公司短期偿债能力强。通常,该指标在 200% 左右较好。

2. 速动比率

速动比率表示每 1 元流动负债有多少速动资产作为偿还的保证,进一步反映流动负债的保障程度。其计算公式为:

$$速动比率 = (流动资产 - 存货净额) \div 流动负债 \qquad (1-9)$$

在一般情况下,该指标越大,表明公司短期偿债能力越强,通常该指标在 100% 左右较好。

3. 现金比率

现金比率表示每 1 元流动负债有多少现金及现金等价物作为偿还的保证,反映公司可用现金及变现方式清偿流动负债的能力。其计算公式为:

$$现金比率 = (现金 + 现金等价物) \div 流动负债 \qquad (1-10)$$

该指标能真实地反映公司实际的短期偿债能力,该指标值越大,反映公司的短期偿债能力越强。

4. 资产负债率

资产负债率,也称负债比率或举债经营率,是指负债总额与全部资产总额之比,用来衡量企业利用债权人提供资金进行经营活动的能力,反映债权人发放贷款的安全程度。其计算公式为:

$$资产负债率 = 负债总额 \div 资产总额 \times 100\% \qquad (1-11)$$

一般来讲,企业的资产总额应大于负债总额,资产负债率应小于 100%。如果企业的资产负债率较低(50% 以下),说明企业有较好的偿债能力和负债经营能力。

5. 产权比率

产权比率,也称负债对所有者权益的比率,指企业负债总额与所有者权益总额的比率。这一比率是衡量企业长期偿债能力的指标之一。其计算公式为:

$$产权比率 = 负债总额 \div 所有者权益总额 \times 100\% \qquad (1-12)$$

产权比率用来表明债权人提供的资金和由投资人提供的资金来源的相对关系,反映企业基本财务结构是否稳定。一般来说,所有者提供的资本大于借入资本为好。这一指标越低,表明企业的长期偿债能力越强,债权人权益的保障程度越高,承担的风险越小。

6. 利息偿债倍数

利息偿债倍数，也称利息支付倍数，表示息税前收益对利息费用的倍数，反映公司负债经营的财务风险程度。其计算公式为：

$$利息支付倍数 = (利润总额 + 财务费用) \div 财务费用 \qquad (1-13)$$

在一般情况下，该指标值越大，表明公司偿付借款利息的能力越强，负债经营的财务风险就小。

(三) 资产利用效率指标

1. 总资产周转率

总资产周转率指企业一定时期的主营业务收入与资产总额的比率，它说明企业的总资产在一定时期内(通常为一年)周转的次数。其计算公式如下：

$$总资产周转率 = 主营业务收入 \div 总资产平均余额 \qquad (1-14)$$

$$其中：总资产平均余额 = (期初总资产 + 期末总资产) \div 2 \qquad (1-15)$$

总资产周转率的高低，取决于主营业务收入和资产两个因素。增加收入或减少资产，都可以提高总资产周转率。

2. 应收账款周转率

应收账款周转率指企业一定时期的主营业务收入与应收账款平均余额的比值，它意味着企业的应收账款在一定时期内(通常为一年)周转的次数。应收账款周转率是反映企业的应收账款运用效率的指标。其计算公式如下：

$$应收账款周转率(次数) = 主营业务收入 \div 应收账款平均余额 \qquad (1-16)$$

$$其中：应收账款平均余额 = (期初应收账款 + 期末应收账款) \div 2 \qquad (1-17)$$

在一定时期内，企业的应收账款周转率越高，周转次数越多，表明企业应收账款回收速度越快，企业应收账款的管理效率越高，资产流动性越强，短期偿债能力越强。同时，较高的应收账款周转率可有效地减少收款费用和坏账损失，从而相对增加企业流动资产的收益能力。

3. 存货周转率

存货周转率有两种计算方式：一是以成本为基础的存货周转率，主要用于流动性分析；二是以收入为基础的存货周转率，主要用于盈利性分析。计算公式分别如下：

$$成本基础的存货周转率 = 主营业务成本 \div 存货平均净额 \qquad (1-18)$$

$$收入基础的存货周转率 = 主营业务收入 \div 存货平均净额 \qquad (1-19)$$

$$存货平均净额 = (期初存货净额 + 期末存货净额) \div 2 \qquad (1-20)$$

$$存货周转天数 = 计算期天数 \div 存货周转率 \qquad (1-21)$$

以成本为基础的存货周转率，可以更切合实际表现存货的周转状况；而以收入为基础的存货周转率维护了资产运用效率比率各指标计算上的一致性，由此计算的存货周转天数与应收账款周转天数建立在同一基础上，从而可直接相加并得到营业周期。

(四) 杜邦分析法

杜邦分析法是一种从财务角度评价企业绩效的经典方法，用来评价公司盈利能力和股东权益回报水平。其基本思想是将企业净资产收益率(ROE)逐级分解为多项财务比率的乘积。投资者可清晰地看到净资产(权益资本)收益率的决定因素,以及销售净利润率与总资产周转率、债务比率之间的相互关系,以解释指标变动的原因和变动趋势,为采取进一步的改进措施指明方向。

杜邦分析法中主要的财务指标关系为:

$$净资产收益率(ROE)=资产净利率(净利润/总资产)\times 权益乘数 \quad (1-22)$$

其中,
$$权益乘数=资产总额/股东权益总额 \quad (1-23)$$

即:
$$权益乘数=1\div(1-资产负债率) \quad (1-24)$$

$$\frac{资产净利率}{(净利润/总资产)}=\frac{销售净利率}{(净利润/营业总收入)}\times\frac{资产周转率}{(营业总收入/总资产)} \quad (1-25)$$

即:
$$\frac{净资产收益率}{(ROE)}=\frac{销售净利率}{(NPM)}\times\frac{资产周转率}{(AU,资产利用率)}\times\frac{权益乘数}{(EM)} \quad (1-26)$$

四、实验要求

利用股票分析软件或者相关证券网站提供的信息,结合恰当的财务分析方法,对上市公司财务状况做出评价和分析。

五、实验过程

(一) 进入指定上市公司页面

首先,登录证券公司网站或者相关网站,进入指定上市公司页面。

(1) 进入浏览器搜索 CHOICE 金融终端,点开第一个名为"CHOICE 数据"的链接,如图 1-1 所示。

图 1-1 CHOICE 金融数据终端

(2) 进入页面之后点击"免费下载,一键安装",如图1-2所示。

图1-2 股票软件下载

(3) 下载后完成该软件安装。安装后,双击打开"CHOICE 金融终端",进入登录界面,选择相应登录方式,如图1-3所示。

图1-3 股票软件主界面

(4) 登录成功后,在中间搜索框里边输入需要的上市公司名称,如"万科 A",之后根据下拉菜单选择单击相关股票,如图1-4所示。

(5) 单击过后,进入上市公司股票信息界面,如图1-5所示。

图 1-4　股票搜索

图 1-5　万科 A 的日线图

(二)下载指定上市公司的财务信息资料

(1) 打开上市公司的股票信息之后,按下 F9 键,调取上市公司深度资料,如图 1-6 所示。

图 1-6　万科 A 的深度资料界面

(2) 然后,选择左侧资料目录下拉菜单中的"资产负债表""利润表""盈利能力与收益质量表",如图 1-7 所示。

图 1-7　数据选择

（3）进入"盈利能力与收益质量表"界面之后，可以根据需要点击"范围选择"，选择不同的报表类型，如图 1-8 所示。

图 1-8 数据选择

（4）选择好需要的报表类型之后，点击右上角的"导出 excel"选项，进行保存数据。按照上述方法，把财务数据中的财务摘要（单季版）、资产负债表、利润表、现金流量表等，以及财务分析中的盈利能力与收益质量、资本结构与偿债能力、杜邦分析等资料下载到文件夹"万科 A 财务数据"。

（三）数据预处理

根据实验要求，我们将要使用**"盈利能力与收益质量""资本结构与偿债能力""运营能力"**这三个报表进行财务分析。由于下载报表中包含许多数据，需要从这三个报表中提取一些财务指标进行进一步分析。

点开已经下载好的报表，以"盈利能力与收益质量表"为例。根据实验要求，从已经下载的报表中提取相关数据，删除不用的指标，保留一些在后面分析中要使用的指标。经过处理，相关报表分别如图 1-9 至图 1-14 所示。

	A	B	C	D
1		2017年年报	2016年年报	2015年年报
2	盈利能力			
3	净资产收益率-摊薄(%)	21.14	18.53	18.09
4	净资产收益率-加权(%)	22.80	19.68	19.14
5	净资产收益率-平均(%)	22.80	19.68	19.24
6	净资产收益率-扣除/摊薄(%)	20.56	18.45	17.58
7	净资产收益率-扣除/加权(%)	22.17	19.59	18.61
8	净资产收益率-年化(%)	22.80	19.68	19.24
9	净资产收益率-扣除非经常损益(%)	22.17	19.59	18.71
10	总资产报酬率(%)	5.70	5.56	6.11
11	总资产报酬率-年化(%)	5.70	5.56	6.11
12	总资产净利率(%)	3.73	3.93	4.64
13	总资产净利率-年化(%)	3.73	3.93	4.64
14	投入资本回报率(%)	9.76	9.49	9.65
15	销售净利率(%)	15.32	11.79	13.27
16	销售毛利率(%)	34.10	29.41	29.35
17	销售成本率(%)	65.90	70.59	70.65
18	销售期间费用率(%)	7.08	5.64	4.79
19	净利润／营业总收入(%)	15.32	11.79	13.27
20	营业利润／营业总收入(%)	20.92	16.23	16.94
21	息税前利润／营业总收入(%)	23.40	16.67	17.49
22	营业总成本／营业总收入(%)	81.65	85.86	84.88
23	销售费用／营业总收入(%)	2.58	2.15	2.12
24	管理费用／营业总收入(%)	3.65	2.83	2.43
25	财务费用／营业总收入(%)	0.85	0.66	0.24

图 1-9 提取数据之前的"盈利能力与收益质量"报表

	A	B	C	D
1		2017年年报	2016年年报	2015年年报
2	盈利能力			
3	净资产收益率-平均(%)	22.80	19.68	19.24
4	总资产净利率(%)	3.73	3.93	4.64
5	总资产净利率-年化(%)	3.73	3.93	4.64
6	销售净利率(%)	15.32	11.79	13.27
7	销售毛利率(%)	34.10	29.41	29.35

图 1-10 提取数据之后的"盈利能力与收益质量"报表

	A	B	C	D
1		2017年年报	2016年年报	2015年年报
2	资本结构			
3	资产负债率(%)	83.98	80.54	77.70
4	权益乘数	6.24	5.14	4.48
5	流动资产/总资产(%)	87.32	86.83	89.49
6	非流动资产/总资产(%)	12.68	13.17	10.51
7	有形资产/总资产(%)	10.24	12.50	15.27
8	归属母公司股东的权益/全部投入资本	40.37	46.06	50.94
9	带息债务/全部投入资本(%)	59.63	53.94	49.06
10	流动负债/负债合计(%)	86.58	86.70	88.44
11	非流动负债/负债合计(%)	13.42	13.30	11.56
12	偿债能力			
13	流动比率	1.20	1.24	1.30
14	速动比率	0.50	0.44	0.43
15	保守速动比率	0.40	0.34	0.31
16	产权比率	7.38	5.90	4.74
17	归属母公司股东的权益/负债合计	0.14	0.17	0.21
18	归属母公司股东的权益/带息债务	0.68	0.85	1.04
19	有形资产/负债合计	0.12	0.16	0.20
20	有形资产/带息债务	0.61	0.78	0.97
21	有形资产/净债务	5.46	2.27	2.16
22	息税折旧摊销前利润/负债合计	0.06	0.06	0.07
23	经营活动产生的现金流量净额/负债合计	0.08	0.06	0.03
24	经营活动产生的现金流量净额/带息债务	0.42	0.30	0.17
25	经营活动产生的现金流量净额/流动负债	0.10	0.07	0.04

图 1-11 提取数据之前的"资本结构与偿债能力"报表

	A	B	C	D
1		2017年年报	2016年年报	2015年年报
2	资本结构			
3	资产负债率(%)	83.98	80.54	77.70
4	权益乘数	6.24	5.14	4.48
5	流动资产/总资产(%)	87.32	86.83	89.49
6	偿债能力			
7	流动比率	1.20	1.24	1.30
8	速动比率	0.50	0.44	0.43
9	产权比率	7.38	5.90	4.74
10	已获利息倍数(EBIT/利息费用)	9.96	48.51	83.89

图 1-12 提取数据之后的"资本结构与偿债能力"报表

	A	B	C	D	E
1		2018年中报	2017年年报	2016年年报	2015年年报
2	存货周转率(次)	0.11	0.30	0.41	0.40
3	应收账款周转率(次)	73.97	138.48	104.88	88.79
4	应付账款周转率(次)	0.40	1.03	1.48	1.74
5	流动资产周转率(次)	0.10	0.28	0.38	0.39
6	总资产周转率(次)	0.08	0.24	0.33	0.35

图 1-13 提取数据之后的"运营能力"报表

	A	B	C	D
1		2018年中报	2017年年报	2016年年报
2	上市前/上市后	上市后	上市后	上市后
3	报表类型	合并报表	合并报表	合并报表
4	公司类型	通用	通用	通用
5	一、营业总收入(元)	105,974,537,269.94	242,897,110,250.52	240,477,236,923.34
6	营业收入(元)	105,974,537,269.94	242,897,110,250.52	240,477,236,923.34
7	四、营业利润(元)	19,629,139,535.89	50,812,916,408.40	39,023,778,797.86
8	六、净利润(元)	13,522,600,620.31	37,208,387,330.07	28,350,255,480.66

图 1-14 提取数据之后的"利润"报表

(四) 财务状况分析

下面利用所学的财务分析方法对指定上市公司的财务状况进行分析,重点分析其盈利能力、偿债能力、经营管理水平、资产利用效率、成长能力等方面。

1. 盈利能力的分析

表 1-1 以销售收入为基础的利润率指标分析

项　　目	2014 年	2015 年	2016 年	2017 年
销售毛利率(％)	29.94	29.35	29.41	34.10
销售净利率(％)	13.17	13.27	11.79	15.32

截至 2017 年报告期末,万科 A 的销售毛利率为 34.10％,净利润率为 15.32％,与上一年度相比,两者均有所提升。从趋势来看,从 2014—2016 年万科 A 的总体获利能力呈稳定波动态势,而在 2017 年利润率明显回升,表明该公司当年的主营业务盈利能力有所增强。

表 1-2 成本费用对获利能力的影响分析

项　　目	2014 年	2015 年	2016 年	2017 年
利润总额(百万元)	25 252.363 2	33 802.617 6	39 253.611 7	51 141.952 7
成本费用总额(百万元)	125 578.920 8	165 988.260 8	206 467.293 9	198 323.839 9
成本费用利润率(％)	20.11	20.36	19.01	25.79

截至 2017 年报告期末,万科 A 的成本费用利润率为 25.79％,比上一年同期增加 6.78％。影响成本费用利润率变动的因素是利润总额比上一年同期增加 1 188 834.1 万元,增长率为 30.29％;本期成本费用合计数为 19 832 383.99 万元,上年同期数为 20 646 729.39 万元,同比增加减少 814 345.4 万元,增长率为－3.94％。正因为利润总额的增长幅度大而成本费用的总额在降低,最终导致成本费用利润率的较大上升。从趋势看,与表 1-1 相似,从 2014—2016 年该公司的成本费用利润率呈稳定波动态势,而在 2017 年利润率明显上升,表明该公司的盈利能力在增强,同时对成本费用的控制有了改善。

表 1-3 营业收入、营业成本、营业利润的协调性分析

项　　目	2015 年	2016 年	2017 年
营业总成本/营业总收入(％)	84.88	85.86	81.65
营业利润/营业总收入(％)	16.94	16.23	20.92
营业收入增长率(％)	33.58	22.98	1.01
营业成本增长率(％)	32.18	24.39	－3.94
营业利润增长率(％)	32.60	17.82	30.21

表 1-3 揭示了万科 A 关于营业总成本、总收入与利润之间的关系。前两行数据可以直观地看到三者的变化,是最常用的盈利能力分析的财务指标之一。在 2017 年营业总成本占营业总收入比为 81.65％,而营业利润占总收入比为 20.92％。对比前两年的数据,成本占比降低表

明公司的成本消耗相对减少或者营业总收入相对增长,而营业利润占比增加说明公司的营业盈利能力有一定提升。要注意的是,占比的变动并不意味着各项目的绝对值同方向变动。

表1-3后三行数据显示了三要素的协调性关系。相比于2015年、2016年,万科A 2017年的营业收入增长明显放缓,而成本大幅降低、利润率升高,由此异常现象我们可以合理推测公司在该年度有大的调整变动。注意:营业成本的降低的同时营业收入在增长,这说明企业投入产出效率有所提升,营业收入与营业成本的协调性增强,营业收入增长大幅小于营业利润的增长,说明成本费用控制环节有所改善。

从表1-1至表1-3我们可以总结出,从各个角度分析的企业盈利能力得出的结果都会大致趋同,这也是财务报表可以直观、准确地反映企业真实状况的魅力所在。

表1-4 以资产/股东权益为基础的获利能力分析

项 目	2014年	2015年	2016年	2017年
总资产报酬率(%)	6.31	6.11	5.56	5.70
净资产收益率_摊薄(%)	17.86	18.09	18.53	21.14

总资产报酬率表示企业全部资产获取收益的水平,全面反映了企业的获利能力和投入产出状况,2017年万科A的总资产报酬率为5.70%,与上一年同期比较,上升0.14%;净资产收益率是评价企业自有资本及其积累获取报酬水平的最具综合性与代表性的指标,充分反映了企业资本运营的综合效益,可以用于不同行业间的比较,2017年万科A的净资产收益率为21.14%,与上一年同期相比,上升了2.61%(见表1-4)。从趋势看,最近四年,万科A的总资产报酬率小幅波动,而净资产收益率逐年上升;再结合表1-1至表1-3,该企业的利润在不断增加,表明企业的举债增加额超过了权益资本的投入,企业的总体盈利能力在波动,而所有者的盈余却在增加。

2. 偿债能力分析

表1-5 短期偿债能力分析

项 目	2014年	2015年	2016年	2017年
流动比率	1.34	1.30	1.24	1.20
速动比率	0.42	0.43	0.44	0.50

截至2017年年末,万科A的流动比率为1.20,速动比率为0.5(见表1-5)。同期相比,流动比率缓慢降低,变现能力减弱,表明流动资产的短期变现能力有所减弱;速动比率缓慢增长,存货管理方面有所改善,在流动资产中相对比例下降,这表明公司流动资产中可以立即变现用于偿还流动负债的能力加强。

表1-6 长期偿债能力分析

项 目	2014年	2015年	2016年	2017年
资产负债率(%)	77.20	77.70	80.54	83.98
产权比率	4.45	4.74	5.90	7.38
利息保障倍数(倍)	5.27	83.89	48.51	9.96

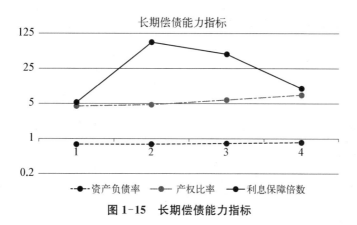

图 1-15 长期偿债能力指标

资产负债率反映企业资产对债权人权益的保障程度,而利息保障倍数不仅反映了企业获利能力的大小,而且反映了对偿还到期债务的保障程度,是衡量长期偿债能力的重要标志。参见图 1-15。

截至 2017 年年末,万科 A 的资产负债率为 83.98%,产权比率为 7.38。利息保障倍数为 9.96(见表 1-6)。与往年相比,资产负债率与产权比率持续上涨,利息保障倍数巨幅波动,这表明企业的长期偿债能力不断减弱;而结合利润率的不断攀升,说明利用负债的财务杠杆效应取得了成效,在防范债务风险前提下,可适当扩大负债规模。但是,利息保障倍数变动剧烈表明该公司近几年的部分业绩表现并不平稳,虽然数据向好,但不稳定的财务数据会为公司带来潜在的风险。

3. 营运能力分析

表 1-7 存货使用效率分析

项 目	2014 年	2015 年	2016 年	2017 年
存货周转率(次)	0.32	0.40	0.41	0.30

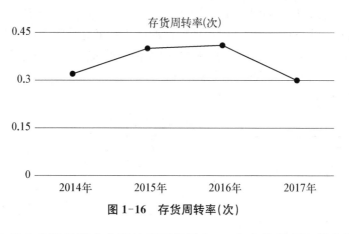

图 1-16 存货周转率(次)

存货周转率,是企业营运能力分析的重要指标之一,在企业管理决策中被广泛使用。存货周转率不仅可以用来衡量企业生产经营各环节中存货运营效率,而且还被用来评价企业的经营业绩,反映企业的绩效。截至 2017 年报告期末,万科 A 的存货周转率为 0.30,同期相比有所下降,表明企业存货占用水平在升高,存货管理水平下降并导致资金的利用效率在下降,这给未来的市场销售与资金利用带来了不利的影响。参见表1-7和图1-16。

表1-8 应收账款和应付账款的协调性分析

项 目	2014年	2015年	2016年	2017年
应收账款周转率(次)	58.873	88.79	104.88	138.48
应付账款周转率(次)	1.566	1.74	1.48	1.03
应收账款增长率(%)	−38.5	32.55	−17.34	−30.96
应付账款增长率(%)	4.83	36.39	50.96	25.64
应收/应付比率(%)	2.82	2.75	1.50	0.83

表1-8显示近年来万科A的应收账款周转率逐年上升,而应付账款周转率逐年下降,表明应收账款在减少而应付账款在增加;公司的短期资金流动会较为宽裕。截至2017年年末,万科A的应收账款周转率为138.48次,应付账款周转率为1.03次。从应收应付账款的增长速度来看,应收账款同比减少30.96%,应付账款同比增长25.64%,这也佐证了应收账款和应付账款周转率的结果。从应收账款和应付账款的结构来看,本年应收/应付比率为0.83%,上年应收/应付比率为1.5%,说明应收账款和应付账款的结构正趋好转,应收账款和应付账款的协调性变好。

表1-9 资产使用效率分析

项 目	2014年	2015年	2016年	2017年
总资产周转率(次)	0.30	0.35	0.33	0.24
流动资产周转率(次)	0.32	0.39	0.38	0.28
固定资产周转率(次)	63.42	39.77	35.31	34.22

表1-9显示截至2017年年末,万科A的总资产周转率为0.24,与上一年同期比下降了,说明投入相同资产产生的收入有所降低,即资产的使用效率有减弱。具体来看,本期的流动资产周转率为0.28,固定资产周转率为34.22,流动资产的周转慢于固定资产的周转。两者差距较大,也体现出了万科A所处的行业特色。

4. 成长能力分析

表1-10 资产增长情况分析

项 目	2014年	2015年	2016年	2017年
总资产增长率(%)	6.09	20.24	35.89	40.29
流动资产增长率(%)	5.15	17.69	31.86	41.07
非流动资产增长率(%)	17.34	47.40	70.18	35.12

表1-10显示截至2017年年末,万科A的总资产增长率为40.29%,较前面三年大幅增加。其中,流动资产增长率为41.07%,而非流动资产增长率为35.12%。分别较前一年提升

了 9.21% 和下降了 35.06%。结合前几年,我们可以看出该公司的部分战略方向,持续大幅增加流动资产,而在连续快速增加非流动资产后 2016 年增速开始放缓。

表 1-11　盈利能力增长情况分析

项　　目	2014 年	2015 年	2016 年	2017 年
营业利润增长(%)	2.96	32.60	17.82	30.21
利润总额增长(%)	3.96	33.86	16.13	30.29
净利润增长(%)	5.41	34.54	9.25	31.25

从表 1-11 来看,数据并不稳定,2014 年的盈利能力较弱,2015 年有巨大提升,而在 2016 年快速回落,直到 2017 年才又回到快速上涨中,这说明该公司近年来或许有重要事项的发生明显影响到其经营业绩。截至 2017 年年末,万科 A 的营业利润增长率为 30.21%,利润总额增长率为 30.29%,净利润增长率为 31.25%,均较前三年的增长率有明显上升。

万科 A 的净利润的增长率增长幅度明显高于利润总额与营业利润的增长,这说明所得税费用对净利润的大幅增长产生了正向影响,所得税与利润总额的协调性变好。这三项指标作为最重要的盈利指标,大多数情况下是同方向变动的,它直观地展示了该公司近年来盈利能力发展的走向。

表 1-12　现金流入增长分析

项　　目	2015 年	2016 年	2017 年
经营活动现金流入增长率(%)	13.89	48.22	31.78
投资活动现金流入增长率(%)	-46.46	80.07	201.18
筹资活动现金流入增长率(%)	-6.36	156.63	37.29
总现金流入增长率(%)	8.79	63.93	35.71

从表 1-12 中看,2017 年度万科 A 的三项活动的现金流入都在增长,但经营活动与筹资活动的现金流入增长速度在放缓,表明公司增加举债的规模与经营活动收入也在放缓增长;而投资活动的现金流入大幅增加,表明公司在前期的投入开始带来巨大的回报收益。近三年的数据也表明该公司现金流量在大幅波动,公司在不断调整投融资活动。

表 1-13　现金流出增长分析

项　　目	2015 年	2016 年	2017 年
经营活动现金流出增长率(%)	35.80	40.12	20.74
投资活动现金流出增长率(%)	138.84	103.12	42.90
筹资活动现金流出增长率(%)	-29.58	46.29	16.40
总现金流出增长率(%)	23.13	47.04	22.97

表 1-13 数据显示 2017 年度万科 A 的三项活动的现金流出增长大幅放缓,表明公司经营活动支出在放缓,因前期筹资所带来的本金、利息支出等虽在增长但也开始放缓;而投资

活动的现金流出增长率下降更快,表明公司在前期的投入已经很大,近期开始减缓对投资支出的继续大幅支持。结合表 1-12,我们可以得到流入与流出之间存在互相影响的关系。

表 1-14 现金流入结构分析

项 目	2014 年	2015 年	2016 年	2017 年
经营活动现金流入占总现金流入比重(%)	80.70	84.48	76.38	74.17
投资活动现金流入占总现金流入比重(%)	2.97	1.46	1.60	3.56
筹资活动现金流入占总现金流入比重(%)	16.34	14.06	22.01	22.27

表 1-14 显示 2017 年经营活动现金流入、投资活动现金流入、筹资活动现金流入分别占总现金流入的 74.17%、3.56%、22.27%;与 2016 年比较,经营活动现金流入和筹资活动现金流入占比小幅波动,而投资活动现金流入占比则增加一倍,这表明投资活动在 2017 年带来的现金流入更为显著。

表 1-15 现金流出结构分析

项 目	2014 年	2015 年	2016 年	2017 年
经营活动现金流出占总现金流出比重(%)	68.05	75.05	71.52	70.22
投资活动现金流出占总现金流出比重(%)	4.88	9.46	13.07	15.19
筹资活动现金流出占总现金流出比重(%)	27.07	15.48	15.40	14.58

表 1-15 显示 2017 年经营活动现金流出、投资活动现金流出、筹资活动现金流出分别占总现金流出的 70.22%、15.19%、14.58%,与 2016 年差别不大。该表同样可以与表 1-13 结合起来分析。

5. 投资收益分析

表 1-16 投资收益分析

项 目	2014 年	2015 年	2016 年	2017 年
基本每股收益(元/股)	1.43	1.64	1.90	2.54
每股净资产(元/股)	10.50	12.33	14.65	16.91
每股营业收入(元/股)	13.26	17.69	21.78	22.00
每股未分配利润(元/股)	3.80	4.76	5.54	6.99
每股现金流量净额(元/股)	1.69	−0.90	2.51	7.69

从表 1-16 可以看到,万科 A 的每股收益、每股净资产、每股营业收入和每股未分配利润在近年稳步上升,而每股现金流量净额总体呈上升趋势。这几个指标从每股数据出发,站在股东的角度分配财务数据,使得数据更直观,适用于投资者进行投资决策时去参考。

6. 比较分析

在前面的比率计算中我们只是进行了时间序列方面的比较(即所谓纵比,与公司的历史业绩比较),而与同行业其他公司进行比较(即所谓横比),对于了解公司的发展情况也是十分重要的。表 1-17 给出了万科 A 和其他同行业上市公司(我们在房地产行业选取了四家较大的上市公司)的一些主要财务指标进行比较分析。

表 1-17　与同行业上市公司主要财务指标对比(2017 年)

2017 年	万科 A	保利地产	金地集团	中粮地产	华侨城 A	平均值(5 家平均)
1. 盈利能力比较						
净资产收益率	22.80	16.32	17.62	15.44	18.05	18.046
总资产报酬率	5.70	4.85	6.35	4.77	7.89	5.912
营业净利润率(%)	15.32	13.45	25.39	12.35	22.01	17.704
2. 偿债能力比较						
产权比率	7.38	5.03	3.68	9.65	2.92	5.732
资产负债率(%)	83.98	77.28	72.13	84.50	68.89	77.356
速动比率	0.5	0.57	0.82	0.63	0.60	0.624
利息保障倍数(倍)	9.96	11.22	34.11	3.73	9.40	13.684
3. 运营能力比较						
总资产周转率	0.24	0.25	0.21	0.20	0.23	0.226
应付账款周转率	0.40	2.37	0.59	1.80	3.70	1.772
应收账款周转率	73.97	84.41	171.21	71.55	181.94	116.616
存货周转率	0.11	0.27	0.31	0.27	0.24	0.24
4. 成长能力比较						
每股收益同比增长(%)	33.68	20.00	8.57	30.00	25.47	23.544
利润总额同比增长(%)	30.29	10.25	4.24	7.19	42.40	18.874
净利润同比增长(%)	31.25	25.80	8.61	31.27	25.48	24.482
总资产同比增长(%)	40.29	48.82	35.35	23.62	48.60	39.336

财务综合能力　财务状况一般,财务综合能力在所选企业中处于中等水平,仍有采取积极措施以进一步提高财务综合能力的必要。

盈利能力　盈利能力在所选企业中处于中等的水平,下一步应关注其现金收入情况,并留意其是否具备持续盈利的能力与新的利润增长点。

偿债能力　偿债能力在所选企业中处于中等偏下水平,仍有采取积极措施以进一步提高偿债能力的必要。

运营能力　运营能力在所选企业中处于中等偏下的水平,公司应当花大力气,充分发掘潜力,使公司发展再上台阶,给股东更大回报。

成长能力　成长能力在所选企业中处于上等的水平,说明公司拥有高于平均水平的增长能力。

(五) 杜邦分析

这是一种从财务角度评价企业绩效的经典方法,用来评价公司赢利能力和股东权益回报水平。其基本思想是将企业净资产收益率(ROE)逐级分解为多项财务比率乘积。投资者可清晰地看到权益资本收益率的决定因素,以及销售净利润率与总资产周转率、债务比率之间的相互关联,以解释指标变动的原因和变动趋势,为采取进一步改进措施指明方向。参见图 1-17。

1. 列出杜邦分析图（以2017年年末为例）

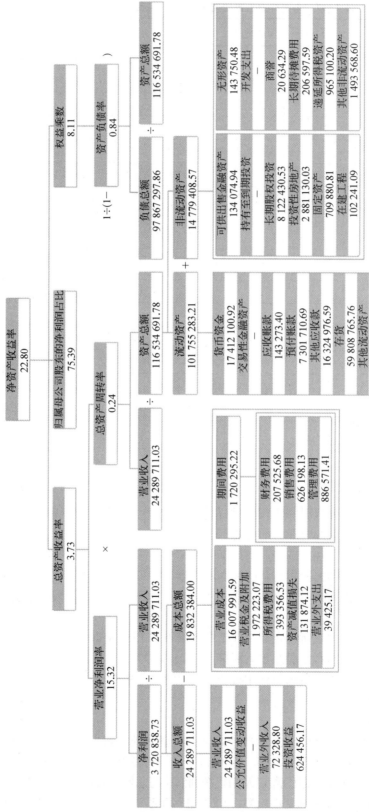

图1-17 杜邦分析图（2017年年末） 单位：万元

2. 列出杜邦分析所需要的财务指标

表 1-18 杜邦分析所需要的财务指标　　　　　　　　　单位：万元

	2016 年	2017 年
净资产收益率(1)=(2)×(3)	19.68%	22.80%
总资产净利率(2)=(5)×(6)	3.93%	3.73%
权益乘数(3)=1/[1−(4)]	6.75	8.11
资产负债率(4)	0.81	0.84
销售净利率(5)=(7)/(8)	11.79%	15.32%
总资产周转率(6)=(8)/(9)	0.33	0.24
净利润(7)=(8)−(10)	2 835 025.55	3 720 838.73
营业收入(8)	24 047 723.69	24 289 711.03
资产总额(9)	83 067 421.39	116 534 691.78
营业总成本(10)=(11)+(12)+(13)+(14)+(15)+(16)	20 646 729.40	19 832 384.00
营业外支出(11)	16 847.87	39 425.17
所得税(12)	1 090 335.62	1 393 356.53
营业成本(13)	16 974 240.34	16 007 991.59
营业税金及附加(14)	2 197 875.46	1 972 223.07
期间费用(15)	1 355 334.58	1 720 295.22
资产减值损失(16)	119 279.02	131 874.12

3. 依次进行分析

(1) 对净资产收益率的分析。

分析对象：22.80%−19.68%=3.12%

净资产收益率指标是衡量企业利用资产获取利润能力的指标。净资产收益率充分考虑了筹资方式对企业获利能力的影响，因此它所反映的获利能力是企业经营能力、财务决策和筹资方式等多种因素综合作用的结果。企业的投资者在很大程度上依据这个指标来判断是否投资或是否转让股份，考察经营者业绩和决定股利分配政策。这些指标对公司的管理者也至关重要。

万科 2017 年的净资产收益率较 2016 年上升 3.12%，我们需要将净资产收益率进一步分解为权益乘数×资产净利率，以找到净资产收益率上升的深层次原因。

(2) 进一步分解分析。

$$净资产收益率＝总资产净利率×权益乘数$$

2016 年：3.93%×6.75=26.53%① （19.68%）

---

① 此处由于中间过程的计算结果保留了有限位小数，采用的是近似数，所以最终计算结果会略有差异，但不改变该等式的合理性。

第一次替代：3.73%×6.75＝25.18%
2017 年：3.73%×8.11＝30.25%（22.80%）
总资产净利率变动的影响：25.18%－26.53%＝－1.35%
权益乘数变动的影响：30.25%－25.18%＝5.07%

经过第一步分解表明，净资产收益率的改变是由于资本结构的改变（权益乘数上升），同时资产利用和成本控制出现变动（总资产净利率也有改变）。其中，总资产净利率的变化是主要影响因素。那么，我们继续对总资产净利率进行分解：

$$总资产净利率＝销售净利率×总资产周转率$$

2016 年：11.79%×0.33＝3.89%
第一次替代：15.32%×0.33＝5.06%
2017 年：15.32%×0.24＝3.68%
销售净利率变动的影响：5.06%－3.89%＝1.17%
总资产周转率变动的影响：3.68%－5.06%＝－1.38%

通过分解可以看出，2017 年的销售净利率上升，而总资产周转率有所下降，两者共同导致了总资产净利率的下降。其中销售净利率使总资产净利率上升了 1.17%，总资产周转率使总资产净利率下降了 1.38%。接着对销售净利率进行分解分析：

$$销售净利率＝净利润÷营业收入$$

2016 年：2 835 025.55÷24 047 723.69＝11.79%
第一次替代：3 720 838.73÷24 047 723.69＝15.47%
2017 年：3 720 838.73÷24 289 711.03＝15.32%
净利润变动的影响：15.47%－11.79%＝3.68%
营业收入变动的影响：15.32%－15.47%＝－0.15%

该公司 2017 年净利润和营业收入都略有提高，其中净利润增长了 31.25%，营业收入增加了 1.0%，可以看出净利润的增长快于营业收入的增长，说明该公司对成本费用的控制有所改善，营业收入增长的质量有提高。于是，接下来分析成本费用：

$$成本总额＝营业成本＋营业税金及附加＋期间费用＋资产减值损失＋所得税费用＋营业外支出$$

由表 1-18 可知，2016 年的成本总额为 20 646 729.40 万元，2017 年的成本总额为 19 832 384.00 万元。

通过数据可以看出，成本总额减少 3.94%，分细项来看，减少最多的是营业税金及附加，减少了 10.27%；其次是营业成本，减少了 5.69%；资产减值损失增加了 10.56%；期间费用增加了 26.93%；所得税费用增加了 27.79%；营业外支出增加最多，约为 134.01%。通过分解可以看出杜邦分析法有效解释了指标变动的原因和趋势，为采取应对措施指明了方向。

4. 杜邦分析结果归总

经过杜邦分析体系的逐层分解后，我们可以看到万科 A 2017 年主要运营指标的变动情况及变动因素。2017 年万科 A 总体业绩有所上升，净资产收益率有所提高，总资产净利率、权益乘数、销售净利率、总资产周转率等指标均不同程度上升。

查阅有关资料可知,相关指标的上升主要由于前期万科为推动战略转型,加大了与城市配套相关的新业务尝试进行了大量投入,这些投入短期内难以体现为公司收益率的提升,但从 2017 年开始将为公司发展提供更充足的动力。

六、实验报告要求

1. 实验目的明确,实验过程清晰,实验结论准确。
2. 实验报告在下一次实验课前上交。
3. 实验成绩的考核:实验课上遵守纪律的情况、出勤情况等占 40%,实验报告占 60%。

七、思考题

1. 结合实验案例论述杜邦财务分析的优点。
2. 比较实验样本连续三年的盈利能力指标。
3. 比较实验样本连续三年的偿债能力指标。
4. 比较实验样本连续三年的资产管理能力指标。

八、注意事项

1. 实验数据尽量选择最近年份。
2. 注意保持实验样本的可比性。

实验二 利率久期的计算与应用

一、实验目的

1. 加深与债券相关概念的理解。
2. 学习和掌握利率久期原理和计算方法,理解其作用。
3. 初步了解久期的性质。
4. 熟悉久期免疫策略。

二、实验内容

1. 利用所学的债券风险管理知识对某只债券的利率风险状况进行分析。
2. 利用 python 计算久期,分析久期对债券的利率敏感性。
3. 计算久期免疫策略。

三、实验原理

(一) 久期的引入

利率风险和信用风险是债券价格的两个主要风险。尤其是一般认为美国国债、中国国债等以国家信用为基础,不存在信用风险,因而利率风险对于国债尤为重要。

利率市场上同时存在不同品种(比如期限不同、付息方式不同等)的债券,不同品种的债券价格对利率变化的反应不一样。例如,国债1427 由财政部于 2014 年 11 月 21 日发行,到期日为 2064 年 11 月 24 日,票面价值 100 元,票面利率为 4.24%,每年付息 2 次;国债 1428 由财政部于 2014 年 12 月 10 日发行,到期日为 2015 年 12 月 11 日,到期一次还本付息,票面价值 100 元,票面利率 3.42%;国债 1430 由财政部于 2014 年 12 月 24 日发行,到期日为 2016 年 12 月 25 日,票面价值为 100 元,票面利率 3.39%,每年付息一次。当利率下降 10 个基点时(1 个基点为 0.01%),国债 1427、国债 1428 和国债 1430 的价格变化是不一样的。通常,票面利率较高的债券的价格变动要大于票面利率较低的债券的价格变动;期限较长的债券的价格变动要大于期限较短的债券的价格变动。但是,上述对债券价格的评价必须具备一定的前提条件,即假设某个债券在其他影响因素一定的前提下,只有一个因素变动。如果将期限和票面利率均不同的债券组合进行比较,上述表述就不准确了。如一种期限较长的债券却有较高的票面利率,那么,票面利率对债券的价格影响将部分地被期限因素所抵消。因此,需要找出一个综合前述几个因素的概括性指标,来衡量债券价格的敏感度,从而使资产持有者能够通过资产组合或者调整资产组合来最小化损失或者最大化收益。

久期就是这样一个用于粗略地衡量利率敏感性的指标,它将债券的票面利率、利率支付次数、到期期限以及到期收益率综合在一起,形成了一个以时间单位命名的概括性衡量标准。久期的最初定义源于 1938 年的 Frederic Macaulay,这个概念代表了等待所有现金流所需要的平均年限。比如说,如果一个票面利率为 3.5% 每年付息 2 次的 5 年期付息债券的久期是 3.8 年,那么该债券就等价于一个久期为 3.8 年的零息票债券。通常,钱回得越快,尽早把大头还清的,这样的债券风险比较小。久期就是将每次还款时间做加权处理,权重为每次支付现值的相对大小,也即支付现值占总价格的比例。它使不同付息方式、不同期限的债券可以在同样的标准下进行比较。久期越小,平均还款时间越短,可以粗略认为其利率敏感性越小。可以将久期类似于市盈率,市盈率是一个粗略地估计股票投资价值的指标。

(二) 久期的计算公式

1. 连续利率下的久期公式

假设一只债券现在总共还剩下 n 期,每期在时点 t_i 支付为 c_i, $i=1,2,3\cdots n$。当 $i=1,2,3\cdots n-1$ 时,c_i 可以认为是利息支付,c_n 为 n 期的利息支付和票面价值支付,y 为该债券的连续利率。

以国债 1430 为例,国债 1430 由财政部于 2014 年 12 月 24 日发行,到期日为 2016 年 12 月 25 日,票面价值为 100 元,票面利率 3.39%,每年付息一次。假设现在时间为 2015 年 7 月 1 日,则还剩下 2 期,第一期为 2015 年 7 月 1 日到 2015 年 12 月 25 日,$t_1=177/365$,365 为第一个付息周期的实际天数。177 是 2015 年 7 月 1 日到 2015 年 12 月 25 日之间的日期差,付息 $c_1=100\times 3.39\%=3.39$(元);第二期为 2015 年 12 月 25 日到 2016 年 12 月 25 日,$t_2=1$,$c_2=100+100\times 3.39\%=103.39$(元),其中 100 元为票面本金,3.39 元为利息。

债券价格 P 与债券连续收益 y 之间存在以下关系:

$$P=\sum_{i=1}^{n} c_i e^{-yt_i} \tag{2-1}$$

也即债券价格为未来现金流的贴现值,债券久期 D 可定义为:

$$D=\sum_{i=1}^{n} \frac{t_i c_i e^{-yt_i}}{P} \tag{2-2}$$

其中,$c_i e^{-yt_i}$ 示在 i 期支付在 0 时刻的现值,$\frac{c_i e^{-yt_i}}{P}$ 为 i 期支付现值占总价格的比例,回收第 i 期支付的时间为 t_i,从而 $t_i \frac{c_i e^{-yt_i}}{P}$ 表示投资者在 i 期收回 $\frac{c_i e^{-yt_i}}{P}$ 比例投资所需要的时间,因而 $D=\sum_{i=1}^{n} t_i \frac{c_i e^{-yt_i}}{P}$ 表示债券投资的平均回收时间。由此可知,如果收回本金的时间越长,投资者资金暴露在利率风险下的时间也就越长,投资活动的风险越大;利率变化幅度越大,投资者资产价格变动,或者说风险也越大。所以,久期也是一个衡量价格弹性或者价格波动性的指标:利率微小变化可导致价格近似的百分比变化。

实际上,当到期收益率变化较小,也即 Δy 较小时,有渐进公式:

$$\Delta p \approx \frac{\mathrm{d}p}{\mathrm{d}y}\Delta y \tag{2-3}$$

其中，$\dfrac{\mathrm{d}P}{\mathrm{d}y}$ 为价格 P 对 y 的导数，由(式 2-1)式，求得 P 对 y 的导数 $\dfrac{\mathrm{d}P}{\mathrm{d}y}$：

$$\frac{\mathrm{d}p}{\mathrm{d}y} = -\sum_{i=1}^{n} t_i c_t e^{-y t_i} \tag{2-4}$$

将(式 2-4)式代入(式 2-3)式可得：

$$\Delta P \approx -\sum_{i=1}^{n} t_i c_t e^{-y t_i} \Delta y \tag{2-5}$$

$$\frac{\Delta P}{P} \approx -\sum_{i=1}^{n} \frac{t_i c_t e^{-y t_i}}{P} \Delta y \tag{2-6}$$

比较久期公式(式 2-2)，得：

$$\frac{\Delta P}{P} \approx -D \Delta y \tag{2-7}$$

因而久期能够度量债券价格对于利率的敏感度，也即当利率微小变化时，久期反映债券价格变化的百分比。

式 2-7 表明，虽然久期能够衡量利率微小变化导致的债券价格的相对变化，但是，在实际报价中都是以基点为基础对债券进行报价，因此需要一个度量利率微小变化时债券价格变化的绝对变化。

定义美元久期(Dollar Duration)为：

$$D_{dol} = -DP \tag{2-8}$$

根据式(2-7)，有：

$$\Delta P \approx -D_{dol} \Delta y \tag{2-9}$$

从而美元久期就是一个度量债券价格绝对变化的利率敏感性指标。

2. 年复利下的久期公式

假设一只债券现在总共还剩下 n 期，第 i 期在时点 t_i 支付为 c_i，$i=1,\cdots,n$，y 为该债券的年利率；债券价格 P 与债券连续收益 y 之间存在以下关系：

$$P = \sum_{i=1}^{n} \frac{c_i}{(1+y)^{t_i}} \tag{2-10}$$

类似地，债券久期 D 可定义为：

$$D = \frac{\sum_{i=1}^{n} t_i \dfrac{c_i}{(1+y)^{t_i}}}{P} \tag{2-11}$$

或者改写为：

$$D = \sum_{i=1}^{n} t_i \frac{\dfrac{c_i}{(1+y)^{t_i}}}{P} \tag{2-12}$$

与连续利率下类似，$\dfrac{\dfrac{c_i}{(1+y)^{t_i}}}{P}$ 表示在 i 期支付在 0 时刻的现值，$\dfrac{\dfrac{c_i}{(1+y)^{t_i}}}{P}$ 为 i 期支付现值占总价格的比例，回收第 i 期支付的时间为 t_i，从而 $t_i\dfrac{\dfrac{c_i}{(1+y)^{t_i}}}{P}$ 表示投资者在 i 期收回 $\dfrac{\dfrac{c_i}{(1+y)^{t_i}}}{P}$ 比例投资所需要的时间，因而 $D=\sum_{i=1}^{n}t_i\dfrac{\dfrac{c_i}{(1+y)^{t_i}}}{P}$ 表示债券投资的平均回收时间。与连续利率下的久期一样，一个衡量价格弹性或者价格波动性的指标：利率微小变化导致的价格近似的百分比变化。

实际上，当到期收益率变化较小，也即 Δy 较小时，有如下渐进公式：

$$\Delta p \approx \frac{\mathrm{d}P}{\mathrm{d}y}\Delta y \tag{2-13}$$

其中，$\dfrac{\mathrm{d}P}{\mathrm{d}y}$ 为价格 P 对 y 的导数。由式(2-11)，求得 P 对 y 的导数 $\dfrac{\mathrm{d}P}{\mathrm{d}y}$：

$$\frac{\mathrm{d}P}{\mathrm{d}y}=-\sum_{i=1}^{n}t_i\frac{c_i}{(1+y)^{t_i+1}} \tag{2-14}$$

将式(2-14)代入式(2-13)可得：

$$\Delta P \approx -\sum_{i=1}^{n}t_i\frac{c_i}{(1+y)^{t_i+1}}\Delta y \tag{2-15}$$

或者：

$$\frac{\Delta P}{P} \approx -\sum_{i=1}^{n}\frac{t_i\dfrac{c_i}{(1+y)^{t_i+1}}}{P}\Delta y \tag{2-16}$$

$$\frac{\Delta P}{P} \approx -\sum_{i=1}^{n}\frac{t_i\dfrac{c_i}{(1+y)^{t_i}}}{P}\frac{\Delta y}{1+y} \tag{2-17}$$

比较久期公式式(2-11)，得：

$$\frac{\Delta P}{P} \approx -D\frac{\Delta y}{1+y} \tag{2-18}$$

因而久期式(2-18)在年利率下也能够度量债券价格对于利率的敏感度，也即当利率微小变化时，久期可衡量出债券价格变化的百分比。但是，比较式(2-7)与式(2-18)可以看出，与连续复利不同，在年复利下的价格变动不但与久期有关，还与债券到期收益率有关。

根据式(2-18)，定义修正久期(Modified Duration)为：

$$D^* = \frac{\Delta D}{1+y} \qquad (2\text{-}19)$$

比较式(2-18)与式(2-19),可以得到:

$$\frac{\Delta P}{P} \approx -D^* \Delta y \qquad (2\text{-}20)$$

因而,在年复利下修正久期能够精确地量化利率变动给债券价格造成的影响。

修正久期越大,债券价格对到期收益率的变动就越敏感,到期收益率上升所引起的债券价格下降的相对幅度就越大,而到期收益率下降所引起的债券价格上升的相对幅度也越大。

同样,定义为美元久期(Dollar Duration)为:

$$D^{dol} = D^* P \qquad (2\text{-}21)$$

由式(2-20),可以得到:

$$\Delta P \approx -D^{dol} \Delta y \qquad (2\text{-}22)$$

从而,美元久期是一个度量利率微小变化时债券价格绝对变化的敏感性指标。美元久期越大,到期收益率上升引起的债券价格下降的绝对幅度就越大,而到期收益率下降所引起的债券价格上升的绝对幅度也越大。

(三) 债券组合的久期

假设一只债券现在总共还剩下 n 期,第 i 期在时点 t_i 支付为 c_i,$i=1,\cdots,n$;另外一只债券还剩下 m 期,第 i 期在时点支付为 d_j,$j=1,\cdots,m$。假设这两只债券的到期收益率都为 y。

债券价格 P 与债券连续收益 y 之间存在以下关系:

$$P_1 = \sum_{i=1}^{n} \frac{c_i}{(1+y)^{t_i}} \quad P_2 = \sum_{j=1}^{n} \frac{c_j}{(1+y)^{t_i}} \qquad (2\text{-}23)$$

$$P = \sum_{i=1}^{n} \frac{c_i}{(1+y)^{t_i}} + \sum_{j=1}^{m} \frac{d_j}{(1+y)^{t_j}} = P_1 + P_2 \qquad (2\text{-}24)$$

债券组合的久期为:

$$\begin{aligned}
D &= \frac{\sum_{i=1}^{n} t_i \frac{c_i}{(1+y)^{t_i}} + \sum_{j=1}^{n} t_j \frac{d_j}{(1+y)^{t_j}}}{P} \\
&= \frac{P_1 \frac{\sum_{i=1}^{n} t_i \frac{c_j}{(1+y)^{t_i}}}{P_1} + P_2 \frac{\sum_{j=1}^{n} t_j \frac{d_j}{(1+y)^{t_j}}}{P_2}}{P} \\
&= \frac{P_1 D_1 + P_2 D_2}{P} \\
&= w_1 D_1 + w_2 D_2 \qquad (2\text{-}25)
\end{aligned}$$

其中，$w_1 = \dfrac{P_1}{P}$，$w_2 = \dfrac{P_2}{P}$，也即各只债券现值占债券组合现值的比例。

同样，可以得到债券组合的修正久期为：

$$D^* = w_1 D_1^* + w_2 D_2^* \tag{2-26}$$

债券组合的美元久期为：

$$D^{dol} = D_1^{dol} + D_2^{dol} \tag{2-27}$$

(四) 久期的性质

(1) 零息债券的久期等于其到期时间。由式(2-11)有：

$$D = \dfrac{\sum_{i=1}^{n} t_i \dfrac{c_i}{(1+y)^{t_i}}}{P} = \dfrac{\sum_{i=1}^{n} t_i \dfrac{0}{(1+y)^{t_i}} + t_n \dfrac{c_n}{(1+y)^{t_n}}}{\sum_{i=1}^{n} \dfrac{0}{(1+y)^{t_i}} + \dfrac{c_n}{(1+y)^{t_n}}} = t_n \tag{2-28}$$

(2) 剩余期限大于一个付息周期的息票债券的久期小于其到期日，因为剩余期限大于一个付息周期，所以 $n \geqslant 2$，因而 $t_1 < t_n$，且 $c_1 > 0$。由式(2-11)，有：

$$D = \dfrac{\sum_{i=1}^{n} t_i \dfrac{c_i}{(1+y)^{t_i}}}{P} < \dfrac{\sum_{i=1}^{n} t_n \dfrac{c_i}{(1+y)^{t_i}}}{P} = \dfrac{t_n \sum_{i=1}^{n} \dfrac{c_i}{(1+y)^{t_i}}}{P} = t_n \tag{2-29}$$

(3) 假设每期票面利率相等，在剩余期限，利息支付次数等相同情况下，票面利率越大，久期越小。

(4) 在其他条件相同情况下，债券的到期收益率越小，久期越大。

(五) 久期的应用：免疫策略

债券组合的未来价值依赖于从现在起直到债券组合清偿日的利率结构。如果不管利率结构如何，债券组合在未来特定日期具有相同的支付，则称该债券组合被免疫。利率风险表现在两个方面：价格风险和再投资风险。价格风险是由于市场利率上升引起债券价格下跌给债券投资者带来的资产损失；再投资风险是由于市场利率下降引起利息的再投资收入减少给债券投资者带来的收入损失。当市场利率上升时，债券投资者面临着资产损失和再投资收入增加；当市场利率下降时，债券投资者面临着资产增加和再投资收入损失。因此，债券的价格风险和再投资风险有相互抵消的特性。正是基于这一抵消特性，提出相应的免疫策略(Immunization Strategy)，用以规避利率变动给投资者带来的价格风险或再投资风险。

久期匹配策略(Duration-matched Strategy)是一类常见的被学术界研究较多且在实务界得到广泛应用的免疫策略。考虑一个每年付息一次的中长期附息债券，如果持有期小于一年，投资者面临的风险只有价格风险，没有再投资风险。随着持有期的增加，价格风险减少而再投资风险增加。如果持有到期，则投资者面临的风险只有再投资风险，没有价格风险。由于价格风险和再投资风险具有相互抵消的特性，久期配比策略将债券持有到久期长

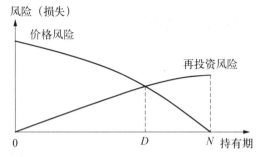

图 2-1 价格风险和再投资风险随持有期变化

度的期限,当利率平行变化时,则不论利率如何变动,到期时投资组合的价值将与预期的资产价值相同,而期末的实现报酬率也会等于目标报酬率。

对于债券投资者而言,如果利率下降,从短期看,债券价格将上涨,债券的短期投资者将会从利率下降中获取资本利得,反之,则会受损失。但从长期投资看,情况会相反,因为债券到期时价格一定等于面值,但利率下降导致了债券利息的再投资收益率下降,因而债券投资者在长期内的总收益下降。

利率变动在长期与短期出现相反的结果,因而存在一个"适度期",使得投资者的收益基本不受利率变动的影响,就相当于投资一个期限与这个"适度期"相等的贴现债券,在持有的"适度期"内,其投资收益不受利率变动的影响。如果投资者建立的债券组合的久期等于这个"适度期",则可实现投资收益不受利率变动影响的目标。

假设现在某个公司在 T 年后需要返还一笔金额为 Q 的投资资金,假设现在利率为 y,则该笔债务的现值为:

$$P_0 = \frac{Q}{(1+y)^T} \tag{2-30}$$

如果该公司要对这笔未来投资资金套期保值,也就是说,这家公司现在持有一个债券或债券组合,此债券组合的现值 V_0 与 P_0 相等,而 T 年后与 V_T 与 Q 相等。假设 c_i, $i=1,\cdots,m$,为 t_i, $i=1,\cdots,m$ 时刻产生的现金流,则:

$$V_0 = \sum_{i=1}^{m} \frac{c_i}{(1+y)^{t_i}} \tag{2-31}$$

现在假设利率变为 $y+\Delta y$,应用一阶线性逼近,可以得到未来债务的新价值为:

$$P_0' \approx P_0 + \frac{\mathrm{d}P_0}{\mathrm{d}y}\Delta y = P_0 + \Delta y \left[\frac{-NQ}{(1+y)^{N+1}}\right] \tag{2-32}$$

而债券组合的新价值为:

$$V_0' \approx V_0 + \frac{\mathrm{d}V_0}{\mathrm{d}y}\Delta y = V_0 + \Delta y \left[-\sum_{i=1}^{m} \frac{t_i c_i}{(1+y)^{t_i+1}}\right] \tag{2-33}$$

如果 $\dfrac{-NQ}{(1+y)^{N+1}} = -\sum_{i=1}^{m} \dfrac{t_i c_i}{(1+y)^{t_i+1}}$,则 P_0' 与 V_0' 仍然相等,则这样的债券组合锁定了 T 时刻所需要的投资资金 Q。

$$NV_0 = NP_0 = -N\frac{Q}{(1+y)^N}$$
$$= \frac{-NQ}{(1+y)^{N+1}}(1+y)$$

$$= -(1+y)\sum_{i=1}^{m} \frac{t_i c_i}{(1+y)^{t_i+1}} \tag{2-34}$$

$$N = \frac{-\sum_{i=1}^{m} \frac{t_i c_i}{(1+y)^{t_i}}}{V_0} = D \tag{2-35}$$

从而可以看出,不论利率如何变动,到期时债券组合的价值将与预期的资产价值相同,起到套期保值作用。

四、实验过程

(一) 久期的计算

例 2-1 国债 1503 由财经部于 2015 年 2 月 4 日发行,2020 年 2 月 5 日到期,票面价值 100 元,票面利率 3.31%,周期付息,每年付息一次。先假设该债券到期收益率为 4%,现在时间为 2015 年 7 月 1 日,计算该债券的久期和修正久期。

注意:一般债券到期收益率以基点为基础,因此本实验中保留 4 位小数。

利用式(2-11)计算久期,利用式(2-19)计算修正久期和美元久期。

1. 根据式(2-11)、式(2-19)写出计算久期的 python 代码。

```
1.  from scipy import *
2.  def Duration(c,y,f,num_beg,n):
3.  # c:票面利率,y:到期收益率,f:每年付息频率,num_beg:距离下一次付息的天数,n:总共付息的期数
4.      a = 1/f
5.      c = 100 * c
6.      t = num_beg/365
7.  # 100*c:票面利息,a:两次付息之间的时间间隔(年),t:距离首次付息的时间(年)
8.      p = 0
9.      s = 0
10. # 初始化 p,s
11.     for i in range(n-1):   # range(n-1)表示循环 n 次
12.         p_i = c*(1+y)**(-t)
13.         p += p_i
14.         s_i = (c/(1+y)**t)*t
15.         s += s_i
16.         t += a
17.     v_pr = (100+c)/(1+y)**t
18.     s_pr = ((c+100)/(1+y)**t)*t
```

```
19.         p = p + v_pr
20.         s + = s_pr
21. # p:为所有现金流的现值和,即债券的价格,s:表示公式 2-12 的分子部分
22.         D = s/p
23.         D_fix = D/(1 + y)
24.         D_dol = D * p
25. # D_fix:为修正久期,D_dol:为美元久期,保留四位小数并打印出来
26.         print("久期为:D = %.4f" % D)
27.         print("修正久期为:D_fix = %.4f" % D_fix)
28.         print("美元久期为:D_dol = %.4f" % D_dol)
```

利用久期的公式直接写出 Duration 函数代码,在求解久期、修正久期和美元久期时,只需要直接调用 Duration 函数即可。其中:

(1) 1—9 行代码定义 Duration 函数的参数,并设置初始值,在求解久期时,需要知道的参数有票面利率,到期收益率,每年的付息频率,距离下一次付息的天数以及总共付息的期数。

(2) 11—20 行代码使用 for 循环语句计算出久期公式中的求和部分,s 为 $\sum_{i=1}^{n} t_i \frac{c_i}{(1+y)^{t_i}}$ 求和部分,p 为债券的价格。

(3) 22—28 行代码是分别计算出久期、修正久期和美元久期,并保留四位小数输出结果。

2. 在 IDLE 中运行上述代码,输入对应的参数并调用 Duraion 函数,其中,票面利率为 0.033 1,距离下一期付息的时间为 219 天,付息的频率为每年付息一次,总共付息的期数为 5 期。

```
1. >>> Duration(0.0331,0.04,1,219,5)
2. 久期为:D = 4.2840
3. 修正久期为:D_fix = 4.1193
4. 美元久期为:D_dol = 421.8096
```

(二) 久期的性质

1. 到期收益利率对久期的影响

例 2-2 以国债 1427 为例子,国债 1427 由财政部于 2014 年 11 月 21 日发行,到期日为 2064 年 11 月 24 日,票面价值 100 元,票面利率为 4.24%,每年付息 2 次,计算不同到期收益率下的久期。

(1) 保持其他因素不变,要计算不同到期收益率下的久期,前面已经写出了求解久期的代码函数,在此基础上,只要利用循环语句来调整到期收益率就可以计算出多个收益率下不同的久期值。同时,在 python 中引入 matplotlib 模块,并作出曲线图更加直观地显示出收

益率与久期之间的关系。在此增加使用 while 循环语句来求解不同到期收益率下的久期，具体代码如下：

```
1.  from scipy import *
2.  from matplotlib import pyplot as plt
3.  def Duration_ytm(c,y,f,num_beg,n):
4.      a = 1/f
5.      c = 100 * c
6.      m = 0
7.      x1 = []
8.      y1 = []
9.  # 建立空列表 x1,y1 用于存放 x 轴和 y 轴的数据,其中 x 轴和 y 轴分别为到期收益率和久期值
10.     while m < 25:
11.         p = 0
12.         s = 0
13.         t = num_beg/365
14. # 使用 while 循环语句,求出不同收益率下的久期值
15.         for i in range(n-1):
16.             p_i = c * (1 + y) ** ( - t)
17.             p + = p_i
18.             s_i = (c/(1 + y) ** t) * t
19.             s + = s_i
20.             t + = a
21.         v_pr = (100 + c)/(1 + y) ** t
22.         s_pr = ((c + 100)/(1 + y) ** t) * t
23.         p = p + v_pr
24.         s + = s_pr
25.         D = s/p
26.         #print("当收益率为%.4f时,"%y + "久期：D = %.4f"%D)
27. # 若需要观察对应的 y 值和 D 值,将第 26 行的第一个"#"号去掉即可
28.         x1.append(y)
29.         y1.append(D)
30.         y = y + 0.005
31.         m + = 1
32. # 到期收益率每次增加 0.5%
33. # 在计算出了多个不同收益率下久期值之后,接下来将数据可视化
34.     fig = plt.figure(dpi = 64,figsize = (10,6))
```

```
35.    x_values = x1
36.    y_values = y1
37.    plt.title("D = D(y)",fontsize = 24)
38.    plt.plot(x_values,y_values)
39.    plt.grid()
40.    plt.show()
```

在上述代码中,是建立在 Duration 函数的基础之上,增加 while 语句和利用 matplotlib 将数据可视化,其中:

① 10—13 行代码的 while 循环语句是为了改变到期收益率,分别计算其对应的久期,需要注意的是 while 语句中 m<25 表示循环的次数为 25 次,根据数据采集的需要,可以自行选择。

② 15—25 行代码其实是 Duration 函数的主体部分,这里可以直接引用来计算久期。

③ 28—29 行是将不同的到期收益率值存入 $x1$ 列表中,以及将计算出的久期值存入 $y1$ 列表中。

④ 34—40 行将数据可视化,其中 x 轴的值取 $x1$ 列表中的数值,y 轴的值取 $y1$ 列表中的数值。

(2) 在 IDLE 中运行上述代码,票面利率为 0.042 4,距离下一期付息的时间为 146 天,总共付息的期数为 99 期,到期收益率为 1%—13%(每次增加 0.5%),输入对应的参数并调用 Duraio_ytm 函数。

```
1.    >>> Duration_ytm(0.0424,0.01,2,146,99)
```

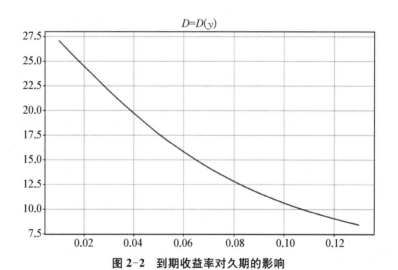

图 2-2 到期收益率对久期的影响

(3) 由图 2-2 可以得出以下结论:

当其他因素不变时,到期收益率越高,久期越小。

2. 债券剩余期限对久期的影响

例 2-3 假设存在一系列于 2015 年 7 月 1 日发行的债券,票面价值为 100 元,票面利率为 4%,每年付息 1 次,假设到期收益率都为 10%,计算各个不同期限下债券的久期。

(1) 计算各个不同期限下债券的久期,与前面的例 2-1 相似,在这里不做详细阐述,直接给出具体的代码如下:

```
1.  from scipy import *
2.  from matplotlib import pyplot as plt
3.  def Duration_rm(c,y,f,num_beg,n):
4.      a = 1/f
5.      c = 100 * c
6.      m = 0
7.      x1 = []
8.      y1 = []
9.      while m < 25:
10.         p = 0
11.         s = 0
12.         t = num_beg/365
13.         for i in range(n-1):
14.             p_i = c * (1+y) ** (-t)
15.             p += p_i
16.             s_i = (c/(1+y)**t) * t
17.             s += s_i
18.             t += a
19.         v_pr = (100+c)/(1+y)**t
20.         s_pr = ((c+100)/(1+y)**t) * t
21.         p = p + v_pr
22.         s += s_pr
23.         D = s/p
24.         #print("当期限为%.4f时,"%n + "久期:D = %.4f"%D)
25.         x1.append(n)
26.         y1.append(D)
27.         if n <= 5:
28.             n += 1
29.         elif 5 < n <= 30:
30.             n += 5
31.         else:
32.             n += 8
```

```
33.         m + = 1
34.     fig = plt.figure(dpi = 64,figsize = (10,6))
35.     x_values = x1
36.     y_values = y1
37.     plt.title("D = D(n)",fontsize = 24)
38.     plt.plot(x_values,y_values)
39.     plt.grid()
40.     plt.show()
```

与例 2-1 的 python 代码相比，27—32 行增加了 if 条件判断语句，使得剩余期限每次增加的期数逐渐增大，非均匀增加的目的是为了数据可视化之后能更加清晰地反映数据的特征。

（2）在 IDLE 中运行代码，其中，票面利率为 0.04，距离下一期付息的时间为 365 天，付息频率为每年付息一次，总共付息的期数为 1—183 期（这里考虑一年到期至 183 年后到期各不同期限下的久期），到期收益率为 10%，输入对应的参数，并调用 Duraion 函数。

```
1. >>> Duration_rm(0.04,0.1,1,365,1)
```

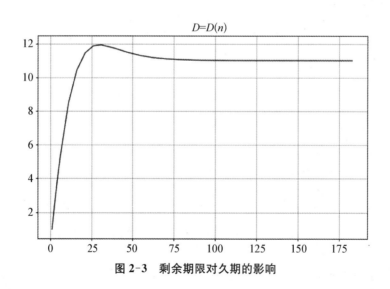

图 2-3 剩余期限对久期的影响

3. 票面收益率对久期的影响

例 2-4 假设存在一系列于 2015 年 7 月 1 日发行的债券，到期日为 2025 年 7 月 1 日，票面价值为 100 元，每年付息 2 次，假设到期收益率都为 4%，计算各个不同票面利率下债券的久期。

（1）计算不同票面利率下的久期，这里同样不做详细阐述，仿照例 2-1 和例 2-2，给出具体 python 代码如下：

```
1.   from scipy import *
2.   from matplotlib import pyplot as plt
3.   def Duration_sir(c,y,f,num_beg,n):
4.       a = 1/f
5.       m = 0
6.       x1 = []
7.       y1 = []
8.       while m < 20:
9.           C = 100 * c
10.          p = 0
11.          s = 0
12.          t = num_beg/365
13.          for i in range(n-1):
14.              p_i = C*(1+y)**(-t)
15.              p += p_i
16.              s_i = (C/(1+y)**t)*t
17.              s += s_i
18.              t += a
19.          v_pr = (100+C)/(1+y)**t
20.          s_pr = ((C+100)/(1+y)**t)*t
21.          p = p + v_pr
22.          s += s_pr
23.          D = s/p
24.          #print("当票面利率为%.4f时,"%c+"久期:D=%.4f"%D)
25.          x1.append(c)
26.          y1.append(D)
27.          c = c + 0.005  # 票面利率每次增加0.5%
28.          m += 1
29.      fig = plt.figure(dpi=64,figsize=(10,6))
30.      x_values = x1
31.      y_values = y1
32.      plt.title("D=D(c)",fontsize=24)
33.      plt.plot(x_values,y_values)
34.      plt.grid()
35.      plt.show()
```

(2) 在 IDLE 中运行上述代码,其中,票面利率为 1%—10.5%(这里考虑票面利率在 1%—10.5%各不同票面利率下的久期),距离下一期付息的时间为 182.5 天,付息频率为每年付息 2 次,总共付息的期数为 20 期,到期收益率为 4%,输入对应的参数,并调用 Duraion 函数。

1. Duration_sir(0.01,0.04,2,182.5,20)

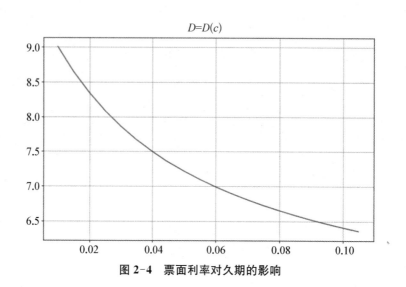

图 2-4 票面利率对久期的影响

(三) 久期免疫策略

下面以一个具体的例子来说明如何进行久期匹配免疫策略。

例 2-5 现在为 2015 年 7 月 1 日,某个企业在 4 年后需要 100 万元资金,目前市场利率为 4%,假设有不同的方案。

1. 如果利率不变,也即本金和利息再投资收益都为 4%,则任意选择一个债券,只要得到支付后将利息或者本金再投资即可,现在需要购买债券:

$$\frac{100}{(1+4\%)^4} = 85.48(万元)$$

这显然不现实,因为市场利率随时都在变动。

2. 选择一个 4 年期的零息债券,其年利率为 4%,则现在需要购买债券:

$$\frac{100}{(1+4\%)^4} = 85.48(万元)$$

即购买零息债券。这样的零息债券不一定存在,且即使存在,也可以看到该零息债券的久期即为 4 年,因而也为一个久期匹配免疫策略。

3. 假设现在市场上只存在 3 年期和 5 年期两种债券,年收益率都为 4%,票面价值都为 100 元,票面利率分别为 3.5% 和 4.5%,每年付息一次,到期还本付息,那么应如何组合这两只债券使得该资金得到免疫?

(1) 先计算 3 年期和 5 年期债券的久期,可直接在 IDLE 中运行 Duration 函数代码,其中 3 年期债券,票面利率为 0.035,到期收益率为 0.04,付息频率为每年付息一次,距离下一次付息的时间为 365 天,总付息的次数为 3 次;5 年期债券,票面利率为 0.045,到期收益率为 0.04,付息频率为每年付息一次,距离下一次付息的时间为 365 天,总付息的次数为 5 次。运行代码,调用 Duration 函数。

```
1. >>> Duration(0.035,0.04,1,365,3)
2. 久期为:D = 2.8989
3. >>> Duration(0.045,0.04,1,365,5)
4. 久期为:D = 4.5927
```

(2) 计算债券组合中两只债券的权重。

$$\begin{cases} w_3 D_3 + w_5 D_5 = 4 \\ w_3 + w_5 = 1 \end{cases}$$

在 python 中,Sympy 是一个符号计算的 python 库,它的目标是成为一个全功能的计算机代数系统,同时保持代码简洁、易于理解和扩展,Sympy 支持符号计算、高精度计算、模式匹配、绘图、解方程、微积分、组合数学、离散数学、几何学、概率与统计、物理学等方面的功能,这里直接用 Sympy 库来解这个方程:

```
1. >>> from sympy import *
2. >>> w3,w5 = symbols('w3 w5')
3. >>> print(solve([2.8989 * w3 + 4.5927 * w5 - 4,w3 + w5 - 1],[x,y]))
4. {w3: 0.349923249498170, w5: 0.650076750501830}
```

解得 $w_3 = 0.3499$,$w_5 = 0.6501$。

(3) 按比例投资债券组合:

3 年期债券投资额:$85.48 \times 0.3499 = 29.91$(万元)

3 年期债券现值:98.6125 元

3 年期债券投资张数:29.91 万元/98.6125 元 ≈ 3 033(张)

5 年期债券投资额:$85.48 \times 0.6501 = 55.57$(万元)

5 年期债券现值:102.2259 元

5 年期债券投资张数:55.57 万元/102.2259 元 ≈ 5 436(张)

这实际上用到了债券组合的久期为各债券久期的加权平均,权重为债券现值占总现值的比例。

(4) 计算 2 年后利率上升到 5%,该债券组合投资 4 年后的本利和:

1 年后收到 3 年期债券和五年期债券的第一期利息 $3\,033 \times (100 \times 3.5\%) + 5\,436 \times (100 \times 4.5\%) = 35\,077.50$(元),将其再投资一年得到 $35\,077.50 \times (1 + 4\%) = 36\,480.60$(元),同时收到 3 年期债券和 5 年期的第二期利息 35 077.50 元,此时共有资金 36 480.60 元 + 35 077.50 元 = 71 558.10(元),此后利率变为 5%。将所有利息再投资一年后得到 $71\,558.10 \times (1 + 5\%) = 75\,136.01$(元),并得到利息 35 077.50 元,3 年期债券的到期本金 $3\,033 \times 100 =$

303 300(元),从而在第三年期末共有资金 75 136.01+35 077.50+303 300=413 513.51(元);将该资金再投资,在第四年得到 434 189.18 元,以及 5 年期债券利息 5 436×(100×4.5%)=24 463(元);此时 5 年期债券的价格为 $\frac{104.5}{1+1.05}$=99.523 8(元),则将所有 5 年期债券卖出得到 99.523 8×5 436=541 011.43(元),所以共的资金为 434 189.18+24 463+541 011.43=999 663.61(元),其中不足部分是由于在购买债券和计算过程中四舍五入造成的。

五、实验报告要求

1. 实验目的明确,实验过程清晰,实验结论准确。
2. 实验报告在下一次实验课前上交。
3. 实验成绩的考核:实验课上遵守纪律的情况、出勤情况等占 40%,实验报告占 60%。

六、思考题

1. 久期度量利率风险的局限性是什么?
2. 为什么说久期衡量利率风险时暗含"债券价格与利率呈现线性关系"假设?
3. 本实验中都没有考虑应计利息,当考虑应计利息时,久期该如何计算?
4. 当票面利率为浮动利率时,久期应如何计算?
5. 本实验中的久期免疫策略的局限性是什么? 如何改进?
6. 本实验中,利用 python 中的 Duration 函数代码计算出的久期值与 excel 软件中利用 DURATION 函数计算出的久期值有什么不同?
7. 在 python 中,while 循环语句和 for 循环语句有什么区别?

实验三　二叉树的计算

>>>>>> 金融仿真综合实验

一、实验目的

1. 学习和掌握远期交易、期权、期货。
2. 学习和掌握单期二叉树分析方法。
3. 学习和掌握两期二叉树分析方法,并能够利用 python 来模拟单期、两期二叉树模型。
4. 学习和掌握多期二叉树分析方法,并利用 python 构建函数来计算看涨和看跌期权。

二、实验内容

1. 单期二叉树分析。
2. 两期二叉树分析。
3. 多期二叉树分析。

三、实验原理

远期交易　远期交易(Forward Transaction)是指买卖双方签订远期合同,规定在未来某一时期以某一价格交易一定数量的商品的一种交易方式。

期货交易　期货交易,即标准化的远期交易,就是将远期交易中的标的的品种、交易数量、交割时间进行标准化。

期权交易　期权,又称为选择权,是在期货的基础上产生的一种衍生性金融工具。期权指在未来一定时期可以买卖的权利,是买方向卖方支付一定数量的金额(指权利金)后拥有的在未来一段时间内(指美式期权)或未来某一特定日期(指欧式期权)以事先规定好的价格(指履约价格)向卖方购买或出售一定数量的特定标的物的权利,但不负有必须买进或卖出的义务。期权分为看涨期权和看跌期权两类:看涨期权是指期权购买者可以按照约定的价格,从期权出售者手中购买一定数量的标的,看跌期权是指期权购买者可以按照约定的价格,向期权出售者手中出售一定数量的标的。

二叉树模型　二叉树(Binomial Tree)是指用来描述在期权存续期内股票价格变动的可能路径。二叉树定价模型假定股票价格服从随机漫步,股票价格的波动只有向上和向下两个方向,且在树形的每一步,股票价格向上或者向下波动的概率[即概率 p 和 $(1-p)$]和幅度保持不变。

在图 3-1 中,股票上涨时,从开始的 S 上升到原先的 u 倍,即到达 Su;股票下跌时,从 S 下降到原先的 d 倍,即 Sd。其中 $u>1$,$d<1$。当股票上涨时,其增长的比率为 $u-1$;当股票下跌时,其增长的比率为 $1-d$。相应地,期权价值也会有所不同,分别为 f_u 和 f_d。

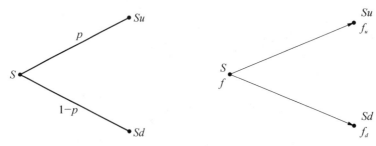

图 3-1 单步条件下股价上下波动情况的设定

如果将价格变动的期限缩短,则可以用这种二值运动来模拟连续的资产价格变动。

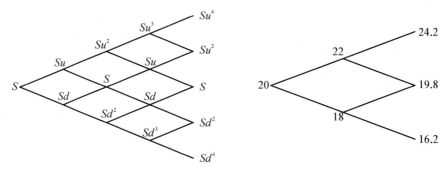

图 3-2 股价连续波动情况

注:二叉树模型的思想实际上是在用大量离散的小幅度二值运动来模拟连续的资产价格运动。

其中非常重要的一点是:$d=1/u$,有了这个就能使二叉树 re-combine。re-combine 使实际中计算变为可能,因为 non-recombine 的二叉树会变得不可计算。re-combine 的二叉树第 1 步有两个节点(node),第 n 步有 $n+1$ 个节点;而 non-recombine 的二叉树第 n 步有 2^n 的节点。如果二叉树有 1 000 步(很常见),那么 non-recombine 的树有 $2^{1\,000}=10^{300}$ 个节点,就算是超级计算机也会无法计算结果。所以,re-combine 是非常重要的。

例 3-1 某股票现期价格为 20 元,下一期股票价格有 50%的可能上涨到 22 元,有 50%的可能跌至 18 元。假设期间长度为 3 个月,年度无风险连续利率为 12%,问交割价格为 21 元的看涨期权价值为多少元?

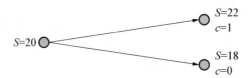

图 3-3 案例分析:单步条件下股价波动情况

如图 3-3 所示的分析,下一期期权的价值有 50%的可能为 1 元,有 50%的可能为 0 元。如果简单地认为,期权价值为未来收益期望值的折现值,那么,该期权的价值为:

```
1. >>> from math import *
2. >>> ption_v = exp(-0.12 * 3/12) * (0.5 * 1 + 0.5 * 0)
```

```
3. >>> ption_v
4. 0.4852
```

返回的数值为 0.485 2。

但是,在这个价格下显然会存在套利空间,考虑以下策略:

(1) 即期卖空一份股票,得到 20 元,以其中 1.940 8 元买入 4 份期权,将剩余的 18.059 1 元按 12% 利率贷放出去;

(2) 3 个月后贷款本息累计为 18.609 1 元。

① 如果股票价格为 18 元,则不执行期权,以 18 元买入股票补回空头,获得净利润 0.609 1 元。

② 如果股票价格为 22 元,则结算期权行权收益,获得 4 元,以 22 元的价格买入一份股票回补空头,获得净利润 0.609 1 元。

由于套利行为的存在,投资者将不断卖空股票,买入看涨期权,结果股票价格将下跌,看涨期权的交割价格不断上涨,市场并不能达到均衡。所以,简单地折现期望值并非期权的真实价格。在无套利条件下,期权价格与股票价格的变化概率反而没有关系。假设期权价格为 f,考虑以下投资策略:即期买入一份股票,同时卖空 4 份看涨期权。

如果未来股票价格为 22 元,则每份看涨期权价值为 1 元,该策略组合的价值为 22-4=18 元;如果股票价格为 18 元,则每份看涨期权价值为 0,该策略组合价值为 18 元。因此,构造出来的资产组合在两种情况下价值均为 18 元,其实就是一种无风险资产。因此,这个组合的现值为:

```
5. >>> pv = 18 * exp(-0.12 * 3/12)
6. >>> pv
7. 17.4680
```

返回的数值为 17.468 0。

考虑到它由一份股票(20 元),4 份期权(f 元)构成,可以推出:

$$f = 0.633$$

也即一份交割价格为 21 元的看涨期权的无套利价格为 0.633 元。

(一) 风险中性概率

假定股票的当前价格为 S_0,看涨期权当前的价格为 f,该期权的有效期为 T;在这段时间内,股票价格或者会从 S_0 上涨至 uS_0,或者会从 S_0 下跌至 dS_0,其中 $u>1$,$0<d<1$;相对应地,期权价格为 f_u 或者 f_d。因此,若股票价格上涨,其涨幅为 $u-1$;若股票价格下跌,其跌幅为 $1-d$,如图 3-4 所示。

与上面的例子相同,考虑构建一个由 Δ 只股票的多头持仓和一份看涨期权的空头持仓组成的无风险投资组合。若股票价格上涨,在看涨期权到期时该组合的价值为 ΔuS_0-f_u,若股票价格下

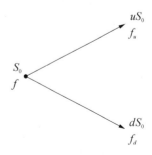

图 3-4 风险中性单步条件下股价波动

跌,在看涨期权到期时该组合的价值为 $\Delta dS_0 - f_d$,令以上两式相等,即

$$\Delta uS_0 - f_u = \Delta dS_0 - f_d$$

由此可得:

$$\Delta = \frac{f_u - f_d}{uS_0 - dS_0} \tag{3-1}$$

由于投资组合是无风险的,其收益率必须等于无风险利率。假定无风险利率为 r,那么,该投资组合的贴现值为:

$$(\Delta uS_0 - f_u)e^{-rT}$$

而该组合的当前价值为 $\Delta S_0 - f$,因此有:

$$\Delta S_0 - f = (\Delta uS_0 - f_u)e^{-rT}$$

将式(3-1)中的 Δ 带入并化简,即可求得期权的价格:

$$f = [pf_u + (1-p)f_d]e^{-rT} \tag{3-2}$$

其中:

$$p = \frac{e^{-rT} - d}{u - d} \tag{3-3}$$

令期权的交割价格为 E,则股价上升一期后和下降一期后看涨期权的价值分别为:

$$f_u = \max(uS_0 - E, 0) \quad f_d = \max(dS_0 - E, 0) \tag{3-4}$$

则股价上升一期后和下降一期后看跌期权的价值分别为:

$$f_u = \max(E - uS_0, 0) \quad f_d = \max(E - dS_0, 0) \tag{3-5}$$

综上所述,当股票价格的变动路径可由一步二叉树给出时,可以用式(3-2)及式(3-3)对期权进行定价。当然,用二叉树方法对期权进行定价是建立在一些基本假设上的,如不存在套利机会、不存在交易税费、股票是无限可分割等。

(二) 风险中性定价

现在将式(3-2)中的 p 定义为股票价格上涨的概率,相应地,$(1-p)$ 也就是股票价格下跌的概率;而 $pf_u + (1-p)f_d$ 则为期权价格的数学期望,这样式(3-2)表达的意思就是:看涨期权的价格等于其期望的贴现。T 时刻股票价格的期望为:

$$E(S_T) = puS_0 + (1-p)dS_0$$

将式(3-3)中的 p 代入后可得:

$$E(S_T) = S_0 e^{rT} \tag{3-6}$$

式(3-6)说明:股票价格是按无风险利率增长。这就是说,股票价格上涨的概率为 p 的假设等价于股票的收益率为无风险利率。

在这里引入风险中性定价(Risk-neutral Valuation)的概念。在一个风险中性世界

(Risk-neutral World)中,投资者对风险都秉持中性的态度,也就是投资者对风险不要求任何形式的补偿,因而在这样的世界里所有证券的期望收益率均等于无风险利率。因此,式(3-6)同时说明:股票价格上涨的概率为 p 的假设等价于世界为风险中性世界的假设,p 也被称为风险中性概率。式(3-2)说明:在风险中性世界里,期权的价格等于其数学期望按无风险利率进行贴现所得数值。这就是风险中性定价原理在期权定价领域的重要应用。用上述思想来对资产进行定价就称为风险中性定价。

回到前面的案例,某股票现期价格为 20 元,3 个月后股票价格可能上涨到 22 元,也可能跌至 18 元。年度无风险连续利率为 12%,交割价格为 21 元。前面用无套利均衡定价方法进行了计算。现在再用风险中性定价方法进行计算。首先,定义 p 为风险中性概率。由于在风险中性世界里,股票的期望收益率等于无风险利率,这就意味着 p 必须要满足:

$$22p + 18(1-p) = 20e^{12\% \times 3/12}$$

计算可得:

$$p = 0.6522, 1-p = 0.3478。$$

因而,3 个月后,看涨期权价格为 1 的概率为 0.6522,价格为 0 的概率为 0.3478,期权价格的数学期望为:

$$0.6522 \times 1 + 0.3478 \times 0 = 0.6522$$

在风险中性世界中,期权的当前价格应等于其期望值以无风险利率进行贴现,因此期权的当前价格为 $0.6522e^{-12\% \times 3/12}$,即 0.6329 元。这与前面的计算结果相同,说明用无套利均衡定价方法与风险中性定价方法计算所得到的结果是一致的。

事实上,在对期权进行定价时可以放心地假设世界是风险中性的,由此得到的结果不仅在风险中性世界里是正确的,在现实世界也是成立的。

利用风险中性定价原理可以大大简化问题的分析。因为在风险中性世界里,所有资产都要求相同的收益率,即无风险利率;而且所有资产的定价都可以运用风险中性概率计算出未来收益的预期值,再以无风险利率贴现得到。最后再将所得到结果放回到现实世界中,就获得了有实际意义的结果。利用风险中性定价方法对金融资产进行定价,其核心环节是构造出风险中性概率。

(三) 两步二叉树期权定价模型

将以上单步二叉树的分析推广到如图 3-5 所示的两步二叉树情形。

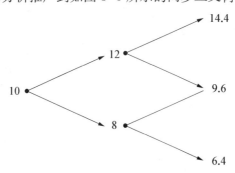

图 3-5 两步条件下股价上下波动情况设定

例 3-2 股票当前价格为 10 元,以 3 个月为一期(即步长为 3 个月);在每一步,股票价格均可能上涨 20% 或者下跌 20%,且无风险利率均为 4%。那么,以该只股票为标的,交割价为 11 元,6 个月后到期的看涨期权的初始价格是多少?

在此,反复使用风险中性定价方法来对这个期权进行定价。在图 3-6 中的各个节点,上面的数字代表股票价格,下面的数字代表期权价格。

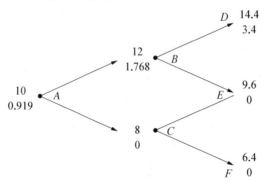

图 3-6 案例分析两步条件下股价波动情况

图 3-6 中最右边节点上的期权价格不难求出:在节点 D,股票的价格为 $10 \times (1+20\%)^2 = 14.4$(元),期权价格则为 $14.4 - 11 = 3.4$(元);在节点 E 和 F,期权价格显然为 0。由于节点 C 的价值来自节点 E 和 F,因此在节点 C 上期权价格为也 0。

为求节点 B 上的期权价格,将 $u=1.2$,$d=0.8$,$r=4\%$ 和 $T=0.25$ 代入式(3-2),因此节点 B 上的期权价格为:

$$e^{-4\% \times 3/12}(0.525 \times 3.4 + 0.475 \times 0) = 1.768(元)$$

其目的是要计算出节点 A 上的期权价格,现已知期权在节点 B 上的价格为 1.768(元),在节点 C 上的价格为 0,代入式(3-2)便可算出看涨期权的初始价格为:

$$e^{-4\% \times 3/12}(0.525 \times 1.768 + 0.475 \times 0) = 0.919(元)$$

假定无风险利率为 r,股票的初始价格为 S_0,二叉树的步长为 T,看涨期权的初始价格为 f,该期权的有效期为 $2T$;在二叉树的每一步,股票价格或者上涨至初始价格的 u 倍,或者下跌至初始价格的 d 倍,其中 $u>1$,$0<d<1$。根据上面的分析过程,很容易得出两步二叉树期权定价模型的一般公式,如图 3-7 所示。

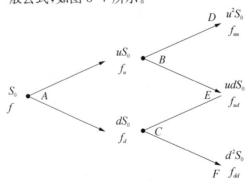

图 3-7 风险中性两步条件下股价波动

通过反复应用式(3-2),不难得出:

$$f_u = [pf_{uu} + (1-p)f_{ud}]e^{-rT} \tag{3-7}$$

$$f_d = [pf_{ud} + (1-p)f_{dd}]e^{-rT} \tag{3-8}$$

$$f = [pf_u + (1-p)f_d]e^{-rT} \tag{3-9}$$

将式(3-7)、式(3-8)代入式(3-9),得到:

$$f = [p^2 f_{uu} + 2p(1-p)f_{ud} + (1-p)^2 f_{dd}]e^{-2rT} \tag{3-10}$$

式(3-10)完全可以用中性定价理论进行解释。式中 p^2、$2p(1-p)$、$(1-p)^2$ 分别对应于股票价格取上、中、下三个节点上值的概率,期权价格仍然等于其在风险中性世界里的期望收益以无风险利率进行贴现所得数值。

令期权的交割价格为 E,则股价上升两期、上升一期再下降一期,以及下降两期后看涨期权的价值分别为:

$$f_{uu} = \max(u^2 S_0 - E, 0) \quad f_{ud} = \max(udS_0 - E, 0) \quad f_{dd} = \max(d^2 S_0 - E, 0)$$

股价上升两期、上升一期在下降一期,以及下降两期后看跌期权的价值分别为:

$$f_{uu} = \max(E - u^2 S_0, 0) \quad f_{ud} = \max(E - udS_0, 0) \quad f_{dd} = \max(E - d^2 S_0, 0)$$

(四) 多步二叉树期权定价模型

多期定价模型指的是考虑在一定时期内股票资产的价格发生两期以上变动时的期权定价模型。假设在 n 期内股票价格上升了 t 次,下降了 $(n-t)$ 次,根据数学归纳法,则最终的股票价格为:

$$S_n = u^t d^{(n-t)} S_0 \tag{3-11}$$

即期权到期日,股票价格有 n 种可能结果:$u^n d^0 S_0$,$u^{n-1}dS_0$,$\cdots$,$u^0 d^n S_0$ 它们在风险中性状态下出现的概率分别是 $C_n^0 p^n (1-p)^0$,$C_n^1 p^{n-1}(1-p)$,$\cdots$,$C_n^n p^0 (1-p)^n$。

其中:

$$p = \frac{e^{rT} - d}{u - d} \tag{3-12}$$

令 f_{n0},$f_{n-1,1}$,$\cdots$,f_{0n} 为与 n 种股票价格 $u^n d^0 S_0$,$u^{n-1}dS_0$,$\cdots$,$u^0 d^n S_0$ 对应的期权价值,E 为期权的交割价格,则在无套利假设下,股票看涨期权在到期日的价值为:

$$f_{n-t,t} = \max(u^{(n-t)} d^t S_0 - E, 0), \quad t = 0, 1, 2, \cdots, n$$

股票看跌期权在到期日的价值为:

$$f_{n-t,t} = \max(E - u^{(n-t)} d^t S_0, 0), \quad t = 0, 1, 2, \cdots, n$$

从而可以导出看涨期权 n 期的定价模型为:

$$f = e^{-nrT} \sum_{t=0}^{n} C_n^t p^{n-t} (1-p)^t f_{n-t,t} \tag{3-13}$$

看跌期权 n 期的定价模型为：

$$f = e^{-nrT} \sum_{t=0}^{n} C_n^t p^{n-t} (1-p)^t f_{n-t,\,t} \tag{3-14}$$

计算多期的期权价值，既可以利用上面的公式直接计算，也可以通过计算各期的股票价格及期权价值的方法逐步计算。

根据式（3-13）和式（3-14）的看涨、看跌期权公式，可以通过 python 编写一个函数代码来用二叉树法为期权定价（适应于任意期的期权定价）：

```
1.  import scipy as sp
2.  from math import *
3.  from scipy.special import *
4.  def binomiolcall_put(s,x,u,d,r,T,n):
5.  # s:现价,x:执行价,u:上涨倍数,d:下跌倍数,r:无风险利率,T:有效期,n:期数
6.      sum_ft1 = 0
7.      sum_ft2 = 0
8.      # 定义初始值为0
9.      for t in sp.arange(n+1):
10.         a = exp(r * T)
11.         p = (a - d)/(u - d)
12.         # 算出概率p的值
13.         f1 = max(u ** (n-t) * (d ** t) * s-x,0)
14.         f2 = max(x-u ** (n-t) * (d ** t) * s,0)
15.         # 计算期权到期日的价值 f1(看涨)和f2(看跌)
16.         ft1 = comb(n,t) * p ** (n-t) * ((1-p) ** t) * f1
17.         ft2 = comb(n,t) * p ** (n-t) * ((1-p) ** t) * f2
18.         sum_ft1 += ft1
19.         sum_ft2 += ft2
20.         # 各个到期日的期权价值相加
21.     f_1 = exp(-r * n * T) * sum_ft1
22.     f_2 = exp(-r * n * T) * sum_ft2
23.     print("看涨期权的价值为：%.4f" % f_1 + "\n" + "看跌期权的价值为：%.4f" % f_2)
```

上面的期权定价函数是直接将式（3-13）和式（3-14）的看涨、看跌期权计算公式通过 python 实现，在这里，把公式拆分来计算，10—14 行为计算期权到期日的价值，是期权公式中的 $f_{n-t,\,t}$ 部分，16—19 行计算求和部分，接下来通过输入一组参数来调用函数，引用上面的例 3-2 的例子：$s=10$，$x=11$，$u=1.2$，$d=0.08$，$r=0.04$，$T=0.25$，$n=2$，并与上面的计算结果作比较。

1. >>> binomiolcall_put(10,11,1.2,0.8,0.04,0.25,2)
2. 看涨期权的价值为：0.9190
3. 看跌期权的价值为：1.7012

例 3-3 假设一只股票的当前价格是 20 元，三个月后该股票价格有可能上升到 22 元，也有可能下降到 18 元，假设相应的期权是一个行权价格为 21 元，到期日为 18 个月的欧式看涨权，无风险的年利率为 12%，求该期权的当前价值。

将初始时间到期权到期日的 18 个月时间分成相等的 6 个时间步，则股票和期权价格的演化进程可通过图 3-8 直观表示出来。

依题意，已知：$S_0 = 20$，$u = \dfrac{22}{20} = 1.1$，$d = \dfrac{18}{20} = 0.9$，$r = 0.12$，$T = \dfrac{1}{4}$

$X = 21$

接下来计算股票价值。

第一步：

$Su = 22$

$Sd = 18$

第二步：

$Su^2 = 20 \times 1.1^2 = 24.2$ $Su^2 = 24.2$

$Sud = 20 \times 1.1 \times 0.9 = 19.8$ $Sud = 19.8$

$Sd^2 = 20 \times 0.9^2 = 16.2$ $Sd^2 = 16.2$

第三步：

$Su^3 = 20 \times 1.1^3 = 26.62$ $Su^3 = 26.62$

$Su^2 d = 20 \times 1.1^2 \times 0.9 = 21.78$ $Su^2 d = 21.78$

$Sud^2 = 20 \times 1.1 \times 0.9^2 = 17.82$ $Sud^2 = 17.82$

$Sd^3 = 20 \times 0.9^3 = 14.58$ $Sd^3 = 14.58$

第四步：

$Su^4 = 20 \times 1.1^4 = 29.282$ $Su^4 = 29.282$

$Su^3 d = 20 \times 1.1^3 \times 0.9 = 23.958$ $Su^3 d = 23.958$

$Su^2 d^2 = 20 \times 1.1^2 \times 0.9^2 = 19.602$ $Su^2 d^2 = 19.602$

$Sud^3 = 20 \times 1.1 \times 0.9^3 = 16.038$ $Sud^3 = 16.038$

$Sd^4 = 20 \times 0.9^4 = 13.122$ $Sd^4 = 13.122$

第五步：

$Su^5 = 20 \times 1.1^5 = 32.210\,2$ $Su^5 = 32.210\,2$

$Su^4 d = 20 \times 1.1^4 \times 0.9 = 26.353\,8$ $Su^4 d = 26.353\,8$

$Su^3 d^2 = 20 \times 1.1^3 \times 0.9^2 = 21.562\,2$ $Su^3 d^2 = 21.562\,2$

$Su^2 d^3 = 20 \times 1.1^2 \times 0.9^3 = 17.641\,8$ $Su^2 d^3 = 17.641\,8$

$Sud^4 = 20 \times 1.1 \times 0.9^4 = 14.434\,2$ $Sud^4 = 14.434\,2$

$Sd^5 = 20 \times 0.9^5 = 11.809\,8$ $Sd^5 = 11.809\,8$

第六步：

$Su^6 = 20 \times 1.1^6 = 35.431\,66$ $Su^6 = 35.431\,66$

$Su^5d = 20 \times 1.1^5 \times 0.9 = 28.9$ $Su^5d = 28.989\,18$

$Su^4d^2 = 20 \times 1.1^4 \times 0.9^2 = 23.718\,42$ $Su^4d^2 = 23.718\,42$

$Su^3d^3 = 20 \times 1.1^3 \times 0.9^3 = 19.405\,98$ $Su^3d^3 = 19.405\,98$

$Su^2d^4 = 20 \times 1.1^2 \times 0.9^4 = 15.877\,62$ $Su^2d^4 = 15.877\,62$

$Sud^5 = 20 \times 1.1 \times 0.9^5 = 12.990\,78$ $Sud^5 = 12.990\,78$

$Sd^6 = 20 \times 0.9^6 = 10.628\,82$ $Sd^6 = 10.628\,82$

在期权到期日，

当 $Su^6 = 20 \times 1.1^6 = 35.431\,66$ 时，该看涨权的价值为 $fu^6 = \max(Su^6 - X, 0) = 14.43$(元)。

当 $Su^5d = 20 \times 1.1^5 \times 0.9 = 28.9$ 时，该看涨权的价值为 $fu^5d = 7.99$(元)。

当 $Su^4d^2 = 20 \times 1.1^4 \times 0.9^2 = 23.718\,42$ 时，该看涨权的价值为 2.72(元)。

当 $Su^3d^3 = 20 \times 1.1^3 \times 0.9^3 = 19.405\,98$ 时，该看涨权的价值为 0。

当 $Su^2d^4 = 20 \times 1.1^2 \times 0.9^4 = 15.877\,62$ 时，该看涨权的价值为 0。

当 $Sud^5 = 20 \times 1.1 \times 0.9^5 = 12.990\,78$ 时，该看涨权的价值为 0。

当 $Sd^6 = 20 \times 0.9^6 = 10.628\,82$ 时，该看涨权的价值为 0。

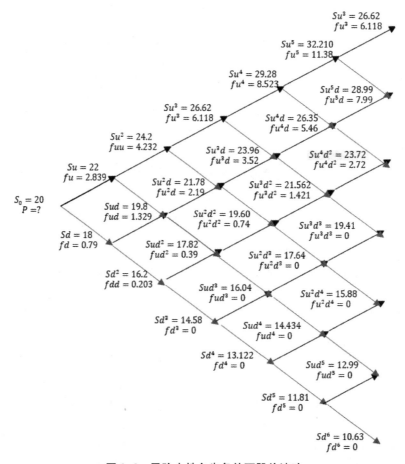

图 3-8 风险中性多步条件下股价波动

根据公式：

$$p = \frac{e^{rT} - d}{u - d} = \frac{e^{0.12 \times \frac{1}{24}} - 0.9}{1.1 - 0.9} = 0.5251$$

$fu^5 = e^{-rT}[pfu^6 + (1-p)fu^5d] = 0.995 \times [0.5251 \times 14.43 + 0.4749 \times 7.99] = 11.375$

同理：$fu^4d = 0.995 \times [0.5251 \times 7.99 + 0.4749 \times 2.72] = 5.46$

$fu^3d^2 = 0.995 \times [0.5251 \times 2.72 + 0.4749 \times 0] = 1.421$

$fu^2d^3 = 0$

$fud^4 = 0$

$fd^5 = 0$

所以：$fu^4 = 0.995 \times [0.5251 \times 11.375 + 0.4749 \times 5.46] = 8.523$

$fu^3d = 0.995 \times [0.5251 \times 5.46 + 0.4749 \times 1.421] = 3.524$

$fu^2d^2 = 0.995 \times [0.5251 \times 1.421 + 0.4749 \times 0] = 0.742$

$fud^3 = 0$

$fd^4 = 0$

所以：$fu^3 = 0.995 \times [0.5251 \times 8.523 + 0.4749 \times 3.524] = 6.118$

$fu^2d = 0.995 \times [0.5251 \times 3.524 + 0.4749 \times 0.742] = 2.192$

$fud^2 = 0.995 \times [0.5251 \times 0.742 + 0.4749 \times 0] = 0.388$

$fd^3 = 0$

所以：$fuu = 0.995 \times [0.5251 \times 6.118 + 0.4749 \times 2.192] = 4.232$

$fud = 0.995 \times [0.5251 \times 2.192 + 0.4749 \times 0.388] = 1.329$

$fdd = 0.995 \times [0.5251 \times 0.388 + 0.4749 \times 0] = 0.203$

所以：$fu = 0.995 \times [0.5251 \times 4.232 + 0.4749 \times 1.329] = 2.839$

$fd = 0.995 \times [0.5251 \times 1.329 + 0.4749 \times 0.203] = 0.79$

所以：$f = 0.995 \times [0.5251 \times 2.839 + 0.4749 \times 0.79] = 1.857$

四、实验过程

（一）期权平价关系的应用

例3-4 股票A现在股价为110元，对应的6个月到期、执行价格$X = 105$元的看涨期权的价格为17元，相同到期期限和相同执行价格的看跌期权的价格为5元，对应的年无风险利率为10.25%（均采用离散复利）。要求：

（1）判断是否满足平价关系？

（2）如果不满足，应如何进行套利？

可以通过一个简单的函数代码来判断期权平价关系。

```
1.  def put_call_parity(C,P,S,X,r,T):
2.  # C：看涨期权价格，P：看跌期权价格，S：期初股价，X：执行价，r：无风险年利率，
    T：有效期限
3.  a = C + (1 + r) ** - T
```

```
4. b = P + S
5. # 分别算出等式两边的值
6. if a = = b:
7. print("满足期权平价关系")
8. else:
9.     print("不满足期权平价关系,套利策略:买低卖高")
10. # 用 if 语句来判断是否满足评价关系
```

输入参数调用函数,判断是否满足平价关系。

```
1. 请输入以下参数:put_call_parity(C,P,S,X,r,T)
2. >>> put_call_parity(17,5,110,105,0.102 5,0.25)
3. 不满足期权平价关系,套利策略:买低卖高
```

根据输出结果知,不满足平价的套利策略。构造如下的策略进行套利:买入 1 股股票,买入 1 单位看跌期权,卖出 1 单位看跌期权,借入 100 元 6 个月后偿还,对应的套利策略的现金流如表 3-1 所示。从表 3-1 所示的套利策略现金流可以看出,在期末现金流为零的情况下,期初的现金流为正,表明该策略是一个套利策略,因此只要期权定价不满足平价关系,就存在套利机会;而在完全竞争的市场,寻求套利的结果使得市场不存在套利机会,因此套利定价原则既适用于股票定价,也适合期权定价。

表 3-1 策略

时间	在 0 时刻(今天)	T 时刻(到期日)	
策略		$S_T < 105$	$S_T >= 105$
买入 1 股股票	-100	$+S_T$	$+S_T$
借入 100	$+100$	-105	-105
出售 1 看涨期权	$+17$	0	0
购买 1 看跌期权	-5	$105 - S_T$	0
合计现金流	12	0	0

(二) 期权复制

例 3-5 某股票当前价格为 30 元,一年后可能上涨 20%(期末价格为 36 元),也可能下跌 10%(期末价格为 27 元),无风险债券利率为 8%(国库券年利率),债券的当前价格为 1 元,现有一份股票看涨期权,执行价格 $X = 30$ 元,执行期限为 1 年,计算该看涨期权的价格。

在 python 中用 matplotlib 库模拟二叉树模型:

```
1. import matplotlib.pyplot as plt
2. from math import *
```

```
3.  def binary_trees(S,u,d):
4.      # S:股票期初价格,u:上涨的倍数,d:下跌的倍数
5.      a = u * S
6.      b = d * S
7.      plt.xlim(0,10)
8.      plt.ylim(0,10)
9.      plt.title("Binary Trees",fontsize = 20)
10.     plt.figtext(0.13,0.45,"Stock\n = %d" % S)
11.     plt.figtext(0.35,0.65,"Stock = %d" % a)
12.     plt.figtext(0.35,0.35,"Stock = %d" % b)
13.     plt.annotate("",xytext = (1,5),xy = (3.5,6.5),arrowprops = dict(facecolor = 
    "y",headlength = 3,headwidth = 4,width = 1))
14.     plt.annotate("",xytext = (1,5),xy = (3.5,3.5),arrowprops = dict(facecolor = 
    "b",headlength = 3,headwidth = 4,width = 1))
15.     plt.axis("off")
16.     plt.show()
```

模拟二叉树模型主要用到了 matplotlib 模块,在这里通过 python 来画出二叉树主要是为了简单介绍 matplotlib 的使用,具体方法和原理这里不作详细阐述,感兴趣的同学可以在 IDLE 中输入 help("matplotlib")详细了解。

现在调用函数 binary_trees,由例 3-5 可知,初始价格为 30 元,可能的上涨倍数为 1.2 倍,可能的下跌倍数为 0.9 倍,直接输入参数并运行:

```
1.  >>> binary_trees(30,1.2,0.9)
```

计算步骤:

(1) 通过图 3-9 可知道,到期时的看涨期权价值为 max(36 − 30, 0) = 6,到期时的看跌期权价值为 max(27 − 30, 0) = 0,到期时的债券的价格为 1.08 元。

(2) 此时,计算期权复制的组合系数,构造一个由 A 份股票和 B 份债券构成的投资组合,使组合的期末对应的现金流与期权对应的现金流相同,即

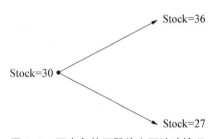

图 3-9 两步条件下股价上下波动情况

$$\begin{cases} 36A + 1.08B = 6 \\ 27A + 1.08B = 0 \end{cases}$$

(3) 运用 python 中 sympy 库计算 A、B 值,打开 IDLE 直接依次输入下述代码,完成后按 enter 键选择保留规划求解结果可得:$A = 0.67$,$B = -16.67$。

```
1. >>> from sympy import *
2. >>> A = Symbol('A')
3. >>> B = Symbol('B')
4. >>> print(solve([36*A+1.08*B-6,27*A+1.08*B],[A,B]))
5. {A: 0.666666666666667, B: -16.6666666666667}
```

(4) 用期权复制法求解期权价格。在 IDLE 中继续输入：

```
5. >>> 30*0.6667+1*-16.6667
6. 3.334299999999999
```

可以求出对应的看涨期权价格为 3.33 元。

这种方法是无套利定价法，当投资组合复制和期权的未来现金流相同时，复制的当前价格和期权的当前价格相等，因此通过计算复制的组合系数可以对期权进行定价。

（三）对于期权的风险中性定价

（1）对例 3-5 的 binary_trees 函数只需稍微改动，在此基础上引入风险概率 p，具体代码如下：

```
1. import matplotlib.pyplot as plt
2. from math import *
3. def risk_neutual(S,u,d,r,T):
4.     # S:股票期初价格,u:上涨的倍数,d:下跌的倍数
5.     a = u*S
6.     b = d*S
7.     c = (1+r*T)**T
8.     qu = (c-d)/(u-d)
9.     plt.xlim(0,10)
10.    plt.ylim(0,10)
11.    plt.title("Binary Trees",fontsize=20)
12.    plt.figtext(0.13,0.45,"Stock\n=%d"% S)
13.    plt.figtext(0.35,0.65,"Stock=%d"% a)
14.    plt.figtext(0.35,0.35,"Stock=%d"% b)
15.    plt.figtext(0.24,0.56,"p=%.2f"% qu)
16.    plt.figtext(0.24,0.4,"1-p=%.2f"% (1-qu))
17.    plt.annotate("",xytext=(1,5),xy=(3.5,6.5),arrowprops=dict(facecolor="y",headlength=3,headwidth=4,width=1))
18.    plt.annotate("",xytext=(1,5),xy=(3.5,3.5),arrowprops=dict(facecolor="b",headlength=3,headwidth=4,width=1))
19.    plt.axis("off")
20.    plt.show()
```

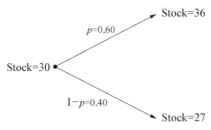

图 3-10 两步条件下股价上下波动情况

（2）对于例 3-5,调用函数 risk_neutual(30,1.2,0.9,0.08,1) 得到图 3-10。通过图 3-10 可知道,到期时的看涨期权价值为 $\max(36-30, 0)=6$,到期时的看跌期权价值为 $\max(27-30, 0)=0$。

（3）对应的看涨期权价格则按照公式在 IDLE 中输入:

1. >>> f = ((0.6 * 6) + (0.4 * 0))/1.08
2. >>> f
3. 3.3333333333333326

得到看涨期权价格 3.33 元,由此可知两种方法计算的结果一致。

(四) 两期的二项期权定价

建立一个连续复利的可以选择期权类型的两期定价综合模型。

例 3-6 某股票当前价格为 25 元,三个月后可能上涨 20%,也可能下跌 20%,无风险债券利率为 10%(连续复利),执行价格 26 元,执行期限为 6 个月,计算该看涨期权和看跌期权的价格。

（1）可直接利用前面在 python 中定义的 binomiolcall_put 函数来求看涨期权和看跌期权。

（2）这里不必重新写代码,直接找到 binomiolcall_put 函数所在的路径,将 binomiolcall_put 函数作为一个模块导入,打开 IDLE 输入以下代码,由例 3-6 可知,股票当前价格为 25 元,执行价格 26 元,上涨倍数为 1.2,下跌倍数 0.8,无风险利率 10%,有效期为 0.25 年,期数为 2 期:

1. >>> **import** sys
2. >>> sys.path.append("c:\\Users\ASUS\Desktop")
3. >>> **from** binomiolcall_put **import** binomiolcall_put
4. >>> binomiolcall_put(25,26,1.2,0.8,0.1,0.25,2)
5. 看涨期权的价值为：3.0182
6. 看跌期权的价值为：2.7502

Sys 模块将会在本章附录中详细介绍。

（3）得到输出结果,看涨期权的现值为 3.02 元,若该期权是看跌期权,则其现值为 2.75 元。

(五) 多期的二项期权定价

例 3-7 已知某种股票目前的价格为 50 元，预计未来的股票价格每个月上涨 20%，或者下跌 10%。该股票看涨期权的执行价格为 55 元，期限为 9 个月。每月的无风险利率为 0.5%。试计算此看涨期权的价值。若为看跌期权，其价值为多少。

1. 直接按公式计算

(1) 按照上面的例子直接在 python 中调用 binomiolcall_put 函数计算出看涨看跌期权，具体步骤与上例相同，不再详述。

```
1.  >>> import sys
2.  >>> sys.path.append("c：\\Users\ASUS\Desktop")
3.  >>> from binomiolcall_put import binomiolcall_put
4.  请输入以下参数：binomiolcall_put(s,x,u,d,r,T,n)
5.  >>> binomiolcall_put(50,55,1.2,0.9,0.06,1/12,9)
6.  看涨期权的价值为：7.5309
7.  看跌期权的价值为：10.1107
```

这样就得到了该看涨期权的价值为 7.53 元，看跌期权的价值为 10.11 元。直接利用公式计算虽然简单易行，但无法看到各期节点的股票价格和期权价值情况。

2. 逐步间接计算

试采用间接的方法逐步计算该股票看涨期权的价值和看跌期权的价值。仍以例 3-7 计算，步骤如下：

(1) 前面定义了求股票看涨期权和看跌期权的函数，在调用过程中只返回了最终的结果，要看到各期节点的股票价格和期权价值情况，可以在此基础上将每一步求解的过程都输出。具体如下：

```
1.  import scipy as sp
2.  from math import *
3.  from scipy.special import *
4.  print("请输入下列参数：biomial_tree_pr(s,x,u,d,n)")
5.  def biomial_tree_pr(s,x,u,d,n):
6.      # s：期初价格,x：执行价格,u：上涨倍数,d：下跌倍数,n：期数
7.      print("各期节点上股票价格的可能值：")
8.      for m in sp.arange(n+1):
9.          for t in sp.arange(m+1):
10.             S_i=u**(m-t)*d**t*s
11.             print("%.2f" % S_i,end=" ")
12.         print("\n")
13.     # 用循环语句求出每一期节点上股票的价格
```

```
14.    print("各期期权价值的计算结果:")
15.    jud = input("请输入'c'(看涨期权价值)或'p'(看跌期权价值):")
16.    # 输入提示语句,提示求看涨期权的价值还是看跌期权的价值
17.    for m in sp.arange(n + 1):
18.        for t in sp.arange(m + 1):
19.            f1 = max(u ** (m - t) * (d ** t) * s - x, 0)
20.            f2 = max(x - u ** (m - t) * (d ** t) * s, 0)
21.            if jud = = "c":
22.                print("%.2f" % f1, end = " ")
23.            else:
24.                print("%.2f" % f2, end = " ")
25.    # 条件判断,根据用户输入值返回相应的结果
26.        print("\n")
```

(2) 按照前面的例子输入代码并运行,这样就可以得到各期节点上股票价格的可能值以及各期节点上期权的价值:

```
1.  请输入下列参数: biomial_tree_pr(s,x,u,d,n)
2.  >>> biomial_tree_pr(50,55,1.2,0.9,9)
3.  各期节点上股票价格的可能值:
4.  50.00
5.  60.00   45.00
6.  72.00   54.00   40.50
7.  86.40   64.80   48.60   36.45
8.  103.68  77.76   58.32   43.74   32.80
9.  124.42  93.31   69.98   52.49   39.37   29.52
10. 149.30  111.97  83.98   62.99   47.24   35.43   26.57
11. 179.16  134.37  100.78  75.58   56.69   42.52   31.89   23.91
12. 214.99  161.24  120.93  90.70   68.02   51.02   38.26   28.70   21.52
13. 257.99  193.49  145.12  108.84  81.63   61.22   45.92   34.44   25.83   19.37
14. 各期期权价值的计算结果:
15. 请输入'c'(看涨期权价值)或'p'(看跌期权价值):c
16. 0.00
17. 5.00    0.00
18. 17.00   0.00    0.00
19. 31.40   9.80    0.00    0.00
20. 48.68   22.76   3.32    0.00    0.00
```

21.	69.42	38.31	14.98	0.00	0.00	0.00				
22.	94.30	56.97	28.98	7.99	0.00	0.00	0.00			
23.	124.16	79.37	45.78	20.58	1.69	0.00	0.00	0.00		
24.	159.99	106.24	65.93	35.70	13.02	0.00	0.00	0.00	0.00	
25.	202.99	138.49	90.12	53.84	26.63	6.22	0.00	0.00	0.00	0.00

(3) 根据上述代码继续得到每个节点上期权对应的现值，具体如下：

```
1.  import scipy as sp
2.  from math import *
3.  from scipy.special import *
4.  # 采用多次循环来实现期权现值的求解
5.  # 先求各个节点的股票价格
6.  # 再求此价格下对应的期权现值
7.  print("请输入以下参数：biomial_tree_pr1(s,x,u,d,r,T,n)")
8.  def biomial_tree_pr1(s,x,u,d,r,T,n):
9.      i = n + 1
10.     for m in sp.arange(n + 1):
11.         i -= 1
12.         for t in sp.arange(m + 1):
13.             S_i = u ** (m - t) * d ** t * s
14.             s1 = S_i
15.             sum_ft1 = 0
16.             # 求出各期节点上的股票价格
17.             for t in sp.arange(i + 1):
18.                 a = exp(r * T)
19.                 p = (a - d)/(u - d)
20.                 f1 = max(u ** (i - t) * (d ** t) * s1 - x, 0)
21.                 ft1 = comb(i,t) * p ** (i - t) * ((1 - p) ** t) * f1
22.                 sum_ft1 += ft1
23.             f_1 = exp(-r * i * T) * sum_ft1
24.             # 各个节点上的期权的现值
25.             print(" %.2f" % f_1, end = " ")
26.         print("\n")
```

(4) 输入并运行：

```
1. 请输入以下参数：biomial_tree_pr1(s,x,u,d,r,T,n)
2. >>> biomial_tree_pr1(50,55,1.2,0.9,0.06,1/12,9)
3. 7.53
4. 13.02   4.63
5. 21.48   8.56    2.56
6. 33.69   15.08   5.11    1.20
7. 50.04   25.15   9.77    2.64    0.43
8. 70.51   39.40   17.66   5.60    1.07    0.09
9. 95.12   57.79   29.80   11.26   2.59    0.26    0.00
10. 124.71  79.92   46.32   21.13   6.03    0.75    0.00    0.00
11. 160.27  106.52  66.21   35.97   13.30   2.17    0.00    0.00    0.00
12. 202.99  138.49  90.12   53.84   26.63   6.22    0.00    0.00    0.00    0.00
```

五、实验报告要求

1. 实验目的明确，实验过程清晰，实验结论准确。
2. 实验报告在下一次实验课前上交。
3. 实验成绩的考核：实验课上遵守纪律的情况、出勤情况等占 40%，实验报告占 60%。

六、思考题

1. 结合实验案例论述二叉树定价的优点。
2. 比较二叉树定价与其他定价方法的区别
3. 多期的二项期权定价实验中，直接计算的 python 代码和逐步间接计算的 python 代码的主要区别是什么？

七、注意事项

1. 二叉树定价实验中采用离散利率与连续利率的区别。
2. 多步二叉树中直接计算与间接计算的对比性。

实验四 金融期货在套期保值中的应用

>>>>>> 金融仿真综合实验

一、实验目的

1. 能够用 Excel 软件计算最优套期比,并设计期货套期保值方案。
2. 会运用 python 软件进行现货期货定价,并且应用于套期保值。
3. 能够对所设计的套期保值策略进行评价。
4. 根据这一实验,采用多种办法进行最优套期比计算,并设计期货套期保值,ECM 误差修正模型。

二、实验内容

在阅读叶永刚主编的《金融工程学》第四章和郑振龙主编的《金融工程》第十章的基本方法的基础上,明确企业要进行套期保值的现货量,准备 20—30 天的现货价和相应期货价。

实验题目一: 某贸易公司在 1 月底计划在 4 月 3 日卖出 1 000 吨现货锌,面临现货价格下跌不利风险。1 月份对应的不同交易日的现货价及三个月期的期货价格表 4-1 所示,期货在 4 月份第三周周五到期。为规避风险,需要设计并实施空头期套期保值策略。

表 4-1 1 月份现货价及期货价数据

日期(一月份)	1	2	3	4	5	6	7	8	9	10	11	12	13	14	15	16	17	18	19	20
现货价格	1213	1201	1197	1200	1204	1197	1186	1202	1191	1179	1171	1200	1190	1188	1175	1158	1143	1127	1140	1121
期货价格	1226	1215	1217	1222	1225	1219	1210	1222	1212	1100	1195	1222	1211	1203	1196	1180	1165	1151	1163	1144

实验程序或步骤分别为:开机进入 Excel 软件;创建名为 book1 的 Excel 数据名称,在窗中输入某段时间的现货价和期货价格;用 Excel 软件计算现货价格和期货价格的平均价格、标准差、相关系数;对给定的现货量,用 Excel 软件计算最小风险的套期保值期货量、期货合约数;用 Excel 软件,实现期货建仓日期对保值收益的影响;用 Excel 软件,设计改变合约数时对风险的影响;设计建仓日期对保值收益的折线图。

实验题目二: 本实验中选择金期货的收盘价和现货价格进行分析,所有数据均来自 wind 数据库。样本期为 2012 年 2 月 24 日至 2018 年 1 月 22 日的日数据。通过 Excel 对数据进行初步整理,并将数据保存在名为"experiment4"的工作文件中。采用 python 软件对我国金期货套期保值绩效进行实证分析,分别采用 OLS 模型、B-VAR 模型、ECM 模型估算我国金期货套期保值操作中的套期保值比率,分析入市价格对保值收益的影响,并比较各种模型的优劣。要求实验目的、实验原理、实验内容、实验步骤完整,实验中对模拟结果要进行分析。

三、实验原理

所谓套期保值（Hedge）就是指买入（卖出）与现货市场数量相当的期（Future）合约，以期在未来某一时间通过卖出（买入）期货合约来补偿现货（Spot）市场价格变动所带来的实际价格风险，简称套保。套期保值是期货市场产生的原因和基础，是期货交易的主要类型之一，是实现期货市场功能之一——风险转移的重要手段，因而对套期保值问题的研究具有重要的理论意义和现实意义。

虽然采用套期保值可以大体抵消现货市场中价格波动的风险，但不能使风险完全消失，因为还存在着基差风险。为了使风险达到最小，套期保值者可以调整期货与现货数量比，即套期保值比率（亦称套头比）（Hedge Ratio）。如何确定最优套期保值比率，正是研究的中心问题。

在一般情况下，套期保值确实可以达到减小现货市场风险的目的，但基差风险的存在导致套期保值不能完全消除风险。因此，问题就在于如何调整某商品期货合约的数目与该商品所要进行套期保值的现货合约数目的比值，即调整套期保值比率使得套期保值的风险最小。在一般情况下，以未来收益的波动来测度风险，因此风险最小化也就是未来收益的方差最小化。

采用 python 软件估计最优套保比，分别建立 OLS、B-VAR、ECM 三个模型，目的是为了估计最优套保比率计算公式中的各组成要素，以此为依据确定最优套期保值比率，为检验由此得到的最优套保比率是否真的达到了降低风险的目的，以及哪种估计方法更有效，对比了按照不同计算公式对最优套期保值比率进行套保的效果，并进行研究。

四、基于最小方差套期保值比率实验步骤

基于最小方差套期保值比率的分析步骤如下。参见图 4-1 至图 4-7。

	A	B	C	D	E	F	G	H	I	J	K	L	M	N	O	P	Q	R	S	T	U
1	期货套期保值分析																				
2	输入																				
3	日期（一月份）	1	2	3	4	5	6	7	8	9	10	11	12	13	14	15	16	17	18	19	20
4	现货价格	1213	1201	1197	1200	1204	1197	1186	1202	1191	1179	1171	1200	1190	1188	1175	1158	1143	1127	1140	1121
5	期货价格	1226	1215	1217	1222	1225	1219	1210	1222	1212	1100	1195	1222	1211	1203	1196	1180	1165	1151	1163	1144
6	现货量（吨）	1000																				
7	一、最小风险保值持仓量分析																				
8	样本容量	20																				
9	现货平均值	AVERAGE(B4:U4)																				
10	现货标准差	VAR(B4:U4)^(0.5)																				
11	期货平均值	AVERAGE(B5:U5)																				
12	期货标准差	VAR(B5:U5)^(0.5)																				
13	现期货相关系数	CORREL(B4:U4,B5:U5)																				
14	最小风险套期比	B13*B10/B12																				
15	最小风险套期量	B6*B14																				
16	合约数（5吨/手）	B15/5																				

图 4-1 最小方差套期保值比率原始数据及计算公式

	A	B
1	期货套期保值分析	
2	输入	
3	日期（一月份）	1
4	现货价格	1213
5	期货价格	1226
6	现货量（吨）	1000
7	一、最小风险保值持仓量分析	
8	样本容量	20
9	1月份现货平均值（AVERAGE函数）	AVERAGE(B4:U4)
10	1月份现货标准差（VAR函数的开方）	VAR(B4:U4)^(0.5)
11	1月份期货平均值（AVERAGE函数）	AVERAGE(B5:U5)
12	1月份期货标准差（VAR函数的开方）	VAR(B5:U5)^(0.5)
13	1月份现期货相关系数（CORREL函数）	CORREL(B4:U4,B5:U5)
14	最小风险套期比	B13*B10/B12
15	最小风险套期量（期货量）	B6*B14
16	最小风险期货合约数（5吨/手）	B15/5

图 4-2 最小方差套期保值比率计算公式

	A	B
1	期货套期保值分析	
2	输入	
3	日期（一月份）	1
4	现货价格	1213
5	期货价格	1226
6	现货量（吨）	1000
7	一、最小风险保值持仓量分析	
8	样本容量	20
9	1月份现货平均值（AVERAGE函数）	1179.15
10	1月份现货标准差（VAR函数的开方）	27.27
11	1月份期货平均值（AVERAGE函数）	1194.90
12	1月份期货标准差（VAR函数的开方）	34.07
13	1月份现期货相关系数（CORREL函数）	0.75
14	最小风险套期比	0.60
15	最小风险套期量（期货量）	601.68
16	最小风险期货合约数（5吨/手）	120.34

图 4-3 最小方差套期保值比率计算结果

	A	B
18	二、建仓日期对收益的影响	
19	建仓日（2月份）	2.1
20	现货价	1116
21	期货价	1137
22	期货合约数	126
23	预测空头套期保值收益（美元/吨）	($B$9-B20)+(5*$B$22*(B21-$B$11))/($B$6)
24	预测多头套期保值收益（美元/吨）	-B23
25	1月份修正基差值	(B4-(5*$B$22*B5)/$B$6
26	预测套期保值风险（美元/吨）	VAR((B25:U25))^0.5

图 4-4 建仓日期对收益的影响计算公式

18	二、建仓日期对收益的影响												
19	建仓日（2月份）	2.1	2.2	2.3	2.7	2.11	2.14	2.15	2.16	2.17	2.18	2.21	2.22	2.23	2.24
20	现货价	1116	1109	1101	1102	1099	1109	1091	1084	1080	1097	1101	1081	1085	1098
21	期货价	1137	1129	1121	1123	1122	1132	1117	1110	1105	1119	1125	1106	1170	1116
22	期货合约数	126												
23	预测空头套期保值收益	($B$9-B20)+(5*$B$22*(B21-$B$11))/($B$6)												
24	预测多头套期保值收益	-B23												
25	1月份修正基差值	(B4-(5*$B$22*B5)/$B$6												
26	预测套期保值风险	VAR((B25:U25))^0.5												

图 4-5 建仓日期对收益的影响计算公式

	A	B	C	D	E	F	G	H	I	J	K	L	M	N	O	P	Q	R	S	T	U
1	套期保值分析																				
2	输入																				
3	日期(一月份)	1	2	3	4	5	6	7	8	9	10	11	12	13	14	15	16	17	18	19	20
4	现货价格	1213	1201	1197	1200	1204	1197	1186	1202	1191	1179	1171	1200	1190	1188	1175	1158	1143	1127	1140	1121
5	期货价格	1226	1215	1217	1222	1225	1219	1210	1222	1212	1100	1195	1222	1211	1203	1196	1180	1165	1151	1163	1144
6	现货量(吨)	1000																			
7	一																				
8	样本容量	20																			
9	现货平均	1179.15																			
10	现货标准差	27.27																			
11	期货平均	1194.90																			
12	期货标准差	34.07																			
13	相关系数	0.75																			
14	最小风险套期比	0.60																			
15	最小风险套期量	601.68																			
16	期货合约数	120.34																			
17																					
18	二																				
19	建仓日	2.1	2.2	2.3	2.7	2.11	2.14	2.15	2.16	2.17	2.18	2.21	2.22	2.23	2.24						
20	现货价	1116	1109	1101	1102	1099	1109	1091	1084	1080	1097	1101	1081	1085	1098						
21	期货价	1137	1129	1121	1123	1122	1132	1117	1110	1105	1119	1125	1106	1170	1116						
22	期货合约数	126.00																			
23	预测空头收益	26.67	28.6	31.6	31.9	34.2	30.5	39.1	41.7	42.5	34.3	34.1	42.1	78.5	31.4						
24	预测多头收益	-26.67	-29	-32	-32	-34	-31	-39	-42	-43	-34	-34	-42	-78	-31						
25	1月份修正	440.62	436	430	430	432	429	424	432	427	486	418	430	427	430	422	415	409	402	407	400
26	套期保值风险	18.00																			

图 4-6　建仓日期对收益的影响计算结果

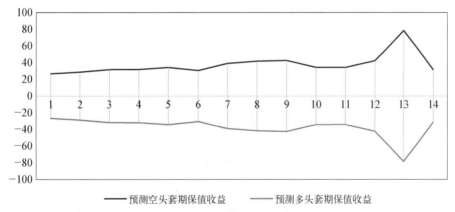

图 4-7　建仓日收益分析

五、基于 OLS 模型最优套期保值比率

以下采集了从 2012 年 2 月 24 日到 2018 年 1 月 22 日共 1 408 个金期货价格和现货价格的日数据,并将 2012 年 2 月 24 日到 2017 年 8 月 14 日 1 300 个数据作为样本内数据,主要用来估算套期保值比率;将 2017 年 8 月 15 日到 2018 年 1 月 22 日共 108 个数据作为样本外数据,用来比较各种套期保值模型的效果(图 4-8)。在分析过程中,将金期货价格和现货价格进行自然对数转换,然后将用于分析的 1 300 个数据存入 Excel 文件中。

图 4-8 金期货现货价格(部分)

图 4-9 金现货价格和期货价格的走势

从图 4-9 可以看出,金现货价格和期货价格有非常相似的走势。对期货价格和现货价格的相关性做实证检验,可以得到其相关系数为 0.998 246,其高度的相关性说明利用金期货对现货进行套期保值完全是有可能的。

正如在前面所说的,套期保值比率通常是通过对现货价格和期货价格的变化量进行回归得到的,即 OLS 模型,其回归表达式为 $\Delta S_t = \alpha + \beta_1 \Delta F_t + \varepsilon_t$。本节在这一部采用 OLS 方法计算套期保值比率。打开 IDLE,点击 File/New File。

程序代码如下(程序 1):

```
1.  # 此处 as 表示程序中的所有 pd 其实是 pandas,这样使用能够简洁代码。
2.  import statsmodels.api as sm
3.  import pandas as pd
4.
```

```
5.  #打开存储数据的excel文件
6.  data = pd.read_excel('C:\\Users\\yongzheng\\Desktop\\experiment.xlsx')
7.  #diff函数为取差分(变化量),然后重新赋值给data,否则取差分操作会失效
8.  data = data.diff()
9.  #去掉NaN项,否则会报错。然后重新赋值给data,否则去项操作会失效
10. data = data.dropna()
11. #取出所需要的数据
12. S0 = data[['spot']]
13. F0 = data[['future']]
14. #给回归函数添加常数项(截距)
15. F0 = sm.add_constant(F0)
16. #进行拟合并输出结果
17. mod = sm.OLS(S0,F0)
18. res = mod.fit()
19. print(res.summary())
```

程序代码的简单解释(下面几段开头的序号为上面代码的行数,以后的程序皆如此):

(01—03)本程序用到了pandas和statsmodels两个模块,未安装的读者可以利用pip命令安装,详情请参考附录。import用来导入相应模块,as的用处则是简化代码。例如,第6行代码中的pd.read_excel,其实是pandas.read_excel。

(05—10)打开文件时,为避免出现不必要的错误,务必输入完整地址,并且须使用双反斜杠,文件是在第一步中存储金现货期货价格等相关数据的文件。由于原文件存储的是金现期货的价格,而需要的则是金现期货价格的变化量(注:不是期货价格与现货价格的加减),所以使用diff来取数据的一阶差分。

一阶差分是相邻两期数值的差额,如 t 时间金现货价格的一阶差分是 t 时间金现货价格与 $t-1$ 时间金现货价格的差额。所以,每次取一阶差分都会丢失第一个数据,取 n 次便会丢失前 n 个数据。

取一阶差分会丢失第一个值,取过一阶差分后,此时的第一个值为NaN(表示不存在数值)。dropna就是用来去掉NaN项的,在存在NaN的情况下进行拟合,系统会报错。

(11—19)此时,Excel里面的所有数据都已经取过一阶差分。取出需要的数据,S0表示现货价格的一阶差分,F0表示期货价格的一阶差分。第15行代码表示加入常数项,只有将自变量进行此项操作,回归结果才有常数项(截距),然后对数据进行回归分析并打印结果。

结果如下:

```
                            OLS Regression Results
==============================================================================
Dep. Variable:                   spot   R-squared:                       0.876
Model:                            OLS   Adj. R-squared:                  0.876
Method:                 Least Squares   F-statistic:                     9191.
Date:                Mon, 12 Feb 2018   Prob (F-statistic):               0.00
Time:                        16:24:56   Log-Likelihood:                 5602.3
No. Observations:                1299   AIC:                         -1.120e+04
Df Residuals:                    1297   BIC:                         -1.119e+04
Df Model:                           1
Covariance Type:            nonrobust
==============================================================================
                 coef    std err          t      P>|t|      [0.025      0.975]
------------------------------------------------------------------------------
const        -3.405e-05   9e-05     -0.378      0.705      -0.000       0.000
future          0.8842   0.009     95.870      0.000       0.866       0.902
==============================================================================
Omnibus:                      355.119   Durbin-Watson:                   2.643
Prob(Omnibus):                  0.000   Jarque-Bera (JB):            18184.534
Skew:                          -0.409   Prob(JB):                         0.00
Kurtosis:                      21.311   Cond. No.                         102.
==============================================================================
```

图 4-10 OLS 模型分析结果

从图 4-10 中可以看出,常数项 α 为 $-3.405e-05$,对套期保值的影响不大,接来下的分析便不再考虑常数项。另外,通过结果也可以发现最佳套期保值比是 0.884 2,小于 1,这说明由于古典的套期保值方没有考虑到期货和现货变动的实际情况,仅仅从理论上将套期保值比定为 1 是不准确的。

六、基于 B-VAR 模型最优套期保值比率

其模型的基本形式为 $\Delta S_t = \alpha + \beta_1 \Delta F_t + \sum_{i=1}^{m} \Delta S_{t-i} + \sum_{j=1}^{n} \theta_j \Delta F_{t-j} + \varepsilon_t$,进行最小二乘回归,代码如下(程序 2):

```
1.  import statsmodels.api as sm
2.  import pandas as pd
3.  import numpy as np
4.
5.  #打开文件,取 1 阶差分,
6.  data = pd.read_excel('C:\\Users\\yongzheng\\Desktop\\experiment.xlsx')
7.
8.  data = data.diff()
9.  data = data.dropna()
10. RS = data[['spot']]
11. RF = data[['future']]
12.
13. #shift 为移动操作,1 代表下移 1 位,-1 代表上移一位。
14. S1 = RS.shift(periods = 1).dropna()
```

```
15. F1 = RF.shift(periods = 1).dropna()
16. S0 = RS.shift(periods = -1).dropna()
17. F0 = RF.shift(periods = -1).dropna()
18. #将所有自变量合在一起,赋值给 X
19. X = np.column_stack((F0,F1,S1))
20.
21. #进行回归并打印结果
22. mod = sm.OLS(S0,X)
23. res = mod.fit()
24. print(res.summary())
```

程序代码的简单解释:

(01—11)和(21—24)这些代码与程序 1 相同,此处不再详细解释。只有一点须注意,为了避免混淆,第 10 行与第 11 行的 S0 和 F0 改为了 RS 和 RF。

(13—19)B-VAR 模型要求加入新的自变量,价格变化量的滞后值。首先加入滞后一期的数值。shift 为移动操作,1 代表下移 1 位,-1 代表上移一位,默认值为 1。下移表示所有数据往下移动一个单位,原来第一期数值的位置变为 NaN(不存在数值),最后一期的数值被顶出(删除),上移同理。

第 14 行代码,S1 是 RS 下移一位后的数据序列,在使用 dropna 去掉 NaN 项之后与 RS 相比,只缺少了最后一期的数值,其余全部相同。所以,需要将 RS 的第一期数值删掉才算完成,第 16 行代码,将 RS 上移一位,第一期数值被顶出(删除),最后一期数值变为 NaN(不存在数值),用 dropna 去掉 NaN 项即可,然后赋值给 S0。F 与 S 同理。

S0 表示 ΔS_t,F0 表示 ΔF_t,S1 表示 ΔS_{t-1},即现货价格变化量的滞后 1 期值,F1 表示 ΔF_{t-1},即期货价格变化量的滞后 1 期值。

```
                            OLS Regression Results
==============================================================================
Dep. Variable:                   spot   R-squared:                       0.889
Model:                            OLS   Adj. R-squared:                  0.889
Method:                 Least Squares   F-statistic:                     3474.
Date:                Mon, 12 Feb 2018   Prob (F-statistic):               0.00
Time:                        16:30:15   Log-Likelihood:                 5670.2
No. Observations:                1298   AIC:                         -1.133e+04
Df Residuals:                    1295   BIC:                         -1.132e+04
Df Model:                           3
Covariance Type:            nonrobust
==============================================================================
                 coef    std err          t      P>|t|      [0.025      0.975]
------------------------------------------------------------------------------
x1             0.8987      0.009    102.071      0.000       0.881       0.916
x2             0.2897      0.025     11.573      0.000       0.241       0.339
x3            -0.3275      0.027    -12.357      0.000      -0.380      -0.276
==============================================================================
Omnibus:                      317.448   Durbin-Watson:                   2.101
Prob(Omnibus):                  0.000   Jarque-Bera (JB):            16041.096
Skew:                          -0.151   Prob(JB):                         0.00
Kurtosis:                      20.219   Cond. No.                         5.57
==============================================================================
```

图 4-11　B-VAR 模型 1 分析结果

其中,x1、x2 和 x3 分别表示第 19 行代码中的 F0、F1 和 S1,先后有序。接下来将滞后两期的价格变化量也加入自变量来进行分析。参见图 4-11。

代码如下(程序 3):

```
1.  import statsmodels.api as sm
2.  import pandas as pd
3.  import numpy as np
4.
5.
6.  #打开文件,取 1 阶差分。
7.  data = pd.read_excel('C:\\Users\\yongzheng\\Desktop\\experiment.xlsx')
8.  data = data.diff()
9.  data = data.dropna()
10. RS = data[['spot']]
11. RF = data[['future']]
12.
13. #shift 为移动操作,1 代表下移 1 位,-1 代表上移一位。
14. S1 = RS.shift(periods = 1).dropna().shift(periods = -1).dropna()
15. F1 = RF.shift(periods = 1).dropna().shift(periods = -1).dropna()
16. S2 = RS.shift(periods = 2).dropna()
17. F2 = RF.shift(periods = 2).dropna()
18. S0 = RS.shift(periods = -2).dropna()
19. F0 = RF.shift(periods = -2).dropna()
20.
21. #将所有自变量合在一起,赋值给 X
22. X = np.column_stack((F0,F1,F2,S1,S2))
23. mod = sm.OLS(S0,X)
24. res = mod.fit()
25. print(res.summary())
```

程序代码的简单解释:

(01—11)和(21—25)均已在程序 1 中解释,此处不再解释。

(13—19)这几段代码其实在程序 2 也已经解释过,只不过更深了一层而已。由于需要滞后两期的数值。以 S 为例,第 16 行代码便是表示将 RS 直接下移两个单位,然后赋值给 S2,此时的 S2 丢失了最后 2 组数据,原本前两期数值所在的位置变为 NaN,然后用 dropna 函数去掉。与程序 2 相似,此时的 RS 比 S2 多了最后两期的数值,所以使用第 18 行代码将前两期数值删除,赋值给 S0。第 14 行代码删除 RS 的第一期和最后一期,赋值给 S1。

注意,第 14 行代码使用了两个 dropna,缺一不可,如果删除了第一个 dropna,表示上移一位之后又立刻下移一位,即没有变化,此时进行回归会报错,因为这时的 S1 比其他数据多了 2 期,维度不同。删除第二个则会含有 NaN,也会报错。结果如图 4-12 所示。

```
                            OLS Regression Results
==============================================================================
Dep. Variable:                   spot   R-squared:                       0.892
Model:                            OLS   Adj. R-squared:                  0.892
Method:                 Least Squares   F-statistic:                     2139.
Date:                Mon, 12 Feb 2018   Prob (F-statistic):               0.00
Time:                        16:32:12   Log-Likelihood:                 5681.6
No. Observations:                1297   AIC:                         -1.135e+04
Df Residuals:                    1292   BIC:                         -1.133e+04
Df Model:                           5
Covariance Type:            nonrobust
==============================================================================
                 coef    std err          t      P>|t|      [0.025      0.975]
------------------------------------------------------------------------------
x1             0.9039      0.009    103.285      0.000       0.887       0.921
x2             0.3438      0.027     12.970      0.000       0.292       0.396
x3             0.1394      0.026      5.340      0.000       0.088       0.191
x4            -0.3808      0.028    -13.687      0.000      -0.435      -0.326
x5            -0.1594      0.028     -5.724      0.000      -0.214      -0.105
==============================================================================
Omnibus:                      317.854   Durbin-Watson:                   2.031
Prob(Omnibus):                  0.000   Jarque-Bera (JB):            17182.808
Skew:                          -0.060   Prob(JB):                         0.00
Kurtosis:                      20.831   Cond. No.                         6.90
==============================================================================
```

图 4-12　B-VAR 模型 2 分析结果

图 4-12 中,x1、x2、x3、x4 和 x5 分别表示第 22 行代码中的 F0、F1、F2、S1 和 S2,接下来将滞后三期的价格变化量也加入自变量以进行分析。

此处的代码可以继续选择程序 2 以及程序 3 的类型,但读者们可能会发现,这样的代码在滞后期数较多的时候,会非常费时费力,并且代码整体看上会显得没有条理。所以,编者在此处改良了代码。

代码如下(程序 4):

```
1.  import statsmodels.api as sm
2.  import pandas as pd
3.  import numpy as np
4.
5.  #打开文件
6.  data = pd.read_excel('C:\\Users\\yongzheng\\Desktop\\experiment.xlsx')
7.  data = data.diff()
8.  data = data.dropna()
9.  RS = data[['spot']]
10. RF = data[['future']]
11.
12. #定义滞后函数,x 为该变量滞后的期数,y 为所有变量的最大滞后期数,z 为 RS 或 RF
13. def lag(x,y,z):
```

```
14.    if x = = y:
15.        return z.shift(periods = x).dropna()
16.    else:
17.        return z.shift(periods = x).dropna().shift(periods = (x - y)).dropna()
18.
19. #定义赋值函数,x为最大滞后次数
20. def assignment(x):
21.     #批量生成自变量并进行赋值
22.     for i in range(x + 1):
23.         createVar['S' + str(i)] = lag(i,x,RS)
24.     for i in range(x + 1):
25.         createVar['F' + str(i)] = lag(i,x,RF)
26. #生成一个空列表,用于存储自变量
27.     a = []
28.     #将生成的自变量存入列表a中
29.     for i in range(x + 1):
30.         a.append(createVar['F' + str(i)])
31.     for i in range(1,x + 1):
32.         a.append(createVar['S' + str(i)])
33.     #返回包含所有自变量的列表a
34.     return a
35.
36. #locals() 函数会以字典类型返回当前位置的全部局部变量
37. createVar = locals()
38.
39. #assignment()为包含所有未知量的列表,括号内数字为最大滞后次数
40. X = np.column_stack(assignment(3))
41. mod = sm.OLS(S0,X)
42. res = mod.fit()
43. print(res.summary())
```

本段代码综合性较强,须认真思索,代码解释如下:

(01—10)已在程序1中解释,此处不再解释。

(12—17)这段代码用来定义滞后函数,函数包含三个参数,其中,x为该变量滞后的期数,y为所有变量的最大滞后期数,z为RS或RF。以B-VAR模型2(程序3)为例,此时所有变量的最大滞后期数为2,再以S0为例,S0本身是不用滞后(移动)的,只不过其他的值在滞后之后,会留下一个NaN,所以S0才需要随之删除同等维度的数据,故可认为S0的滞后期数为0,即x=0,最大滞后期数为S2的滞后期数,即y=2,z=RS,S0函数表达形式为lag

(0,2,RS)。

函数内部有 if 以及 else 判断语句,当 x 等于(表示等于时使用双等号,赋值使用单等号) y 时,执行第 15 行代码,否则便会执行第 17 行代码。继续上面的例子,由于 0 小于 2,执行第 17 行代码,返回 RS.shift(periods=0).dropna().shift(periods=(-2)).dropna(),前半段代码表示移动为 0,即不移动,所以整段代码等同于 RS.shift(periods=(-2)).dropna(),与 B-VAR 模型 2(程序 3)的第 18 行代码相同,其余变量亦是如此。

(19—34)这段代码可以分成两个部分,第一个部分批量生成自变量并进行赋值,第二个部分将生成的自变量存放于列表中。此处使用了 for 循环,以 for i in range(4)为例,(range(4)表示 0,1,2,3,不包含 4),i 依次在 0,1,2,3 中取值,并且每次取值的时候,都会执行一次其控制的语句。

createVar 是 locals(),用在第 23 行表示将字符串定义为变量。当 i 为 0 时,'S'+str(i)表示'S0',createVar['S'+str(i)]表示创建一个名为 S0 的变量,假定 x 为 2,此时 S0=lag(0,2,RS),和上面讲述的相同,在调用 lag 函数后,将 RS.shift(periods=(-2)).dropna()赋值给 S0,在继续完成 S1 和 S2 的赋值后,第一个 for 循环结束。第二个 for 循环是给 F0、F1 和 F2 赋值。

创建一个名为 a 的空列表,append 用来增加元素,第一个循环将所有已经赋值过的 F0、F1 和 F2 三个变量作为元素存放在 a 列表中,第二个循环范围需要从 1 开始,不能取 0,因为 S0 是因变量,与自变量存放在一起会不方便,即将赋值过的 S1 和 S2 存放在 a 列表中,此时的 a=[F0,F1,F2,S1,S2],是所有自变量的集合,且这个自变量的顺序也是结果中其系数的顺序,一定要谨记。然后将 a 返回。

(36—40)第 37 行代码表示返回当前位置的全部局部变量,在函数内部定义的变量即为局部变量,表示只在函数内部生效。S0、S1 等皆为函数内部定义的变量,所以需要此段代码使其变为全局变量。

第 40 行代码中的 assignment(3)函数表示调用 20—34 段代码中定义的 assignment(x)函数,其中 x 为 3,返回的值为[F0,F1,F2,F3,S1,S2,S3],这个顺序与结果中的 x1 至 x7 相契合。

这样,整个程序便完成了,虽然看起来颇为繁琐,并且用到了很多新知识,读起来可能稍有晦涩。但是,一旦完成,用起来就特别方便。此时是 B-VAR 模型 3,最大滞后期数为 3,所以只需要将第 40 行代码中的数字设置为 3 即可。B-VAR 模型 4 也是同样的道理,只需要将 40 行代码中的数字设置为 4 即可,同时,你也可以将数字设置成 1 和 2,对 B-VAR 模型 1 和 2 进行检验。甚至,你可以设置为 0,对 OLS 模型(程序 1)的结果进行检验,当然,结果肯定是一模一样的。

B-VAR 模型 3 结果如图 4-13 所示。

其中,x1,x2,x3,x4,x5,x6 和 x7 分别表示自变量 F0,F1,F2,F3,S1,S2 和 S3,接下来将滞后四期的价格变化量也加入自变量来进行分析。只须将第 40 行代码中的数字设置为 4。

B-VAR 模型 4 结果如图 4-14,其中 x1,x2,x3,x4,x5,x6,x7,x8 和 x9 分别表示自变量 F0、F1、F2、F3、F4、S1、S2、S3 和 S4,S0 表示 ΔS_t,F0 表示 ΔF_t,S1 表示 ΔS_{t-1},F1 表示 ΔF_{t-1},S2 表示 ΔS_{t-2},F2 表示 ΔF_{t-2},S3 表示 ΔS_{t-3},F3 表示 ΔF_{t-3},S4 表示 ΔS_{t-4},F4 表示 ΔF_{t-4}。

```
                            OLS Regression Results
==============================================================================
Dep. Variable:                   spot   R-squared:                       0.894
Model:                            OLS   Adj. R-squared:                  0.893
Method:                 Least Squares   F-statistic:                     1548.
Date:                Mon, 12 Feb 2018   Prob (F-statistic):               0.00
Time:                        16:39:38   Log-Likelihood:                 5685.6
No. Observations:                1296   AIC:                         -1.136e+04
Df Residuals:                    1289   BIC:                         -1.132e+04
Df Model:                           7
Covariance Type:            nonrobust
==============================================================================
                 coef    std err          t      P>|t|      [0.025      0.975]
------------------------------------------------------------------------------
x1             0.9068      0.009    103.812      0.000       0.890       0.924
x2             0.3626      0.027     13.496      0.000       0.310       0.415
x3             0.1796      0.028      6.364      0.000       0.124       0.235
x4             0.1084      0.026      4.114      0.000       0.057       0.160
x5            -0.3980      0.028    -14.180      0.000      -0.453      -0.343
x6            -0.1994      0.030     -6.684      0.000      -0.258      -0.141
x7            -0.1027      0.028     -3.649      0.000      -0.158      -0.047
==============================================================================
Omnibus:                      319.149   Durbin-Watson:                   2.009
Prob(Omnibus):                  0.000   Jarque-Bera (JB):            17730.679
Skew:                           0.020   Prob(JB):                         0.00
Kurtosis:                      21.120   Cond. No.                         7.99
==============================================================================
```

图 4-13　B-VAR 模型 3 分析结果

```
                            OLS Regression Results
==============================================================================
Dep. Variable:                   spot   R-squared:                       0.892
Model:                            OLS   Adj. R-squared:                  0.892
Method:                 Least Squares   F-statistic:                     1185.
Date:                Mon, 12 Feb 2018   Prob (F-statistic):               0.00
Time:                        16:40:41   Log-Likelihood:                 5682.3
No. Observations:                1295   AIC:                         -1.135e+04
Df Residuals:                    1286   BIC:                         -1.130e+04
Df Model:                           9
Covariance Type:            nonrobust
==============================================================================
                 coef    std err          t      P>|t|      [0.025      0.975]
------------------------------------------------------------------------------
x1             0.9067      0.009    102.950      0.000       0.889       0.924
x2             0.3682      0.027     13.569      0.000       0.315       0.421
x3             0.1898      0.029      6.560      0.000       0.133       0.247
x4             0.1265      0.029      4.390      0.000       0.070       0.183
x5             0.0399      0.027      1.502      0.133      -0.012       0.092
x6            -0.4028      0.028    -14.242      0.000      -0.458      -0.347
x7            -0.2090      0.030     -6.866      0.000      -0.269      -0.149
x8            -0.1210      0.031     -3.966      0.000      -0.181      -0.061
x9            -0.0454      0.028     -1.602      0.109      -0.101       0.010
==============================================================================
Omnibus:                      321.252   Durbin-Watson:                   2.003
Prob(Omnibus):                  0.000   Jarque-Bera (JB):            18304.758
Skew:                           0.029   Prob(JB):                         0.00
Kurtosis:                      21.418   Cond. No.                         8.88
==============================================================================
```

图 4-14　B-VAR 模型 4 分析结果

从 B-VAR 四个模型的结果中可以看出,模型 3 是最优的模型,因为该模型的 AIC 值最小,根据 AIC 准则,应该选择模型 3,并且模型 3 的各个系数都是显著的。

从图 4-13 可以看出,ΔS_{t-1}、ΔF_{t-1}、ΔS_{t-2}、ΔF_{t-2}、ΔS_{t-3}、ΔF_{t-3} 的统计量都是显著的,这说明期货和现货自身价格的变化对套期保值比也有显著的影响。同 OLS 模型的分析结果类似,ΔF_t 具有显著的影响,且套期保值比为 0.906 8,较 OLS 模型的分析结果大。

七、基于 ECM 模型最优套期保值比率

Engle 和 Granger(1987)提出了序列之间的协整理论,既考虑了长期的均衡关系,也考虑了短期的波动。该理论表明,如果两个序列不稳定,但是它们的一个线性组合是稳定的,那么一定存在一个误差修正表达式。因此,Kroner 和 Sultan 证明了利用最小二乘法忽略了期货和现货价格的短期波动性或者说是误差修正项,利用这种方法求得的套期保值比率也是不合理的。在这一部分,将验证期货价格时间序列和现货价格时间序列的协整关系,并利用误差修正模型来计算套期保值比率。

如果一个时间序列经过 d 次差分后达到平稳,则称其为 d 阶单整序列,记作 I(d),其中 d 表示单整阶数,是序列包含的单位根个数。如果两个时间序列 X,Y 都是单整的,通常它们的组合也是单整的。然而,也可能存在一个线性组合 $Z = X - AY$ 是 0 阶单整的。如 $X - aY$ 这样的组合确实存在,那么,这两个变量就是协整的。这表明,虽然从长期看 X 和 Y 可能波动性很大,但它们都是按照 a 的比例来变动的。Engle 和 Granger 在 1987 年证明,如果两个变量是协整的,那么在它们之间一定存在一个误差修正项;相反,如果存在一个误差修正表达式,那么它们之间一定是协整的。因此,对于协整关系的检验和误差修正项的估计非常重要。

为了确定时间序列之间是否是协整的,首先要检验期货价格序列和现货价格序列是否都是 1 阶单整的,对此常用的方法为 ADF 检验,首先是对现货价格进行 ADF 检验,代码如下(程序 5):

```
1. import pandas as pd
2. import statsmodels.tsa.stattools as ts
3.
4. #打开文件,输入需要检验的数据
5. data = pd.read_excel('C: \\Users\\yongzheng\\Desktop\\experiment4.xlsx')
6. sp = data['spot']
7. fu = data['future']
8.
9. #进行检验并输出结果
10. s = ts.adfuller(sp,1)
11. f = ts.adfuller(fu,1)
12. print(s,f)
```

输出结果为:

(−2.2238394060583944, 0.19770716883916079, 0, 1299, {'1%': −3.435394087237915, '5%': −2.8637675466967902, '10%': −2.5679559603022635}, −8348.672859093804)

(−2.2343843039289752, 0.1940033944774185, 0, 1299, {'1%': −3.435394087237915, '5%': −2.8637675466967902, '10%': −2.5679559603022635}, −8205.569224250357)

可以看出,现货价格和期货价格的 ADF 值都大于其临界值,因此具有单位根,说明序列是非平稳的。

接下来,对现货价格的一阶差分进行检验,读者可自行求出差分进行检验,求差分的代码前面已讲述多次,输出结果如下:

(−36.49871653622364, 0.0, 0, 1299, {'1%': −3.435394087237915, '5%': −2.8637675466967902, '10%': −2.5679559603022635}, −8345.02992399039)

(−36.70591099661094, 0.0, 0, 1299, {'1%': −3.435394087237915, '5%': −2.8637675466967902, '10%': −2.5679559603022635}, −8202.0609410793)

在 1 阶差分的情况下,现货价格和期货价格的 ADF 值都小于临界值,说明 1 阶差分序列是平稳的。由此可知,现货价格序列和期货价格序列都是 1 阶单整的。

得出期货价格序列和现货价格序列都是 1 阶单整后,还必须考察期货价格和现货价格是否存在协整关系。二元时间序列的协整关系检验通常使用 Engle 和 Granger(1987)提出的二步检验法,即 EG 检验。

第一步,对协整回归方程 $S_t = \alpha + \beta_1 F_t + \varepsilon_t$,得出 $S_t = -0.0166 + 1.0014 * F_t$。(利用本实验的第一个程序,删掉取差分的代码(10—13 行),对期货价格和现货价格进行回归分析即可。)

第二步,利用第一步的结果求得随机误差项,即 $Z_t = S_t - (\alpha + \beta_1 F_t)$。

第二步的操作可以用 Excel 手动完成,也可用 python 编程实现。求残差的代码与对残差进行 ADF 检验的代码放在一起介绍。

对随机误差项进行 ADF 检验的代码如下(程序 6):

```
1. import statsmodels.api as sm
2. import pandas as pd
3. import statsmodels.tsa.stattools as ts
4.
5. #打开文件,输入数据
6. data = pd.read_excel('C:\\Users\\yongzheng\\Desktop\\experiment.xlsx')
7. S0 = data[['spot']]
8. F0 = data[['future']]
9.
10. #加入常数项并进行回归分析
11. F0 = sm.add_constant(F0)
12. mod = sm.OLS(S0,F0)
13. res = mod.fit()
```

```
14.
15. #res.dodel.endog 表示因变量的原始值，res.fittedvalues 表示因变量的拟合值，
    Z1 为残差
16. Z1 = res.model.endog - res.fittedvalues
17. z = ts.adfuller(Z1)
18. print(z)
```

程序代码的简单解释：

(16—17)其余代码都已非常熟悉，只有第 16 行代码比较陌生。res.dodel.endog 表示因变量的原始值，即公式中的 S_t，res.fittedvalues 表示因变量的拟合值，即 $\alpha+\beta_1 F_t$，Z1 为残差，即 $S_t-(\alpha+\beta_1 F_t)$，求出残差之后进行 ADF 检验即可。另外，取残差可以直接使用 res.resid 进行操作。

结果如下：

(-3.77364687995026，0.0031887476054777253，8，1291，{'1%': -3.4354254066484664，'5%': -2.863781366113082，'10%': -2.56796331977745}，-11065.812883004804)

可以看出，随机误差项 Z_t 的 ADF 值小于 1%时的临界值，拒绝含有单位根的原假设，因此随机误差项是平稳的，期货价格序列和现货价格序列之间存在协整关系。接下来应用误差修正模型对套期保值比进行估计。

Ghosh 在 Engle 和 Granger 的研究基础上，提出了估计最佳套期保值比率的误差纠正模型(ECM)：

$$\Delta S_t = \alpha + \beta_1 \Delta F_t + \sum_{i=1}^{m} \Delta S_{t-i} + \sum_{j=1}^{n} \theta_j \Delta F_{t-j} + \omega Z_{t-1} + \varepsilon_t$$

在这个模型中，现货价格的变化不仅仅受期货价格的影响，而且也受到过去期货价格和现货价格的影响，同时还受到误差修正项，即过去期货现货非均衡关系的影响。在模型中，β 为最佳套期保值比，Z_{t-1} 为误差修正项。

全部代码如下(程序 7)：

```
1. import statsmodels.api as sm
2. import pandas as pd
3. import numpy as np
4.
5. data = pd.read_excel('C:\\Users\\yongzheng\\Desktop\\experiment.xlsx')
6. RS = data[['spot']]
7. RF = data[['future']]
8. RF = sm.add_constant(RF)
9. #进行第一次回归分析，目的是求出残差
```

```
10. mod = sm.OLS(RS,RF)
11. res = mod.fit()
12. Z1 = res.model.endog - res.fittedvalues
13.
14. #求残差用的原始数据,除残差外需用变化量(差分)
15. data = data.diff().dropna()
16. RS = data[['spot']]
17. RF = data[['future']]
18.
19. #定义滞后函数,x为该变量滞后的期数,y为所有变量的最大滞后期数
20. def lag(x,y,z):
21.    if x == y:
22.        return z.shift(periods = x).dropna()
23.    else:
24.        return z.shift(periods = x).dropna().shift(periods = (x - y)).dropna()
25.
26. #定义赋值函数,x为最大滞后次数
27. def assignment(x):
28.    for i in range(x + 1):
29.        createVar['S'+ str(i)] = lag(i,x,RS)
30.    for i in range(x + 1):
31.        createVar['F'+ str(i)] = lag(i,x,RF)
32.    a = []
33.    for i in range(0,x + 1):
34.        a.append(createVar['F'+ str(i)])
35.    for i in range(1,x + 1):
36.        a.append(createVar['S'+ str(i)])
37.    #返回包含所有自变量的列表a
38.    return a
39.
40. #locals() 函数会以字典类型返回当前位置的全部局部变量
41. createVar = locals()
42. #assignment(1)为包含所有未知量的列表,括号内数值为最大滞后次数
43. ass = assignment(3)
44.
45. #将残差滞后一期
46. Z1 = lag(1,1,Z1)
47. #将残差的前三期数据删除
48. Z1 = lag(0,3,Z1)
```

```
49. #将残差纳入自变量
50. ass.append(Z1)
51. X = np.column_stack(ass)
52. #进行第二次回归分析
53. mod = sm.OLS(S0,X)
54. res = mod.fit()
55. print(res.summary())
```

程序代码的简单解释：

(01—12)这段代码和程序6相同，主要是进行第一次回归分析，求出模型的残差，并将残差的数据序列赋值给变量 Z1。

(14—41)这段代码主要是定义滞后函数和赋值函数，方便后续的分析，具体讲解见程序4。

(42—51)首先将除 Z1 之外的所有自变量存入名为 ass 的列表中。将 assignment(3) 从第 51 行代码中取出来，是为了方便加入新自变量 Z1。

第 46 行代码先利用 lag(1,1,Z1) 函数，将残差滞后一期（下移一位，删除最后一期的数据），然后第 48 行代码利用 lag(0,3,Z1) 函数，删除前三期的数据（上移三位），原因是自变量中的最大滞后期数为 3，若以残差的数据期数为标准，此时其他自变量的前三期是不存在数值的，所以需要删除。

ass 是自变量的列表，所以用将 append 残差 Z1 纳入自变量范围。

(51—55)进行第二次的回归分析，此时残差 Z1 已加入自变量。

结果如图 4-15 所示。

```
                            OLS Regression Results
==============================================================================
Dep. Variable:                   spot   R-squared:                       0.895
Model:                            OLS   Adj. R-squared:                  0.894
Method:                 Least Squares   F-statistic:                     1370.
Date:                Tue, 13 Feb 2018   Prob (F-statistic):               0.00
Time:                        15:27:45   Log-Likelihood:                 5692.9
No. Observations:                1296   AIC:                         -1.137e+04
Df Residuals:                    1288   BIC:                         -1.133e+04
Df Model:                           8
Covariance Type:            nonrobust
==============================================================================
                 coef    std err          t      P>|t|      [0.025      0.975]
------------------------------------------------------------------------------
x1             0.9085      0.009    104.409      0.000       0.891       0.926
x2             0.3331      0.028     11.968      0.000       0.278       0.388
x3             0.1578      0.029      5.506      0.000       0.102       0.214
x4             0.0944      0.026      3.569      0.000       0.043       0.146
x5            -0.3677      0.029    -12.662      0.000      -0.425      -0.311
x6            -0.1771      0.030     -5.851      0.000      -0.236      -0.118
x7            -0.0885      0.028     -3.133      0.002      -0.144      -0.033
x8            -0.0440      0.012     -3.808      0.000      -0.067      -0.021
==============================================================================
Omnibus:                      333.634   Durbin-Watson:                   2.005
Prob(Omnibus):                  0.000   Jarque-Bera (JB):            19025.021
Skew:                           0.214   Prob(JB):                         0.00
Kurtosis:                      21.765   Cond. No.                         8.32
==============================================================================
```

图 4-15　ECM 模型分析结果

图 4-15 中的 x1—x8 顺序为 assignment_2 中自变量的顺序,依次为 F0、F1、F2、F3、S1、S2、S3 和 Z1。

S0 表示 ΔS_t,F0 表示 ΔF_t,S1 表示 ΔS_{t-1},F1 表示 ΔF_{t-1},S2 表示 ΔS_{t-2},F2 表示 ΔF_{t-2},S3 表示 ΔS_{t-3},F3 表示 ΔF_{t-3},Z1=Z_{t-1},从图 4-15 可以看出,误差修正项 Z_{t-1} 也是统计显著的,这说明期货价格和现货价格的短期波动性对套期保值有显著的影响。通过 ECM 模型得到的套期保值比为 0.908 5,较 B-VAR 模型更大(见表 4-2)。

表 4-2 三模型的套期保值比对比

模 型	OLS	B-VAR	ECM
套期保值比	0.884 2	0.906 8	0.908 5
调整后的 R^2	0.876	0.893	0.894

从表 4-2 可见,考察调整后的 R^2,三个模型得出的结果分别是 0.876、0.893、0.894,从总体来看,三个值都比较大,说明整体的拟合效果都非常好。从个体来看,ECM 和 B-VAR 拟合效果最好,OLS 最差。其主要的原因在于 B-VAR 模型较 OLS 模型考虑了期货和现货自身变化对套期保值影响,而 ECM 模型则是考虑了期货和现货的非均衡关系对套期保值的影响,使模型更接近期货和现货的实际变化特点。

八、套期保值的绩效

所谓套期保值的绩效是指套期保值活动是否达到预先制定的目标以及实现的程度。由于假设套保的目的是风险最小化,因而此处的套保效率是指风险是否减小以及减小的程度,即按照某种套保比率估计值进行套保所实现的收益方差是否减小以及减小多少。

上述用三种方法得到了套期保值比,每种方法都基于不同的计量模型,每种模型都基于不同的假设。在这一部分将衡量这些套期保值方法的绩效。本节分别从风险最小化的角度和效用最大化的角度对样本内数据和样本外数据进行分析。为便于分析,本节假设投资者持有 1 单位的金现货。为了避免现货市场上价格的波动的影响,投资者在期货市场上卖出 β 单位的期货合约。

从风险最小化的角度分析套期保值的绩效通常采用 Ederington(1979)给出的方法,即与不进行套期保值相比,进行套期保值后投资者风险的降低程度。未参与套期保值和参与套期保值价格波动的方差可分别表示为 $VAR(U_0)=VAR(S)$ 和 $VAR(U_1)=VAR(S-\beta F)$,其中 S 是现货的价格,F 为期货的价格,β 为计算得到的套期保值率。于是,得到套期保值绩效的衡量指标 $h=(VAR(U_0)-VAR(U_1))/VAR(U_0)$,h 越大,套期保值的效果也就越好。

表 4-3 样本内风险最小化套期保值绩效的比较

模型	β	$VAR(U_0)$	$VAR(U_1)$	h
OLS	0.884 2	0.016 564	0.000 284	0.982 848
B-VAR	0.906 8	0.016 564	0.000 205	0.987 604
ECM	0.908 5	0.016 564	0.000 200	0.987 920

表 4-4　样本外风险最小化套期保值绩效的比较

模 型	β	VAR(U_0)	VAR(U_1)	h
OLS	0.884 2	0.000 141	7.08E−06	0.949 893
B-VAR	0.906 8	0.000 141	6.73E−06	0.952 406
ECM	0.908 5	0.000 141	6.71E−06	0.952 428

表 4-3 部分列出了样本内数据的比较结果。尽管各种套期保值方法都降低了价格波动的风险,但是发现 B-VAR 模型和 ECM 模型较 OLS 模型效果好,其中 ECM 模型表现更好。从表 4-4 结果中可以看出,ECM 模型较 B-VAR 模型和 OLS 模型更能降低风险,但优势并不明显。

尽管从降低风险的角度来衡量套期保值绩效很容易理解,应用也比较广泛,但是它并没有考虑投资者的风险厌恶。正是出于这个原因,本节同时选择从效用最大化的角度进行分析。这种分析方法充分考虑了投资者的风险厌恶程度,投资者可以根据其风险偏好灵活地选择使自己效用最大化的套期保值比率。下面我们用此方法比较不同套期保值方法给投资者带来的效用水平。在给定的风险厌恶程度下,能给投资者带来最大效用的方法就是最好的方法。投资者的效用函数可以表达为 $U(\beta) = E(U_1/\beta) - 0.5\phi \text{VAR}(U_1/\beta)$,其中,$U(\beta)$ 表示套期保值比为 β 时组合的效用,$E(U_1/\beta)$ 表示套期保值比为 β 时组合的期望收益率,VAR(U_1/β) 表示套期保值比为 β 时组合的方差,ϕ 为风险厌恶系数,表示投资者的风险厌恶程度。

表 4-5　样本内效用最大化套期保值绩效的比较

ϕ	OLS	B-VAR	ECM
0.1	0.724 950	0.567 029	0.555 468
0.5	0.724 877	0.566 979	0.555 419
1.0	0.724 786	0.566 917	0.555 359
1.5	0.724 695	0.566 854	0.555 298
2.0	0.724 605	0.566 792	0.555 238
2.5	0.724 514	0.566 730	0.555 177
3.0	0.724 423	0.566 667	0.555 116

表 4-5 列出了利用样本内数据比较的结果,从表中可以看出在相同的风险厌恶水平下,OLS 模型都能给出最大的效用,B-VAR 模型次之,ECM 模型最小。

表 4-6　样本外效用最大化套期保值绩效的比较

ϕ	OLS	B-VAR	ECM
0.1	0.719 246	0.560 873	0.549 278
0.5	0.719 244	0.560 871	0.549 277

续表

φ	OLS	B-VAR	ECM
1.0	0.719 242	0.560 869	0.549 275
1.5	0.719 240	0.560 867	0.549 273
2.0	0.719 237	0.560 865	0.549 271
2.5	0.719 235	0.560 863	0.549 269
3.0	0.719 233	0.560 861	0.549 267

如在风险厌恶系数为 2.0 时,样本内的数据表明 OLS 模型得到的效用为 0.724 605,B-VAR 模型得到的效用为 0.566 792,ECM 模型得到的效用为 0.555 238。表 4-6 列出样本外的数据,表明 OLS 模型得到的效用为 0.719 237,B-VAR 模型得到的效用为 0.560 865,ECM 模型得到的效用为 0.549 271。

因此,从效用最大化的角度来看,OLS 模型最佳,其次是 B-VAR 模型,ECM 模型最差。在广泛收集资料的基础上,分别利用 OLS 模型、B-VAR 模型和 ECM 模型估计了套期保值比,然后从风险最小和效用最大两个角度分别利用样本内数据和样本外数据对套期保值的绩效进行了衡量。研究表明:

(1) 我国金现货价格走势和金期货价格走势非常的近似,相关系数达到 0.99 以上,这说明金期货完全可用于对金现货的套期保值。

(2) 金现货价格和上海期货交易所金属金期货价格存在较显著的协整关系,考虑到这种关系的 ECM 模型计算得出的套期保值比较 OLS 模型和 B-VAR 模型都大。

(3) 从风险最小化的角度来衡量,ECM 模型的套期保值绩效最大。

(4) 从效用最大化的角度来衡量,OLS 模型的套期保值绩效最大。

九、实验报告要求

1. 实验目的明确,实验过程清晰,实验结论准确。
2. 实验报告在下一次实验课前上交。
3. 实验成绩的考核:实验课上遵守纪律的情况、出勤情况等占 40%,实验报告占 60%。

十、思考题

1. 总结 OLS、B-VAR 和 ECM 三种模型的优缺点。
2. 根据本实验,想一想如何优化程序代码,使得做此类实验时更为轻松。

十一、注意事项

1. 注意实验中所建模型的经济意义,要对其含义进行合理解释。
2. 注意实验中步骤的严谨性,否则很容易报错。
3. 注意数据的时效性,尽量使用最新数据。

实验五　资本资产定价模型和套利定价模型

>>>>>> 金融仿真综合实验

在马科维茨(1952)的均值—方差模型基础上,美国学者夏普(William Sharpe)、林特尔(John Lintner)、特里诺(Jack Treynor)和莫辛(Jan Mossin)等人发展出资本资产定价模型(CAPM),该模型构成了现代金融市场价格理论的基石,后来的因子模型(包括单因子模型和多因子模型)和套利定价理论(APT)是在CAPM基础上的进一步发展。

一、资本资产定价模型(CAPM)

(一) 模型假设

CAPM是建立在马科维茨模型基础上的,马科维茨模型的假设自然包含在其中:

(1) 投资者希望财富越多愈好,效用是财富的函数,财富又是投资收益率的函数,因此可以认为效用为收益率的函数。

(2) 投资者能事先知道投资收益率的概率分布为正态分布。

(3) 投资风险用投资收益率的方差或标准差标识。

(4) 影响投资决策的主要因素为期望收益率和风险。

(5) 投资者偏好收益而厌恶风险,即在同一风险水平下,选择收益率较高的证券;在同一收益率水平下,选择风险较低的证券。

此外,CAPM还有一些附加的假设条件:

(6) 投资者可以无风险利率、无限制地借入或贷出资金。

(7) 所有投资者是同质的,对证券收益率概率分布的看法一致。

(8) 所有投资者具有相同的投资期限,而且只有一期。

(9) 所有的证券投资可以无限制细分,在任何一个投资组合里可以含有非整数股份。

(10) 税收和交易费用可以忽略不计。

(11) 所有投资者可以及时免费获得充分的市场信息。

(12) 不存在通货膨胀,且折现率不变。

(13) 投资者具有相同预期,即他们对预期收益率、标准差和证券之间的协方差具有相同的预期值。

上述条件主要是对市场和投资者进行的假设,总结起来可以得出:投资者是理性的,严格按照均值—方差模型的规则进行多样化的投资,并将从有效边界的某处选择投资组合;资本市场是完全有效的市场,没有任何摩擦阻碍投资。

(二) 模型推导

马科维茨(1952)在前五个假设条件成立的情况下,建立了均值—方差模型,并得到了不存在无风险资产和存在无风险资产两种情况下投资组合的有效前沿。假设存在 $n(n>1)$ 种风险资产,第 i 种资产的收益率 r_i 为随机变量,则 $\mathbf{r}=(r_1, r_2, \cdots, r_n)'$ 为 n 种风险资产的收益率向量。投资者在第 i 种资产上持有头寸为 x_i,则 $\mathbf{x}=(x_1, x_2, \cdots, x_n)'$ 就构成了一个投资组合,组合的收益率 $\mathbf{R}=\mathbf{x}'\mathbf{r}$。在 $n(n>1)$ 种风险资产的收益率 $\mathbf{r}$ 服从联合正态分布 $N(\boldsymbol{\mu}, \sum)$ 的假设下,组合的收益率 $\mathbf{R}$ 服从正态分布 $N(\mathbf{x}'\boldsymbol{\mu}, \mathbf{x}'\sum\mathbf{x})$。

在如下的均值—方差模型下:

$$\begin{cases} \min_{\mathbf{x}} \quad \mathbf{x}'\sum\mathbf{x} \\ s.t. \quad \mathbf{x}'\boldsymbol{\mu} \geqslant u_p \\ \mathbf{x}'\mathbf{e}=1 \\ -\infty < x_i < \infty, \ i=1, 2, \cdots, n \end{cases}$$

可以得到有效前沿为:

$$\frac{\sigma_p^2}{1/c} - \frac{(u_p-a/c)^2}{d/c^2} = 1$$

其中,$a=\mathbf{e}'\sum^{-1}\boldsymbol{\mu}$,$b=\boldsymbol{\mu}'\sum^{-1}\mu$,$c=\mathbf{e}'\sum^{-1}e$,$d=bc-a^2$,$e=(1, 1, \cdots, 1)'$。

当引入一个无风险资产时,可以得到:

$$\sigma_p^2 = h^{-1}(u_p - r_f)^2 \tag{5-1}$$

其中,$h = cr_f^2 - 2ar_f + b$。

在 $h \geqslant 0$ 的假设下,可以得到存在无风险资产是的资本市场线为:

$$\sigma_p = \frac{1}{\sqrt{h}}(u_p - r_f) \tag{5-2}$$

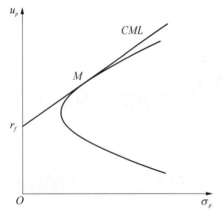

图 5-1 资本市场线(CML)

即组合的收益率与标准差是线性的关系,而且可以证明存在无风险资产时的资本市场线与不存在无风险资产时的有效前沿是相切的,相切处的组合就是市场组合。资本市场线上的其他点都可以由无风险资产和市场组合两个资产的再组合得到(如图 5-1)。所以,投资者相当于只需要买卖市场组合和无风险资产就可以得到最优的资产配置。

假设市场组合的收益率为 r_m,无风险收益率为 r_f。假设在市场组合上的投资比率为 w,则在无风险资产上的投资比率为 $1-w$,那么组合之后的收益率为:

$$\begin{aligned} r_p &= wr_m + (1-w)r_f \\ \text{cov}(r_p, r_m) &= w\text{var}(r_m) \\ E(r_p) &= wE(r_m) + (1-w)r_f = r_f + w(E(r_m) - r_f) \end{aligned} \tag{5-3}$$

$$=r_f+\frac{\mathrm{cov}(r_p,r_m)}{\mathrm{var}(r_m)}(\mathrm{E}(r_m)-r_f),$$

所以可得：

$$\mathrm{E}(r_i)=r_f+\beta_i(\mathrm{E}(r_m)-r_f) \tag{5-4}$$

其中，$\beta_i=\dfrac{\mathrm{cov}(r_i,r_m)}{\mathrm{var}(r_m)}$。

另外，CAPM 可以用来为资产组合进行定价。假设 n 种风险资产，收益率向量为 $\mathbf{r}=(r_1,r_2,\cdots,r_n)'$，它们的 Beta 系数为 $\boldsymbol{\beta}=(\beta_1,\beta_2,\cdots,\beta_n)'$，在 n 种风险资产上的投资份额为 $\mathbf{w}=(w_1,w_2,\cdots,w_n)'$。满足 $\mathbf{w}'\mathbf{e}=1$；则该组合 p 的期望收益为：

$$\mathrm{E}(r_p)=r_f+\beta_p(\mathrm{E}(r_m)-r_f),\text{ 其中 }\beta_p=\mathbf{w}'\boldsymbol{\beta} \tag{5-5}$$

(三) 模型应用与实验

实验内容：运用资本资产定价模型可以用来为单个资产的收益率进行定价；为资产组合的收益率进行定价；并用其来判断资产未来的价格走势。

试验性质：验证。

实验学时：2 学时。

实验目的与要求：收集历史数据，学习运用 python 来计算股票的风险系数 BETA。学会运用 CAPM 模型计算股票资产的预期收益率，根据实际收益率对该资产价格走势进行评估。

利用 CAPM 对股票进行定价。从大智慧数据库导出交通银行、世荣兆业、上证指数和中小板指数涨跌幅的历史数据，数据窗口为 2017 年 1 月 4 日至 2017 年 12 月 29 日，如图 5-2 所示。

	A	B	C	D	E
1		交通银行	世荣兆业	上证指数	中小板指数
2	2017/1/4	0.172117	1.012146	0.729292	1.371546
3	2017/1/5	-0.34364	1.903808	0.209574	-0.19802
4	2017/1/6	-0.34483	-0.19666	-0.35035	-1.0185
5	2017/1/9	0.17301	0.788177	0.536407	0.407513
6	2017/1/10	0	0.488759	-0.30177	-0.23692
7	2017/1/11	0	-1.45914	-0.78819	-0.76235
8	2017/1/12	0	-1.87562	-0.55663	-1.01739
9	2017/1/13	0.863558	-0.90543	-0.20934	-1.41629
10	2017/1/16	1.369863	-8.0203	-0.29973	-2.80907
11	2017/1/17	-0.33784	0.110375	0.172068	1.111464

	A	B	C	D	E
234	2017/12/15	-1.59236	-2.07769	-0.7988	-1.08111
235	2017/12/18	-0.16181	-4.79705	0.054499	-1.10637
236	2017/12/19	1.134522	1.356589	0.875786	1.04918
237	2017/12/20	0.160256	-3.15488	-0.27089	-0.55396
238	2017/12/21	-0.48	0.88845	0.378695	1.469816
239	2017/12/22	-0.16077	-2.93542	-0.09091	-0.46193
240	2017/12/25	-0.16103	4.939516	-0.50348	-1.01941
241	2017/12/26	0.483871	-1.92123	0.782207	0.169418
242	2017/12/27	-0.16051	0.097943	-0.91769	-1.23014
243	2017/12/28	-0.96463	2.544031	0.628858	0.496818
244	2017/12/29	0.811688	3.625954	0.327329	0.805256

图 5-2 相关历史数据

由于交通银行是在 A 股上市的,而世荣兆业是在中小板上市,所以它们对应的市场组合分别取上证指数和中小板指数。

接下来分别计算这四个数据系列的样本均值(Mean)、样本方差(Variance)、样本标准差(STD)。求解方式有很多种,可以用 Excel 解决,也可以用编程语言解决,并且每一种编程语言也并不是仅有一种解决方法。本书以 python 为例,介绍两种方法,第一种方法用来求均值,第二种方法用来求方差。

1. 以交通银行的涨跌幅度为例,首先求平均值

代码如下(程序 1):

```
1.  import xlrd
2.
3.  #文件地址及名字
4.  file_name = 'C:\\Users\\yongzheng\\Desktop\\experiment5.xlsx'
5.  #打开文件
6.  xls = xlrd.open_workbook(filename = file_name)
7.
8.  #取中 xls 中的第一个 sheet
9.  sheet = xls.sheets()[0]
10. #取中表格中的第二行元素,取出后的数据类型为列表
11. jt = sheet.col_values(1)
12. #删除列表第一个元素,即'交通银行',因为它不是数据
13. del jt[0]
14.
15. #求和
16. sum = 0
17. for each in jt:
18.     sum + = each
19.
20. ave = sum/(len(jt))
21. print(ave)
```

程序代码的简单解释(每段开头的序数为代码行数,下同):

(01—06)本程序用到了 xlrd 模块,此模块用来读取 Excel 文件,未安装的读者可以先安装 pip,然后用 pip 命令安装这两个模块,详情见附录。打开文件,写入的时候必须输入完整的地址,且必须加双反斜杠。

(08—13)每个 Excel 文件可以有多个 sheet,一般都是第一个,即序数 0。交通银行涨跌幅在第二列,即序数 1。由于第二列的第一个元素("交通银行")不是所需数据,用 del 删除。

(15—18)预先在 for 循环外提供一个数值为零的变量 sum,然后用 for 循环将 jt 内所有

数据一一相加。

(20—21)求平均值并打印。len(jt),即 jt 内数据(元素)的个数。

结果为 0.031 424。

2. 求样本方差与标准差

代码如下(程序 2):

```
1.  import numpy as np
2.  import pandas as pd
3.  import math
4.
5.  #读取文件
6.  data = pd.read_excel('C:\\Users\\yongzheng\\Desktop\\experiment5.xlsx')
7.  #读取数据
8.  jt = np.array(data[['交通银行']])
9.
10. v = jt.var()
11. sv = math.sqrt(v)
12. print(v)
13. print(sv)
```

程序代码的简单解释:

(01—03)本程序用到 numpy、pandas 和 math 三个模块,其中,math 是自带模块。另外两个模块,未安装的读者可以先安装 pip,然后用 pip 命令安装这三个模块,安装详情见本书附录。

(05—08)read_excel 是读取 xls 文件的另外一种方法,属于 pandas 模块。然后,将名为"交通银行"的数据取出来并置换成 array 类型。

(10—13)jt.var()求出方差,其中 var 是求方差,另外可以用 sum 求和,min 和 max 求最值等,读者可自行尝试。sqrt 是求平方差,属于 math 模块。

结果显示方差和标准差分别为 0.807 678 和 0.898 709。

不过这个求出来的是总体方差,而需要的是样本方差。要求样本方差,只需要将第 10 行代码修改为 v = np.cov(jt)。

结果显示方差和标准差分别为 0.811 016 和 0.900 564。

接下来求协方差,代码如下(程序 3):

```
1. import numpy as np
2. import pandas as pd
3.
4. #读取文件
```

```
5.  data = pd.read_excel('C:\\Users\\yongzheng\\Desktop\\experiment5.xlsx')
6.  #读取数据
7.  jt = np.array(data['交通银行'])
8.  shang = np.array(data['上证指数'])
9.
10. #cov用来求协方差
11. c = np.cov(jt,shang)
12. print(c)
```

本程序代码均已在前面的程序中出现,在此不再详细解释。结果为一个协方差矩阵(如表5-1)。

表5-1 协方差矩阵

1.893 91	0.070 46
0.070 46	0.296 32

表5-1中左上角1.893 91是交通银行的样本方差,右下角是上证指数的样本方差,右上角和左下角是两者之间的协方差0.070 46。

根据上述程序可求所需的上证指数、世荣兆业和中小板指数的平均值以及方差等数据(见表5-2)。

表5-2 相 关 数 据

	交通银行	上证指数	世荣兆业	中小板指数
平均值	0.031 424	0.023 36	0.074 541	0.065 438
方 差	0.811 016	0.296 317	7.217 743	0.845 892
协方差	0.101 826		1.060 643	

接下来计算BETA系数,根据表5-2数据,交通银行的BETA系数是0.101 826/0.296 317=0.343 639,世荣兆业的BETA系数是1.060 643/0.845 892=1.253 875。

下面利用CAMP模型对交通银行和世荣兆业进行定价。假设市场上的无风险年收益率为3%。

交通银行预期的年收益率为:0.03+0.343 639×(0.023 36×243/100−0.03)=0.039 197

世荣兆业预期的年收益率为:0.03+1.253 875×(0.065 438×243/100−0.03)=0.191 768

最后,计算出交通银行和世荣兆业实际年收益率并比较。
交通银行实际年收益率为:0.031 424×243/100=0.076 36
世荣兆业实际年收益率为:0.074 541×243/100=0.181 135

最后将实际收益率同理用 CAPM 得到的收益率进行对比分析(见表 5-3)。

表 5-3 收益率对比

股　　票	交通银行	世荣兆业
E(r)	0.039 197	0.191 768
实际收益率	0.076 36	0.181 135

从表 5-3 中可以看出,交通银行的实际收益率高于定出来的收益率,说明交通银行的价格被高估,未来的价格将会下降。相反,世荣兆业的实际收益率低于定价公式得到的理论收益率,说明世荣兆业价格被低估,未来价格将会上升。

二、套利定价模型(APT)

在 CAPM 的模型中,为了得到投资者的最优投资组合,需要估计回报率均值向量,回报率方差—协方差矩阵。假设有 n 只股票,则需要计算 $n+n\times(n+1)/2$ 个参数,估计量和计算量随着证券种类的增加以指数级增加。引入因子模型可以大大简化计算量。由于因子模型的引入,使得估计 Markowitz 有效集的艰巨而繁琐的任务得到大大简化。因子模型还提供了关于证券回报率生成过程的一种新视点。一元或者多元统计分析,以一个或者多个变量来解释证券的收益,从而比仅仅以市场来解释证券的收益更准确。Stephen Ross(1976)建立了无套利假定下的因子模型,即套利定价理论(Arbitrage Pricing Theory,APT),从另一个角度探讨了资产的定价问题。

(一) APT 模型假设

CAPM 是建立在一系列假设之上的非常理想化的模型,这些假设包括 Harry Markowitz 建立均值—方差模型时所作的假设。这其中最关键的假设是同质性假设。相反,APT 所作的假设少得多。APT 的基本假设之一是:个体是非满足,而不需要风险规避的假设。每个人都会利用套利机会:在不增加风险的前提下提高回报率。只要一个人套利,市场就会出现均衡!套利(Arbitrage)是同时持有一种或者多种资产的多头或空头,从而在不承担风险的情况下锁定一个高于无风险利率的收益。不花钱就能挣到钱,即免费的午餐!两种套利方法:当前时刻净支出为 0,将来获得正收益(收益净现值为正);当前时刻一系列能带来正收益的投资,将来的净支出为零(支出的净现值为 0)。套利不仅仅局限于同一种资产(组合),对于整个资本市场,还应该包括那些"相似"资产(组合)构成的近似套利机会。无套利原则(Non-arbitrage principle):根据一价定律(The Law of One Price),两种具有相同风险的资产(组合)不能以不同的期望收益率出售。套利行为将导致一个价格调整过程,最终使同一种资产的价格趋于相等,套利机会消失!

APT 的基本原理:由无套利原则,在因子模型下,具有相同因子敏感性的资产(组合)应提供相同的期望收益率。APT 对资产的评价不是基于马科维茨模型,而是基于无套利原则和因子模型。不要求"同质期望"假设,并不要求人人一致行动。只需要少数投资者的套利活动就能消除套利机会。不要求投资者是风险规避型的!

APT 的基本假设包括:
(1) 市场是有效的、充分竞争的、无摩擦的。

(2) 投资者是不知足的：只要有套利机会就会不断套利,直到无利可图为止。因此,不必对投资者风险偏好作假设。

(3) 资产的回报可以用因子表示。

(二) APT模型推导

对于 n 种证券相关的 $m(m<n)$ 个因子,证券 i 的收益可以表示为如下多因子模型:

$$r_i = a + \sum_{j=1}^{m} b_{ij} f_j + e_i \tag{5-6}$$

其中, $i=1,\cdots,n$, $j=1,\cdots,m$; $E[e_i]=0$, $\text{cov}(e_i,f_j)=0$; $\text{cov}(e_i,e_k)=0$, $i \neq k$。式(5-6)说明证券的收益率可以表达成 m 个系统风险因子和随即扰动项。

套利定价模型(APT)认为,在市场上不存在套利机会的条件下,通过简单推导可以发现:

$$r_i = E(r_i) + b_{i1} f_1 + b_{i2} f_2 + \cdots + b_{im} f_m + \varepsilon_i$$
$$E(r_i) = \lambda_0 + \lambda_1 b_{i1} + \lambda_2 b_{i2} + \cdots + \lambda_m b_{im}$$

此处的 f_j, $j=1,2,\cdots,m$ 是指因子的变化量,基于有效市场理论,它是不可预测的。

(三) APT模型应用与实验

实验内容：学习因子模型和套利定价模型里的参数估计；学习多因子套利定价模型的矩阵运算。

试验性质：验证

实验学时：2学时。

实验目的与要求：理解因子模型的基本原理,学会运用python验证我国资本市场上套利定价模型是否成立,进而学会构造套利组合。

1. 因子模型的参数估计

若把经济系统中的所有相关因素作为一个总的宏观经济指数。

假设：(1) 证券的回报率仅仅取决于该指数的变化；(2) 除此以外的因素是公司特有风险——残余风险,则可以建立以宏观经济指数变化为自变量,以证券回报率为因变量的单因子模型。

$$r_{it} = a_i + b_{im} r_{mt} + e_{it} \tag{5-7}$$

其中：

r_{it} = 在给定的时间 t,证券 i 的回报率

r_{mt} = 在同一时间区间,市场因子 m 的相对数。

a_i = 截距项

b_{im} = 证券 i 对因素 m 的敏感度

e_{it} = 随机误差项,

$E[e_{it}] = 0$, $\text{cov}(\varepsilon_{it}, r_{mt}) = 0$, $\text{cov}(\varepsilon_{it}, \varepsilon_{jt}) = 0$。

例如,假设GDP的预期增长率是影响证券回报率的主要因素。可收集到如表5-4的历史数据。

表 5-4 历 史 数 据

年 份	I_{GDP_t}（%）	股票 A 收益率（%）
1	5.7	14.3
2	6.4	19.2
3	8.9	23.4
4	8.0	15.6
5	5.1	9.2
6	2.9	13.0

通过回归分析可以得到图 5-3。在图 5-3 中,横轴表示 GDP 的增长率,纵轴表示股票 A 的回报率。图 5-3 上的每一点表示在给定的年份股票 A 的回报率与 GDP 增长率。通过线性回归,得到一条符合这些点的直线(极大似然估计)。

进一步可以得到如下的回归方程: $r_t = 4\% + 2I_{GDP_t} + e_t$。这样就可以把因子模型里的参数 b_{im} 估计出来。

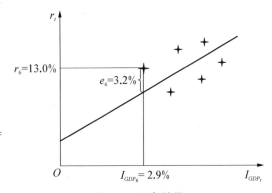

图 5-3 回归结果

2. 套利定价模型里的参数估计

假设两因素模型的数学公式为:

$$E(r_i) = \lambda_0 + \lambda_1 b_{i1} + \lambda_2 b_{i2} \tag{5-8}$$

根据前面介绍的回归方法,假设可以通过回归方法得到 A、B、C 三种股票的有关资料,如表 5-5 所示。

表 5-5 股 票 数 据

股 票	E(r)	b_1	b_2
A	15%	0.9	0.5
B	12%	0.6	0.4
C	18%	0.2	0.8

试根据所给的条件对套利定价模型的有关参数 $(\lambda_0, \lambda_1, \lambda_2)'$ 进行估计。

代码如下(程序 4):

```
1. import statsmodels.api as sm
2. import numpy as np
3.
4. b = [(0.9,0.5),(0.6,0.4),(0.2,0.8)]
```

```
5.  r = [0.15,0.12,0.18]
6.  #将输入转为 array 类型
7.  b = np.array(b)
8.  r = np.array(r)
9.
10. #添加常数项
11. b = sm.add_constant(b)
12. #回归分析并打印结果
13. mod = sm.OLS(r,b)
14. res = mod.fit()
15. print(res.summary())
```

程序代码的简单解释:

(01—02)本程序用到 statsmodels 和 numpy 两个模块。

(04—08)将影响因素和收益率分别写入,所有影响因素都写在一起,在多元情况(多种影响因素)下,每种情况下的影响因素写成元组(小括号),写入后转换成 array 类型。

(10—11)由于 statsmodels 在一般情况下默认不带常数项,所以需要在影响因素上加入常数项。

(12—15)对数据进行回归分析,并打印结果,结果见图 5-4。

从图 5-4 可以看到,$(\lambda_0,\lambda_1,\lambda_2)'$ 参数估计值为 $(0.0225, 0.375, 0.1875)$,那么就可得到 APT 下的定价模型为:

$$E(r_i)=0.0225+0.0375b_{i1}+0.1875b_{i2}$$

```
                            OLS Regression Results
==============================================================================
Dep. Variable:                      y   R-squared:                       1.000
Model:                            OLS   Adj. R-squared:                    nan
Method:                 Least Squares   F-statistic:                     0.000
Date:                Tue, 23 Jan 2018   Prob (F-statistic):                nan
Time:                        22:31:13   Log-Likelihood:                 105.59
No. Observations:                   3   AIC:                            -205.2
Df Residuals:                       0   BIC:                            -207.9
Df Model:                           2
Covariance Type:            nonrobust
==============================================================================
                 coef    std err          t      P>|t|      [0.025      0.975]
------------------------------------------------------------------------------
const          0.0225        inf          0        nan         nan         nan
x1             0.0375        inf          0        nan         nan         nan
x2             0.1875        inf          0        nan         nan         nan
==============================================================================
Omnibus:                          nan   Durbin-Watson:                   0.008
Prob(Omnibus):                    nan   Jarque-Bera (JB):                0.281
Skew:                           0.000   Prob(JB):                        0.869
Kurtosis:                       1.500   Cond. No.                         16.8
==============================================================================
```

图 5-4 回归结果

(四) APT 模型的局限

APT 模型对系统风险进行了细分,使得投资者能够测量资产对各种系统因素的敏感系数,因而可以使得投资组合的选择更准确。例如,基金可以选择最佳的因素敏感系数的组合。然而,APT 的局限在于:决定资产的价格可能存在多种因素,模型本身不能确定这些因素是什么和因素的数量,实践中因素的选择常常具有经验性和随意性。

三、实验报告要求

1. 实验目的明确,实验过程清晰,实验结论准确。
2. 实验报告在下一次实验课前上交。
3. 实验成绩的考核:实验课上遵守纪律的情况、出勤情况等占 40%,实验报告占 60%。

四、思考题

1. 比较资本资产定价模型和套利定价模型的优缺点。
2. 总结使用 python 进行股票定价分析的心得体会。

五、注意事项

1. 注意实验中所建模型的经济意义,要对其含义进行合理解释。
2. 注意实验中步骤的严谨性,否则很容易报错。

实验六　Black-Scholes 期权定价公式

一、实验目的

1. 学习和掌握 Black-Scholes 模型的推导方法,加深对期权定价模型的理解。
2. 掌握并运用 python 编程对欧式看涨看跌期权定价。
3. 掌握并分析影响欧式看涨期权价格的因素。
4. 学习和了解 Black-Scholes 期权定价公式在其他方面的应用。

二、实验内容

1. 进一步理解 Black-Scholes 期权定价模型的计算过程。
2. 验证模型中的参数如何影响期权价值。

三、实验原理

(一) Black-Scholes 期权定价模型的假设条件

Black-Scholes 期权定价模型的七个假设条件如下:

1. 风险资产(Black-Scholes 期权定价模型中为股票)当前时刻市场价格为 S,其遵循几何布朗运动,即

$$\frac{dS}{S} = \mu dt + \sigma dz \tag{6-1}$$

其中,dz 的均值为零,方差为 dt 的无穷小的随机变化值($dz = \varepsilon dt$,称为标准布朗运动,ε 代表从标准正态分布(即均值为 0、标准差为 1 的正态分布)中取的一个随机值),μ 为股票价格在单位时间内的期望收益率,σ 则是股票价格的波动率,即证券收益率在单位时间内的标准差,μ 和 σ 都是已知的。简单地分析几何布朗运动,意味着股票价格在短时期内的变动(即收益)来源于两个方面:一是单位时间内已知的一个收益率变化 μ,被称为漂移项,可以被看成一个总体的变化趋势;二是随机波动项,即 σdz,可以看作随机波动使得股票价格变动偏离总体趋势的部分。

2. 没有交易费用和税收,不考虑保证金问题,即不存在影响收益的任何外部因素。
3. 资产价格的变动是连续而均匀的,不存在突然的跳跃。
4. 该标的资产可以被自由地买卖,即允许卖空,且所有证券都是完全可分的。
5. 在期权有效期内,无风险利率 r 保持不变,投资者可以此利率无限制地进行借贷。
6. 在衍生品有效期间,股票不支付股利。

7. 所有无风险套利机会均被消除。

(二) Black-Scholes 期权定价模型

1. Black-Scholes 期权定价公式

在上述假设条件的基础上，Black 和 Scholes 得到了如下适用于无收益资产欧式看涨期权的 Black-Scholes 微分方程：

$$rS\frac{\partial f}{\partial S}+\frac{\partial f}{\partial t}+\frac{1}{2}\sigma^2 S^2\frac{\partial^2 f}{\partial S^2}=rf \tag{6-2}$$

其中，f 为期权价格，其他参数符号的意义同前。通过这个微分方程，Black 和 Scholes 得到了如下适用于无收益资产欧式看涨期权的定价公式：

$$c=SN(d_1)-Xe^{-r(T-t)}N(d_2) \tag{6-3}$$

其中：

$$d_1=\frac{\ln(S/X)+(r+\sigma^2/2)(T-t)}{\sigma\sqrt{T-t}}$$

$$d_2=\frac{\ln(S/X)+(r-\sigma^2/2)(T-t)}{\sigma\sqrt{T-t}}=d_1-\sigma\sqrt{T-t}$$

c 为无收益资产欧式看涨期权价格；$N(x)$ 为标准正态分布变量的累计概率分布函数（即这个变量小于 x 的概率），根据标准正态分布函数特性，得：$N(-x)=1-N(x)$。根据看涨涨跌期权的平价公式，可得看欧式跌期权的价格为

$$p=c+Xe^{-r(T-t)}-S=Xe^{-r(T-t)}N(-d_2)-SN(-d_1) \tag{6-4}$$

其中，$N(d_2)$ 是在风险中性世界中 S_T 大于 X 的概率，或者说是欧式看涨期权被执行的概率；$Xe^{-r(T-t)}N(d_2)$ 是 X 的风险中性期望值的现值，$SN(d_1)=S_T e^{-r(T-t)}$ 是 S_T 的风险中性期望值的现值；$\Delta=N(d_1)$ 是复制交易策略中股票的数量，$SN(d_1)$ 就是股票的市值，$Xe^{-r(T-t)}N(d_2)$ 则是复制交易策略中负债的价值。

从金融工程的角度来看，欧式看涨期权可以分拆成资产或无价值看涨期权（Asset-or-nothing Call Option）多头和现金或无价值看涨期权（Cash-or-nothing Option）空头，$SN(d_1)$ 是资产或无价值看涨期权的价值，$Xe^{-r(T-t)}N(d_2)$ 是 X 份现金或无价值看涨期权空头的价值。

2. 风险中性定价原理

可以注意到期权价格是与标的资产的预期收益率是无关的。c 与 S，r，t，T，σ，X 有关，而与股票的期望收益率 μ 无关，这说明欧式看涨期权的价格与投资者的风险偏好无关；因此，在对欧式看涨期权定价时，可假设投资者是风险中性的（对所承担的风险不要求额外回报，所有证券的期望收益率等于无风险利率）。为了更好地理解风险中性定价原理，可以举一个简单的例子来说明。

例 6-1 假设一种不支付红利股票目前的市价为 10 元，知道在 3 个月后，该股票价格要么是 11 元，要么是 9 元。现在要找出一份 3 个月协议价格为 10.5 元的该股票欧式看涨期权

的价值。

由于欧式期权不会提前执行,其价值取决于3个月后股票的市价。若3个月后该股票价格等于11元,则该期权价值为0.5元;若3个月后该股票价格等于9元,则该期权价值为0。

为了找出该期权的价值,可构建一个由一单位看涨期权空头和 Δ 单位的标的股票多头组成的组合。若3个月后该股票价格等于11元时,该组合价值等于$(11\Delta-0.5)$元;若3个月后该股票价格等于9元时,该组合价值等于9Δ元。为了使该组合价值处于无风险状态,应选择适当的 Δ 值,使3个月后该组合的价值不变,这意味着:$11\Delta-0.5=9\Delta$,解得:$\Delta=0.25$。

因此,一个无风险组合应包括一份看涨期权空头和0.25股标的股票。无论3个月后股票价格等于11元还是9元,该组合价值都将等于2.25元。在没有套利机会情况下,无风险组合只能获得无风险利率。假设现在的无风险年利率等于10%,则该组合的现值应为:$2.25e^{-0.1\times0.25}=2.19$元。

由于该组合中有一单位看涨期权空头和0.25单位股票多头,而目前股票市场为10元,因此:

$$10\times 0.25-f=2.19, f=0.31(元)$$

这就是说,该看涨期权的价值应为0.31元,否则就会存在无风险套利机会。

值得注意的是,该公式只在一定的假设条件下成立,如市场完美(无税、无交易成本、资产无限可分、允许卖空)、无风险利率保持不变、股价遵循几何布朗运动等条件下成立。

四、实验过程

(一)运用 B-S 模型对我国个股期权、股指期权和类期权产品进行定价

从同花顺数据库终端下载某只股票(本例中为浦发银行为例)过去的收盘价数据和收益率数据,时间期限为2015年1月6日至2018年1月17日(时间区间可根据研究目的和对象自行选择),数据截图如图6-1所示。

	时间	开盘	收盘	涨幅
2	2015-01-06,二	16	16.13	0.37%
3	2015-01-07,三	15.9	15.81	-1.98%
4	2015-01-08,四	15.87	15.25	-3.54%
5	2015-01-09,五	15.2	15.43	1.18%
6	2015-01-12,一	15.5	15.22	-1.36%
7	2015-01-13,二	15.13	15.18	-0.26%
8	2015-01-14,三	15.31	15.49	2.04%
9	2015-01-15,四	15.49	16.12	4.07%
10	2015-01-16,五	16.24	16.47	2.17%
	......			
707	2018-01-10,三	12.7	13.02	2.52%
708	2018-01-11,四	12.95	12.94	-0.61%
709	2018-01-12,五	12.97	12.91	-0.23%
710	2018-01-15,一	12.88	13.02	0.85%
711	2018-01-16,二	12.97	12.9	-0.92%
712	2018-01-17,三	12.91	13.1	1.55%

图 6-1 样本数据

计算步骤：

1. 在 excel 中可以直接计算均值，但这里为了让读者了解 python 相关的库，因此利用 python 读取 excel 文件然后再计算出日收益率的均值，其具体代码如下：

```
1.  import numpy as np
2.  import pandas as pd
3.  path = (r"c:\Users\ASUS\Desktop\浦发银行 (2).xlsx")
4.  # path 为浦发银行文件所在的路径
5.  file = pd.DataFrame(pd.read_excel(path))
6.  # 读取 excel 文件
7.  file_name = file["涨幅"]
8.  # 获取 excel 表中第 4 列的数据(即涨幅所在列)
9.  arr1 = np.array(file_name)
10. # 将读取的数据转换为数组，便于计算均值和方差
11. average_f = np.mean(arr1)
12. std_f = np.std(arr1)
13. print("日收益率平均值：%.4f" % average_f,"\n日收益率方差：%.4f" % std_f)
```

（1）1—7 行为读取 excel 中的数据，这里分为两步，先利用 pandas 读取整个文件，然后再读取表中所需要的具体列。

（2）9—13 行是将所读取到的数据转化为数组，然后再求均值和方差。

2. 运行代码，计算得出日平均收益率和日收益率的标准差：

```
1.  日收益率平均值：-0.000 1
2.  日收益率方差：0.019 5
```

观测到股票的现价(即样本期间最近一天的价格)为 2018 年 1 月 17 日的收盘价 13.1 元，从同花顺 iFinD 数据库或者相关网站可以搜索到无风险年利率约为 3.56%（关于无风险利率可以通过以下指标获得：一年期国债利率，一年期定期存款利率或者 Shibor）。至此，希望计算基于浦发银行股票执行价格为 14 元的 3 月期欧式看涨期权理论价值，假设这段时期内浦发银行不发放股东红利。通过以上的设定和观察，可以得到 B-S 定价公式中的基本参数为：

$$S = 13.1,\ X = 14,\ r = 3.56\%,\ \sigma = 1.95\% \times \sqrt{252} = 0.309\ 6,\ T - t = 0.25$$

值得注意的是，B-S 期权定价里的参数时间单位都是年，而且是连续复利计算。前面计算出来日收益率的均值和标准差要换算成年，而业界通常认为每年有 252 个交易日，收益日收益率乘以 252 为年收益率，日标准差乘以 252 的开方即为年波动率。

3. 根据 B-S 定价公式计算浦发银行股票执行价格为 14 元的 3 个月期欧式看涨期权理论价值，根据期权公式，计算看涨期权的代码如下：

```
1. from scipy import log,exp,sqrt,stats
2. def bs_call(S,X,T,r,sigma):
3.     #S:金融资产现价,X:期权交割价格,T:有效期限,r:无风险利率,sigma^2:年度化方差
4.     d1 = (log(S/X) + (r + (sigma ** 2)/2) * T)/(sigma * sqrt(T))
5.     d2 = d1 - sigma * sqrt(T)
6.     c = S * stats.norm.cdf(d1) - X * exp(-r * T) * stats.norm.cdf(d2)
7.     print("欧式看涨期权的理论价值为：%.4f" % c)
```

4. 在 IDLE 中运行上述代码输入其中的参数并调用函数 bs_call 可得浦发银行股票执行价格为 14 元的 3 个月期欧式看涨期权理论价值：

```
1. >>> bs_call(13.1,14,0.25,0.0356,0.3096)
2. 欧式看涨期权的理论价值为：0.5009
```

(二) 影响欧式看涨期权价格的因素

为了动态地观察 B-S 期权定价公式中的各要素如何影响期权的价格,通过以下实验来检验和观察各项关系。

1. 当其他要素不变时,观察当期股价与期权价格之间的关系

令其他因素不变 $X=14$, $r=3.56\%$, $\sigma=1.95\% \times \sqrt{252}=0.3096$, $T-t=0.25$。让股票的现价变化,每次增加 0.1 元,从 13.1 元增加至 15.1 元,计算每个股价对应的期权价格 c。

```
1.  from scipy import log,exp,sqrt,stats
2.  from matplotlib import pyplot as plt
3.  def bs_call_sp(S,X,T,r,sigma):
4.      #S:金融资产的现价,X:期权交割价格,T:有效期限,r:无风险利率,sigma^2:年度化方差
5.      n = 1
6.      x = []
7.      y = []
8.      while n <= 20:
9.          d1 = (log(S/X) + (r + (sigma ** 2)/2) * T)/(sigma * sqrt(T))
10.         d2 = d1 - sigma * sqrt(T)
11.         c = S * stats.norm.cdf(d1) - X * exp(-r * T) * stats.norm.cdf(d2)
12.         x.append(S)
13.         S = S + 0.1
```

```
14.            n + = 1
15.            y.append(c)
16.        # 计算股票价格每次增加 0.1 后的期权价值
17.    fig = plt.figure(dpi = 64,figsize = (10,6))
18.    x_values = x
19.    y_values = y
20.    plt.title("c = c(S)",fontsize = 24)
21.    plt.plot(x_values,y_values)
22.    plt.grid()
23.    plt.show()
```

观察当期股价与期权价格之间的关系,只要保持其他因素不变,让当期股价每次变动 0.1 元,然后通过 bs_call 函数分别计算出相对应的久期,最后将数据可视化:

(1) 3—15 行代码在 bs_call 函数中引入 while 循环语句,求出不同股票现价下的期权值,然后将股票现价值和期权值分别存入 x,y 列表中。

(2) 17—23 行代码将存储在 x,y 列表中的数据描绘成曲线图,以便更直观的观察股票现价与期权之间的关系,其中这里用到了 matplotlib 模块,第 21 行中 x_values,y_values 分别表示 x 轴和 y 轴的数据。

运行上述代码,输入参数并调用函数:

```
1. >>> bs_call_sp(13.1,14,0.25,0.0356,0.3096)
```

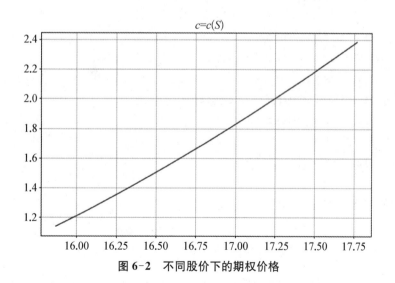

图 6-2 不同股价下的期权价格

图 6-2 显示了当其他因素不变时,期权价格随股票价格的变化趋势,从图中可以验证如下结论:

当其他因素不变时,当期股价 S 越高,则期权价格越高。

2. 当其他要素不变时,观察执行价格与期权价格之间的关系

令 $S=13.1$,$r=3.56\%$,$\sigma=1.95\%\times\sqrt{252}=0.3096$,$T-t=0.25$。让执行价格 X 从 14 元变化到 16 元,每次增加 0.1 元,计算每个执行价格处的期权价格 c。这与前面计算观察股票价格和期权价格之间的关系的思路相同,在这里不做详细阐述,直接给出具体代码如下:

```
1.  from scipy import log,exp,sqrt,stats
2.  from matplotlib import pyplot as plt
3.  def bs_call_xp(S,X,T,r,sigma):
4.  # S:金融资产现价,X:期权交割价格,T:有效期限,r:无风险利率,sigma^2:年度化方差
5.       n = 1
6.       x = []
7.       y = []
8.       while n <= 20:
9.           d1 = (log(S/X)+(r+(sigma**2)/2)*T)/(sigma*sqrt(T))
10.          d2 = d1 - sigma * sqrt(T)
11.          c = S * stats.norm.cdf(d1) - X * exp(-r*T) * stats.norm.cdf(d2)
12.          x.append(X)
13.          X = X + 0.1
14.          n += 1
15.          y.append(c)
16.      # 计算股票执行价格每次增加 0.1 元后的期权价值
17.      fig = plt.figure(dpi=64,figsize=(10,6))
18.      x_values = x
19.      y_values = y
20.      plt.title("c = c(X)",fontsize=24)
21.      plt.plot(x_values,y_values)
22.      plt.grid()
23.      plt.show()
```

运行上述代码,输入参数并调用函数:

```
1.  >>> bs_call(13.1,14,0.25,0.0356,0.3096)
```

图 6-3 显示了当其他因素不变时,期权价格随执行价格变化的趋势,从图中可以验证如下结论:

当其他因素不变时,到期执行价格 X 越高,期权价格越低。

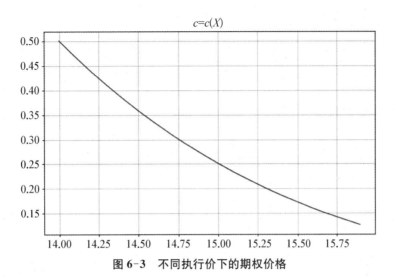

图 6-3　不同执行价下的期权价格

3. 令其他因素保持不变,考察距离到期日时间 T—t 与期权价格之间的关系

令 $S=13.1$, $X=14$, $r=3.56\%$, $\sigma=1.95\% \times \sqrt{252}=0.3096$;让到期日 $T-t$ 从 0.25 年变化到 1.25 年,每次增加 0.05 年,计算每个到期日时的期权价格 c。

```
1.  from scipy import log,exp,sqrt,stats
2.  from matplotlib import pyplot as plt
3.  def bs_call_matu(S,X,T,r,sigma):
4.  # S:金融资产现价,X:期权交割价格,T:有效期限,r:无风险利率,sigma^2:年度化方差
5.      n = 1
6.      x = []
7.      y = []
8.      while n <= 20:
9.          d1 = (log(S/X) + (r+(sigma**2)/2)*T)/(sigma * sqrt(T))
10.         d2 = d1 - sigma * sqrt(T)
11.         c = S * stats.norm.cdf(d1) - X * exp(-r*T) * stats.norm.cdf(d2)
12.         x.append(T)
13.         T = T + 0.05
14.         n += 1
15.         y.append(c)
16.         # 计算有效期每次增加0.05后的期权价值
17.  fig = plt.figure(dpi = 64,figsize = (10,6))
18.  x_values = x
19.  y_values = y
20.  plt.title("c = c(T)",fontsize = 24)
```

```
21.        plt.plot(x_values,y_values)
22.        plt.grid()
23.        plt.show()
```

与前面的实验类似,这里不做详细阐述,直接运行上述代码,输入参数并调用函数:

```
1. >>> bs_call_matu(13.1,14,0.25,0.0356,0.3096)
```

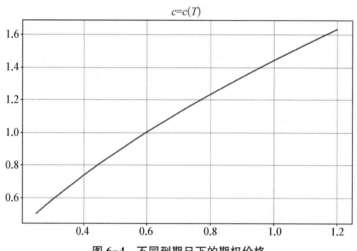

图 6-4 不同到期日下的期权价格

图 6-4 显示了到期时间与期权价格之间的关系,从中可以看出:
当其他因素不变时,到期日越长,期权价格越高。

4. 令其他因素保持不变,考察股价波动率与期权价格之间的关系

令 $S=13.1$,$X=14$,$r=3.56\%$,$\sigma=1.95\% \times \sqrt{252}=0.3096$。让股价波动率 σ 从 0.3096 变化到 2.083,每次增加 0.1 倍,计算每个波动率的期权价格 c。具体代码如下:

```
1. from scipy import log,exp,sqrt,stats
2. from matplotlib import pyplot as plt
3. def bs_call_vola(S,X,T,r,sigma):
4. # S:金融资产现价,X:期权交割价格,T:有效期限,r:无风险利率,sigma^2:年度化方差
5.     n = 1
6.     x = []
7.     y = []
8.     while n <= 20:
9.         d1 = (log(S/X) + (r+(sigma**2)/2) * T)/(sigma * sqrt(T))
```

```
10.         d2 = d1 - sigma * sqrt(T)
11.         c = S * stats.norm.cdf(d1) - X * exp(-r * T) * stats.norm.cdf(d2)
12.         x.append(sigma)
13.         sigma = sigma * 1.1
14.         n += 1
15.         y.append(c)
16.         # 计算波动率每次增加 0.1 倍后的期权价值
17.     fig = plt.figure(dpi=64,figsize=(10,6))
18.     x_values = x
19.     y_values = y
20.     plt.title("c=c(sigma)",fontsize=24)
21.     plt.plot(x_values,y_values)
22.     plt.grid()
23.     plt.show()
```

运行上述代码,输入参数调用函数:

```
1. >>> bs_call_vola(13.1,14,0.25,0.0356,0.3096)
```

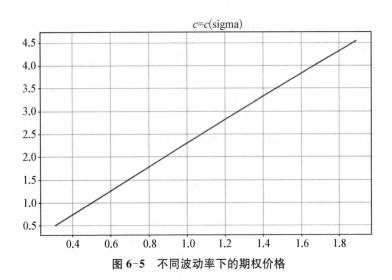

图 6-5　不同波动率下的期权价格

图 6-5 显示了股票价格随波动率变化的趋势,可以看出:
<u>当其他因素不变时,股价波动率 σ 越大,期权价格越高。</u>

5. 令其他因素保持不变,考察无风险利率 r 如何影响期权价格

令 $S=13.1$, $X=14$, $r=3.56\%$, $\sigma=1.95\%\times\sqrt{252}=0.3096$;让无风险利率从 3.56% 增加到 7.56%,每次增加 0.2%。计算每个无风险利率处的期权价格 c。具体代码如下:

```python
1.  from scipy import log,exp,sqrt,stats
2.  from matplotlib import pyplot as plt
3.  def bs_call_rfr(S,X,T,r,sigma):
4.      # S：金融资产现价，X：期权交割价格，T：有效期限，r：无风险利率，sigma^2：年度化方差
5.      n = 1
6.      x = []
7.      y = []
8.      while n <= 20:
9.          d1 = (log(S/X) + (r + (sigma ** 2)/2) * T)/(sigma * sqrt(T))
10.         d2 = d1 - sigma * sqrt(T)
11.         c = S * stats.norm.cdf(d1) - X * exp(-r * T) * stats.norm.cdf(d2)
12.         x.append(r)
13.         r = r + 0.02
14.         n += 1
15.         y.append(c)
16.         # 计算无风险利率每次增加 0.2% 后的期权价值
17.     fig = plt.figure(dpi = 64, figsize = (10,6))
18.     x_values = x
19.     y_values = y
20.     plt.title("c = c(r)", fontsize = 24)
21.     plt.plot(x_values, y_values)
22.     plt.grid()
23.     plt.show()
```

运行上述代码，输入参数并调用函数：

```
1.  >>> bs_call_rfr(13.1,14,0.25,0.0356,0.3096)
```

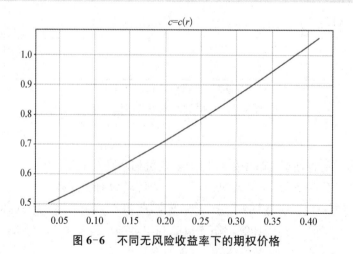

图 6-6　不同无风险收益率下的期权价格

图 6-6 显示了期权价格随无风险利率变化的趋势,从中可以看出:
当其他因素不变时,无风险利率越高,期权价格越高。

五、Black-Scholes 期权定价公式的应用

Black-Scholes 期权定价公式除了可以用来估计期权价格,在其他一些方面也有重要的应用。主要有以下三方面。

(一) 对公司负债及资本进行估值

例 6-2 假设一家公司 A 发行两种证券:普通股 100 万股及 1 年后到期的总面值 8 000 万元的零息债券。已知公司总市值为 1 亿元,问:公司股票及债券如何定价?

令 V 为当前 A 公司资产市场价值,E 为 A 公司资本市场价值,D 为 A 公司债券市场价值。

$$V = E + D$$

考虑股东 1 年之后的收益:

(1) 当 A 公司价值 V_T 大于债券面值时,收益为 $V_T - 8\,000$;

(2) 当 A 公司价值小于债券面值时,收益为 0。

股东相当于持有一个执行价格为 8 000 万元的欧式看涨期权,标的资产为公司价值当前资本价值为:

$$E = VN(d_1) - Be^{-r(T-t)}N(d_2)$$

给出其具体数值,公司价值的波动率为 0.3,无风险利率为 8%,根据 B-S 公式得到 $E = 2\,824$(万元),公司负债价值 $D = V - E = 7\,176$(万元)。

(二) 确定贷款担保价值或担保费用

例 6-3 假设某银行为公司发行的债券提供了信用担保,1 年之后:若公司价值 V_T 大于债券面值时,银行无须支付;若公司价值 V_T 小于债券面值时,银行须支付 $V_T - B$。

这相当于银行出售了一个欧式看跌期权,标的资产仍为公司价值,执行价格为债券面值 B。利用上面的例子,可采用 B-S 看跌期权定价公式或看涨看跌期权平价公式,得到欧式看跌期权的价值为 209 万元,A 公司应支付 209 万元的担保费。

(三) 带有可转化特征的融资工具的定价

认股权证指赋予投资者在某一时期以约定价格向发行人购买公司新股的权利。假设公司有 N 股流通股,M 份流通欧式认股权证,一份认股权证使持有人在时刻 T 以每股 K 的价格购买 x 股新股的权利。

设时期 T 公司权益价值为 E_T,若持有人选择执行认股权,公司权益价值变为 $E_T + MxK$,股票数量变为 $N + Mx$。执行认股权证后瞬间,股价变为 $(E_T + MxK)/(N + Mx)$,只有当这一股价大于执行价格 K 时,持有人才会执行认股权。即

$$\frac{E_T + MxK}{N + Mx} > K \Rightarrow \frac{E_T - KN}{N + Mx} > 0 \Rightarrow E_T - KN > 0$$

(1) 当 $\dfrac{E_T}{N} > K$ 时,持有人选择执行,执行一份认股权证的收益为:

$$\left(\frac{E_T + MxK}{N + Mx} - K\right)x = \frac{E_T - KN}{N + Mx}x = \frac{xN}{N + Mx}\left(\frac{E_T}{N} - K\right)$$

(2) 当 $\frac{E_T}{N} \leqslant K$ 时,持有人不执行,其收益为 0。

所以综上,一份认股权证的价值为:

$$\frac{xN}{N + Mx}c$$

其中,c 是基于公司股票价格的欧式看涨期权,执行价格为 K,利用 B-S 公式得一份认股权证的价值。

六、Black-Scholes 期权定价公式的不足

Black-Scholes 公式当然也有其不足之处,首先 Black-Scholes 期权定价公式估计的期权价格与市场价格存在差异,主要的原因有以下四点。

1. Black-Scholes 期权定价公式是建立在众多假定的基础上的,而现实的市场是不满足它的很多假设条件的,因此,利用 B-S 公式计算出来的期权价格与真实的市场价格之间肯定会存在差异的。

2. 参数的错误:B-S 公式中的参数实际上是需要自己估算的,只能根据历史数据来估算参数,这就存在一个误差。

3. 期权市场价格偏离均衡,此时的期权价格的估算显然没有其实际意义。其次,对于无收益资产的期权而言,B-S 模型适合欧式看跌期权和看涨期权。同时可以适用于美式看涨期权,因为在无收益情况下,美式看涨期权提前执行是不可取的,它的期权执行日也就是到期日,所以 B-S 公式也适用美式看涨期权;对于美式看跌,由于可以提前执行,故不适合。

4. 对于有收益资产的期权而言,只需改变收益现值(即变为标的证券减去收益折现),B-S 公式也适用于欧式看跌期权和看涨期权;在标的存在收益时,美式看涨和看跌期权存在执行的可能性,因此 B-S 公式不适用。

七、实验报告要求

1. 实验目的明确,实验过程清晰,实验结论准确。
2. 实验报告在下一次实验课前上交。
3. 实验成绩的考核:实验课上的遵守纪律的情况、出勤情况等占 40%,实验报告占 60%。

八、思考题

1. 在计算欧式看涨期权时,如果考虑股利的支付,情况会怎样?
2. B-S 模型期权定价公式相对于二叉树模型有什么优点?
3. 本实验中使用的 while 循环语句是否可以用其他语句代替?怎么改写?

实验七 单位根检验、协整与误差修正模型实验与案例分析
——中国金融中介发展与经济增长之间关系的检验

一、实验目的

理解时间序列平稳性的概念,掌握利用 ADF 检验验证时间序列平稳性的方法;学会使用 python 考察时间序列之间是否存在协整关系,并利用误差修正模型考察变量之间的短期变化关系及本期变化与上期偏误之间的关系。

二、实验内容

1. 用 python 软件对时间序列进行单位根检验。
2. 估计两个时间序列变量的协整方程。
3. 估计两个时间序列变量的误差修正方程。

三、实验原理

时间序列分析的一个难点是变量的平稳性考察,因为大部分经济时间序列都包含有确定性趋势或随机趋势,这些含有趋势的时间序列被称为"非平稳性"时间序列。当适用于平稳时间序列的统计方法运用于非平稳的数据分析时,人们很容易做出完全错误的判断。动态计量经济理论要求在进行宏观经济实证的分析时,首先必须进行变量的平稳性检验,否则分析时会出现"伪回归"(Spuriousregression)现象[①],以此作出的结论很可能是错误的。对于非 0 阶单整的一组序列,则可用协整检验进行分析,因为对于非平稳的时间序列变量组,只有在协整的情况下,才可能存在一个长期稳定的比例关系。

(一) 序列平稳性的概念及意义

序列的平稳性可以分为严平稳和弱平稳。所谓严平稳,是指设 $\{X_t\}$ 为一时间序列,对任意正整数 m,任取 $t_1, t_2, \cdots, t_m \in T$,对任意整数 j,有

$$F_{t_1, t_2, \cdots, t_m}(x_1, x_2, \cdots, x_m) = F_{t_1+j, t_2+j, \cdots, t_m+j}(x_1, x_2, \cdots, x_m) \tag{7-1}$$

则称该时间序列为严平稳时间序列。

严平稳要求时间序列在不同时刻的所有统计特性都相同,这是比较苛刻的要求,而且在实践中也很难得到其联合概率分布,所以在实际操作中不太好根据严平稳的定义来考察时间序列的平稳性。考虑到随机变量(时间序列对应的是一个随机过程,而随机过程其实就是

---

① 所谓伪回归现象,是指当随机变量服从单位根过程时,即使变量之间不存在任何线性关系,回归后得到的系数估计值也有显著的 t 统计值,如果就这样采用 t 统计值作出判断,就容易形成错误的结论。

一族随机变量)的主要统计特性是由其一阶矩和二阶矩决定的,因此在实际操作中主要通过考察时间序列的均值(Mean)(一阶矩)、方差(Variance)和自协方差(Auto-covariance)(二阶矩)是否保持稳定,来确定其是否平稳,即所谓弱平稳。

时间序列的弱平稳性是指一个序列的均值、方差和自协方差均保持稳定。如果一个时间序列具有稳定的均值、方差和自协方差,即其主要的统计特征不随时间而变化,则这个序列就是平稳的,否则就是非平稳的。

时间序列分析方法作为数理统计学的一个专业分支,它遵循数理统计学的基本原理,都是根据样本信息来推断总体信息。传统的统计分析通常拥有如下数据结构,见表 7-1。

表 7-1 传统统计分析的数据结构

随机变量	X_1	...	X_m
1	x_{11}	...	x_{m1}
2	x_{12}	...	x_{m2}
		...	
n	x_{1n}	...	x_{mn}

根据数理统计学知识,显然要分析的随机变量个数越少越好(m 越小越好),而每个变量获得的样本信息越多越好(n 越大越好)。因为随机变量越少,分析的过程就会越简单,而样本容量越大,分析的结果就会越可靠。

但是时间序列分析的数据结构有它的特殊性。对随机序列而言,它在任意时刻 t 的序列值 X_t 都是一个随机变量,而且由于时间的不可重复性,该变量在任意一个时刻只能获得唯一的一个样本观测值,因而时间序列分析的数据结构如表 7-2 所示。

表 7-2 时间序列分析的数据结构

随机变量	X_1		X_t	
1	X_1	...	X_t	...

由于每一个随机变量都只能得到一个观测值,样本信息太少,如果没有其他辅助信息,通常这种统计结构是没有办法进行分析的。序列平稳性概念的提出可以有效地解决这个困难。在平稳序列场合,序列的均值等于常数意味着原本含有可列多个随机变量的均值序列 $\{\mu_t, t \in T\}$ 变成了只含有一个变量的常数序列 $\{\mu, t \in T\}$;原本每个随机变量的均值 μ_t,$t \in T$ 只能依靠唯一的样本观测值 x_t 去估计 $\hat{\mu_t} = x_t$,现在由于 $\mu_t = \mu$,$\forall t \in T$,于是每一个样本观测值 x_t,$\forall t \in T$,都变成了常数均值 μ 的样本观测值。

$$\hat{\mu} = \bar{x} = \frac{\sum_{i=1}^{n} x_i}{n} \tag{7-2}$$

这极大地减少了随机变量的个数,并增加了待估变量的样本容量。换句话说,这极大地降低了时序分析的难度,同时也提高了对均值函数的估计精度。

因此,传统的统计分析方法(包括传统的回归分析方法)只有对平稳序列才适用,对于非平稳序列,必须另外加以考虑。

(二) 序列平稳性的检验

单位根过程是一种最常见的非稳定过程,广泛应用于现代金融、宏观经济学的研究领域。检验变量是否稳定的过程称为单位根检验,比较常用的单位根检验方法 DF 检验由于不能保证方程中的残差项是白噪音(White Noise),所以 Dickey 和 Fuller 对 DF 检验法进行了扩充,形成 ADF(Augented Dickey-Fuller Test)检验,这是目前普遍应用的单整检验方法。该检验法的基本原理是通过 n 次差分的办法将非平稳序列转化为平稳序列,具体方法是估计回归方程式:

$$\Delta X_t = \alpha_0 + \alpha_1 t + \alpha_2 X_{t-1} + \sum_{i=1}^{k} \beta_{t-i} \Delta X_{t-i} + \mu_t \tag{7-3}$$

其中,α_0 为常数项,t 为时间趋势项,k 为滞后阶数(最优滞后项),μ_t 为残差项。该检验的零假设 H0:$\alpha_2=0$;备择假设 H1:$\alpha_2 \neq 0$。如果 α_2 的 ADF 值大于临界值则拒绝原假设 H0,接受 H1,说明 $\{X_t\}$ 是 $I(0)$,即它是平稳序列。否则存在单位根,即它是非平稳序列,需要进一步检验,直至确认它是 d 阶单整,即 $I(d)$ 序列。加入 k 个滞后项是为了使残差项 μ_t 为白噪音。

(三) 协整检验(Cointegration Test)

变量序列之间的协整关系是由 Engle 和 Granger 首先提出的。其基本思想在于,尽管两个或两个以上的变量序列为非平稳序列,但它们的某种线性组合却可能呈现稳定性,如果其线性组合是平稳的,则这两个变量之间存在长期稳定关系,即协整关系。

这一检验的基本内容是:如果序列 X_{1t},X_{2t},…,X_{kt} 都是 d 阶单整,存在一个向量 $(\alpha_1,\alpha_2,…,\alpha_k)$,使得 $Z_t = \alpha X_t' \sim I(d-b)$,其中 $b>0$,$X_t'=(X_{1t},X_{2t},…,X_{kt})'$,则认为序列 X_{1t},X_{2t},…,X_{kt} 是 (d,b) 阶协整,记为 $X_t \sim CI(d,b)$,α 为协整向量。如果两个变量都是单整变量,只有当它们的单整阶数相同时才可能协整;两个以上变量如果具有不同的单整阶数,有可能经过线性组合构成低阶单整变量。

协整的意义在于它揭示了变量之间是否存在一种长期稳定的均衡关系。满足协整的经济变量之间不会相互分离太远,随机冲击只能使它们短期内偏离均衡位置,在长期中会自动恢复到均衡位置。

Engle-Granger 两步法是常用的协整检验法,它考虑了如何检验零假设为一组 $I(1)$ 变量的无协整关系问题。它用普通最小二乘法估计这些变量之间的平稳关系系数,然后用单位根检验来考察残差的平稳性。拒绝残差序列存在单位根的零假设是协整关系存在的证据。以最简单的情况为例,设两个变量 y_t 和 x_t 都是 $I(1)$ 序列,考虑下列长期静态回归模型:

$$y_t = \beta_0 + \beta_1 x_t + \varepsilon_t \tag{7-4}$$

对于上述的模型的参数,用最小二乘法进行估计。利用 MacKinnon 给出的协整 ADF 检验统计量,检验在上述估计下得到的回归方程的残差 e_t 是否平稳(如果 y_t 和 x_t 不是协整的,则他们的任意组合都是非平稳的,因此残差 e_t 将是非平稳的)。也就是说,检验残差 e_t 的非平稳的假设,就是检验 y_t 和 x_t 不是协整的假设。更一般地,有以下具体方法:

(1) 使用 ADF 检验长期静态模型中所有变量的单整阶数。E—G 协整检验要求所有的解释变量都是一阶单整的,因此,高阶单整变量需要进行差分,以获得 $I(1)$ 序列。

(2) 用 OLS 法估计长期静态回归方程,然后用 ADF 统计量检验残差估计值的平稳性。如果残差估计值是平稳的,则表明变量间存在协整关系;反之,则变量间不存在协整关系。

(四) 误差修正模型

误差修正模型(Error Correction Model,简记为 ECM)是一种具有特定形式的计量经济学模型。为了便于理解,通过一个具体的模型来介绍它的结构。假设两变量 X 与 Y 的长期均衡关系为:

$$y_t = \alpha_0 + \alpha_1 x_t + \varepsilon_t \tag{7-5}$$

由于存在各种偶然因素的冲击,现实经济中 X 与 Y 很少处在均衡点上,因此实际观测到的只是 X 与 Y 间的短期的或非均衡的关系。从长期均衡的观点看,Y 在第 t 期的变化不仅取决于 X 本身的变化,还取决于 X 与 Y 在 $t-1$ 期末的状态,尤其是 X 与 Y 在 $t-1$ 期的不平衡程度。

$$\Delta Y_t = \beta_1 \Delta X_t - \lambda(Y_{t-1} - \alpha_0 - \alpha_1 X_{t-1}) + \varepsilon_t \tag{7-6}$$

式(7-6)表明:Y 的变化决定于 X 的变化以及前一时期的非均衡程度,称为一阶误差修正模型。它可以写成:

$$\Delta Y_t = \beta_1 \Delta X_t - \lambda ecm_{t-1} + \varepsilon_t \tag{7-7}$$

其中:ecm 表示误差修正项;λ 表示误差修正系数,这里 $0 < \lambda < 1$。

可以根据式(7-7)分析 ecm 的修正作用:若 $(t-1)$ 时刻 Y 大于其长期均衡解 $\alpha_0 + \alpha_1 X$,ecm 为正,则 $(-\lambda ecm)$ 为负,使得 ΔY_t 减少,X 与 Y 之间的关系回到长期均衡线附近;若 $(t-1)$ 时刻 Y 小于其长期均衡解 $\alpha_0 + \alpha_1 X$,ecm 为负,则 $(-\lambda ecm)$ 为正,使得 ΔY_t 增大,X 与 Y 之间的关系回到长期均衡线附近。所以,式(7-7)体现了长期非均衡误差对 Y_t 的控制。

正因为短期内存在误差修正的机制,所以长期来看,X 与 Y 之间的协整关系才得以成立;或者说,正因为 X 与 Y 之间存在长期协整关系,这种协整关系起到引力线的作用,一旦短期内实际情况有所偏离,立刻有一种误差修正的机制发挥作用,使得 X 与 Y 之间的关系回到长期均衡线附近。所以,协整方程和误差修正模型是不可分割的一个整体,它们一起完整地说明了 X 与 Y 之间的关系。

四、实验要求

1. 在认真理解本章内容的基础上,通过实验掌握 ADF 检验平稳性的方法;
2. 掌握具体的协整检验过程,以及误差纠正模型的建立方法;
3. 能对宏观经济变量间的长期均衡关系进行分析。

五、实验步骤

(一) 指标选择及数据处理

金融是现代经济的核心,金融发展与经济增长的关系一直是近年来金融研究的重点。考虑到在我国资金配置方面,以金融中介机构为主体的间接融资一直居于主导地位,所以本实验拟利用单位根检验、协整与误差修正模型对中国金融中介发展与经济增长之间的关系进行验证。本实验选取实际 GDP（经价格指数缩减）的对数值（记作 LGDP）作为经济增长指标，分别选取金融机构存款与名义 GDP 的比率（记作 SAVE）和金融机构贷款与名义 GDP 的比率（记作 LOAN）作为金融中介发展指标，并用全社会固定资产投资与名义 GDP 的比率（记作 INVEST）作为控制变量。

在桌面新建一个名为 experiment7 的 excel 文件，输入所需数据。数据样本期为 1980—2014 年，原始数据来自国家统计局网站。具体数据如表 7-3 所示。

表 7-3　中国金融中介发展与经济增长相关指标（1980—2014 年）

YEAR	LGDP	SAVE	LOAN	INVEST
1980	1.618 7	37.122 3	54.444 2	20.012 7
1981	1.640 0	42.816 4	58.253 0	19.619 9
1982	1.668 5	45.922 6	59.304 3	23.071 4
1983	1.709 3	48.251 6	59.685 4	23.932 3
1984	1.780 1	51.690 8	65.687 8	25.364 3
1985	1.838 6	50.442 5	68.566 9	28.133 1
1986	1.868 3	57.561 3	78.988 0	30.271 2
1987	1.907 4	61.083 1	81.093 4	31.330 7
1988	1.928 8	58.342 5	79.227 7	31.479 8
1989	1.910 7	62.664 6	83.373 7	25.806 5
1990	1.938 3	74.266 1	93.271 2	24.059 5
1991	1.990 5	82.084 6	96.441 7	25.550 9
1992	2.055 7	85.501 5	95.103 2	29.850 8
1993	2.114 2	83.452 7	92.769 8	36.798 2
1994	2.155 2	83.580 0	82.491 6	35.167 6
1995	2.187 6	88.143 8	82.683 2	32.748 8
1996	2.221 4	95.841 0	85.447 2	32.014 5
1997	2.254 7	103.730 7	94.315 2	31.400 3
1998	2.287 0	112.740 1	101.932 6	33.464 8
1999	2.319 5	120.613 9	103.932 4	33.102 9
2000	2.361 5	124.081 9	99.593 9	32.991 5
2001	2.402 0	130.240 9	101.853 9	33.747 5
2002	2.445 8	141.251 7	108.505 6	35.949 7
2003	2.493 2	152.349 6	116.425 7	40.688 9
2004	2.547 3	149.659 9	110.359 4	43.852 6
2005	2.602 8	154.478 8	104.730 9	47.754 5

续 表

YEAR	LGDP	SAVE	LOAN	INVEST
2006	2.664 8	154.111 6	103.504 9	50.537 5
2007	2.734 8	145.277 2	97.638 8	51.236 6
2008	2.782 5	147.182 6	95.783 1	54.562 7
2009	2.823 4	172.942 9	115.639 8	64.982 6
2010	2.882 4	175.650 0	117.190 5	61.551 0
2011	2.932 9	167.182 2	113.183 2	64.340 0
2012	2.964 4	171.787 2	117.933 4	70.151 4
2013	2.995 0	177.519 3	122.268 4	75.897 9
2014	3.020 8	178.902 0	128.329 6	80.564 1

(二) 变量平稳性检验(ADF 单位根检验)

打开软件 Python(IDLE),点击左上角 File-New File,新建一个工作窗口。下面以 LGDP 为例,说明 ADF 单位根检验的操作过程。

代码如下(程序 1):

```
1.  #此处 as 表示程序中的所有 np 其实是 numpy,这样使用能够简洁代码。
2.  import numpy as np
3.  import pandas as pd
4.  import statsmodels.tsa.stattools as ts
5.
6.  #打开文件,输入需要检验的数据
7.  data = pd.read_excel('C:\\Users\\yongzheng\\Desktop\\experiment7.xlsx')
8.  #选择需要进行检验的数据
9.  lgdp = np.array(data['LGDP'])
10.
11. #进行 ADF 检验并输出结果
12. l = ts.adfuller(lgdp,1)
13. print(l)
```

上述程序代码的简单解释(下面几段开头的序号为上面代码的行数,以后的程序皆是如此):

(01—04)本程序用到了 numpy、pandas 和 statsmodels 三个模块,未安装的读者可以利用 pip 命令安装,详情请参考附录。import 用来导入相应模块,as 的用处则是简化代码。例如,第九行中的 np.array,其实是 numpy.array。

(06—09)将在第一步中已经建立的名为 experiment7 的 xls 文件导入,为避免错误,请输入完整地址,务必使用双反斜杠或者单正斜杠。读取完毕的数据存储在变量 data 中,然后在第九行的代码中,将名为 LGDP 的数据转换成 array 格式并赋给变量 lgdp。

(11—13)对数据进行 ADF 检验并输出结果,第 12 行代码中的数字 1,完整表达形式为 maxlag=1,表示的是最大滞后阶数,在不确定最大滞后阶数的情况下一般使用 1。

结果如下:

(−0.13633479518663635,0.9456970206009725,1,33,{'1%':−3.6461350877925254, '5%':−2.954126991123355,'10%':−2.6159676124885216},−180.52327972479122)

可以看出,LGDP 的 ADF 值为−0.136335,在 0.05 的显著性水平下,大于其临界值,因此具有单位根,说明序列是非平稳的。

因为一阶差分能初步消除增长的趋势,于是尝试对其一阶差分序列 ADF 检验。对于一阶差分,可以利用 excel 手动计算,然后用本实验程序 1 进行 ADF 检验,也可以用程序来解决。(注:一阶差分即数据每一项减去前一项得到的值,因此一阶差分会损失第一个数据。同理,n 阶差分会损失前 n 个数据。)

代码如下(程序 2):

```
1.  import numpy as np
2.  import pandas as pd
3.  import statsmodels.tsa.stattools as ts
4.
5.  data = pd.read_excel('C:\\Users\\yongzheng\\Desktop\\experiment7.xlsx')
6.
7.  #利用 diff 纵向一阶差分计算
8.  data = data.diff()
9.  #去掉 NAN,不去掉会报错
10. data = data.dropna()
11.
12. lgdp = np.array(data['LGDP'])
13. #进行检验并输出结果
14. l = ts.adfuller(lgdp,1)
15. print(l)
```

上述程序代码的简单解释:

(01—05)以及(12—15)代码与程序 1 完全相同,具体解释请参照程序 1,此处不再赘述。

(07—10)在原 excel 文件中的数据就是纵向排列的,所以此处使用 diff 进行纵向一阶差分的计算,如需横向计算,只需在 diff( )括号中加入 axis=1 即可。差分计算完成之后不能立即进行检验,否则会报错。因为此时的数据的第一项为 NAN,即不存在数据,使用 dropna 去掉 NAN 值就可以进行检验了。

结果如下:

(−3.8666057191091068,0.002294828881511497,1,32,{'1%':−3.653519805908203, '5%':−2.9572185644531253,'10%':−2.6175881640625},−178.6478487418257)

由结果可知,该序列的一阶差分序列在 $\alpha=0.05$ 下都拒绝存在单位根的原假设的结论,说明其一阶差分序列在 $\alpha=0.05$ 下平稳。

使用同样的操作方法,对其他三个序列进行单位根检验。

代码如下(程序 3):

```
1. import numpy as np
2. import pandas as pd
3. import statsmodels.tsa.stattools as ts
4.
5. data = pd.read_excel('C:\\Users\\yongzheng\\Desktop\\experiment7.xlsx')
6. save = np.array(data['SAVE'])
7. invest = np.array(data['INVEST'])
8. loan = np.array(data['LOAN'])
9.
10. s = ts.adfuller(save,1)
11. i = ts.adfuller(invest,1)
12. l = ts.adfuller(loan,1)
13. #需要输出的变量用逗号隔开即可,\n 代表换行
14. print(s,'\n',i,'\n',l)
```

本程序所使用的全部代码均已在程序 1 中解释过,此处不再解释。

结果如下:

($-$0.39926285378301435,0.9102217816534164,0,34,{'1%': $-$3.639224104416853,'5%': $-$2.9512301791166293,'10%': $-$2.614446989619377},217.6946600109921)

(1.9527347103357575,0.9986082951202759,0,34,{'1%': $-$3.639224104416853,'5%': $-$2.9512301791166293,'10%': $-$2.614446989619377},169.57135071700395)

($-$1.135901731457281,0.7005444970870158,0,34,{'1%': $-$3.639224104416853,'5%': $-$2.9512301791166293,'10%': $-$2.614446989619377},212.99306043126262)

从上述结果中可以发现,SAVE、INVEST 和 LOAN 的 ADF 值,在 0.05 的显著性水平下,全部大于其临界值,因此它们全部具有单位根,序列皆是非平稳的。

对 SAVE、INVEST 和 LOAN 的一阶差分序列进行检验。

代码如下(程序 4):

```
1. import numpy as np
2. import pandas as pd
3. import statsmodels.tsa.stattools as ts
4.
5. data = pd.read_excel('C:\\Users\\yongzheng\\Desktop\\experiment7.xlsx')
```

```
6.  data = data.diff()
7.  data = data.dropna()
8.
9.  save = np.array(data['SAVE'])
10. invest = np.array(data['INVEST'])
11. loan = np.array(data['LOAN'])
12.
13. s = ts.adfuller(save,1)
14. i = ts.adfuller(invest,1)
15. l = ts.adfuller(loan,1)
16. print(s,'\n',i,'\n',l)
```

结果如下：

(−6.476044970423527, 1.3303990963976417e−08, 1, 32, {'1%': −3.653519805908203, '5%': −2.9572185644531253, '10%': −2.6175881640625}, 203.76339881057137)

(−4.45987267236965, 0.000232210265202111873, 0, 33, {'1%': −3.6461350877925254, '5%': −2.954126991123355, '10%': −2.6159676124885216}, 166.84264449458473)

(−4.867649581902687, 4.029976174292545e−05, 1, 32, {'1%': −3.653519805908203, '5%': −2.9572185644531253, '10%': −2.6175881640625}, 205.92256193933446)

由结果可知，三个序列的一阶差分序列在 $\alpha=0.05$ 下都拒绝存在单位根的原假设的结论，说明一阶差分序列在 $\alpha=0.05$ 下皆平稳。

综上所述，四个序列都是一阶单整序列，这样就可以对四者进行协整关系的检验。

(三) 协整分析

首先用变量 LGDP 对 SAVE、INVEST 和 LOAN 进行普通最小二乘回归。

代码如下(程序 5)：

```
1.  import statsmodels.api as sm
2.  import pandas as pd
3.  import numpy as np
4.
5.  #打开文件
6.  data = pd.read_excel('C:\\Users\\yongzheng\\Desktop\\experiment7.xlsx')
7.
8.  #取出要分析的自变量 LOAN、INVEST 和 SAVE
9.  l = data[['LOAN']]
10. i = data[['INVEST']]
11. s = data[['SAVE']]
12.
```

```
13. #将要分析的所有自变量合并成一个 X
14. X = np.column_stack((l,i,s))
15. #在自变量中加入一个常数项
16. X = sm.add_constant(X)
17. #将因变量 LGDP 放入 y 中
18. y = data[['LGDP']]
19.
20. #进行回归分析并打印结果
21. mod = sm.OLS(y,X)
22. res = mod.fit()
23. print(res.summary())
```

上述程序代码的简单解释：

(01—11)大体上与程序 1 相同，导入所需要的 statsmodels、pandas 和 numpy 三个模块，然后打开文件 experiment7.xlsx。取出所需要的分析的自变量 LOAN、INVEST 和 SAVE，放入与它们相对应的变量 x1,x2 和 x3 中。

(13—18)使用 column_stack 将所需要分析的自变量合并一块，并将其赋值给 X。此处要使用 add_constant 加入一个常数项，否则回归结果中只有系数而没有截距（常数项）。然后，将将因变量 LGDP 赋值给 y。

(20—23)进行回归分析并打印结果。

结果如图 7-1 所示。

```
                            OLS Regression Results
==============================================================================
Dep. Variable:                   LGDP   R-squared:                       0.984
Model:                            OLS   Adj. R-squared:                  0.983
Method:                 Least Squares   F-statistic:                     648.3
Date:                Fri, 09 Feb 2018   Prob (F-statistic):           4.86e-28
Time:                        18:11:27   Log-Likelihood:                 52.898
No. Observations:                  35   AIC:                            -97.80
Df Residuals:                      31   BIC:                            -91.58
Df Model:                           3
Covariance Type:            nonrobust
==============================================================================
                 coef    std err          t      P>|t|      [0.025      0.975]
------------------------------------------------------------------------------
const          1.2874      0.076     17.051      0.000       1.133       1.441
x1            -0.0005      0.001     -0.338      0.738      -0.003       0.002
x2             0.0078      0.001      6.255      0.000       0.005       0.010
x3             0.0068      0.001      9.470      0.000       0.005       0.008
==============================================================================
Omnibus:                        0.738   Durbin-Watson:                   0.977
Prob(Omnibus):                  0.691   Jarque-Bera (JB):                0.813
Skew:                           0.234   Prob(JB):                        0.666
Kurtosis:                       2.418   Cond. No.                     1.23e+03
==============================================================================
```

图 7-1 协整回归的结果图之一

由于 x1(LOAN)这个变量不能通过显著性检验，所以删除这个变量（只需将第 9 行代码删掉以及把第 14 行代码中的 l 和其后面的逗号去掉即可）后，继续进行协整回归，结果如图 7-2 所示。

```
                            OLS Regression Results
==============================================================================
Dep. Variable:                   LGDP   R-squared:                       0.984
Model:                            OLS   Adj. R-squared:                  0.983
Method:                 Least Squares   F-statistic:                     1000.
Date:                Fri, 09 Feb 2018   Prob (F-statistic):           1.43e-29
Time:                        18:27:01   Log-Likelihood:                 52.834
No. Observations:                  35   AIC:                            -99.67
Df Residuals:                      32   BIC:                            -95.00
Df Model:                           2
Covariance Type:            nonrobust
==============================================================================
                 coef    std err          t      P>|t|      [0.025      0.975]
------------------------------------------------------------------------------
const          1.2634      0.025     50.186      0.000       1.212       1.315
x1             0.0079      0.001      6.421      0.000       0.005       0.010
x2             0.0066      0.000     15.428      0.000       0.006       0.007
==============================================================================
Omnibus:                        0.981   Durbin-Watson:                   1.013
Prob(Omnibus):                  0.612   Jarque-Bera (JB):                0.986
Skew:                           0.352   Prob(JB):                        0.611
Kurtosis:                       2.575   Cond. No.                         333.
==============================================================================
```

图 7-2 协整回归的结果图之二

接着对协整回归的残差进行单位根检验。残差的计算方法为 RES＝LGDP－(1.263 4＋0.007 9 * INVEST＋0.006 6 * SAVE)，可以利用 excel 计算完后成进行检验，也可以利用 python 直接进行检验。

代码如下(程序 6)：

```
1.  import pandas as pd
2.  import statsmodels.api as sm
3.  import numpy as np
4.  import statsmodels.tsa.stattools as ts
5.
6.  data = pd.read_excel('C:\\Users\\yongzheng\\Desktop\\experiment7.xlsx')
7.
8.  i = data[['INVEST']]
9.  s = data[['SAVE']]
10. X = np.column_stack((i,s))
11. y = data[['LGDP']]
12. X = sm.add_constant(X)
13.
14. mod = sm.OLS(y,X)
15. res = mod.fit()
16.
17. #求残差,其中res.model.endog为因变量,res.fittedvalues为因变量的估计值
18. RES = res.model.endog - res.fittedvalues
```

```
19. #对残差进行检验
20. r = ts.adfuller(RES,1)
21. print(r)
```

上述程序代码的简单解释：

(01—15)这段代码频繁出现过很多次，主要是进行第一次回归，用来计算残差。

(17—21)其中，res.model.endog 是因变量的原始值，即 LGDP，而 res.fittedvalues 是因变量的估计值，即公式中的 1.263 4＋0.007 9×INVEST＋0.006 6×SAVE，两者相减即为残差(亦可使用 res.resid 直接取残差)，然后对残差项 RES 进行 ADF 检验。(python 中变量名称区分大小写。)

结果如下：

(−4.107404141387176, 0.0009415883298259912, 1, 33, {'1%': −3.6461350877925254, '5%': −2.954126991123355, '10%': −2.6159676124885216}, −106.03441999934194)

需要注意是，这里的 ADF 检验是针对协整回归计算出的误差项，而 OLS 法采用了残差最小平方和原理，因此估计量是向下偏倚的，这样将导致拒绝零假设的机会比实际情形大，因此对协整回归残差项平稳性检验的 ADF 临界值应该比正常的 ADF 临界值小，具体查表可知，当显著性水平为 0.05 时，此处的临界值为−3.915。因为检验统计量的值小于临界值，所以在 0.05 显著性水平下拒绝存在单位根的原假设，说明残差平稳，又因为协整回归中的各变量都是 1 阶单整序列，所以 LGDP 与 INVEST 和 SAVE 间具有协整关系。

(四) 建立误差修正模型

即使一组变量之间有长期均衡关系，但在短期内也会出现失衡(例如收突发事件的影响)。此时，可以用 ECM 来对这种短期失衡加以纠正。利用差分序列 $\{\nabla\text{LGDP}_t\}$ 关于 $\{\nabla\text{INVEST}_t, \nabla\text{SAVE}_t\}$ 和前期误差序列 $\{\text{RES}_{t-1}\}$ 进行 OLS 回归，构建如下 ECM 模型：

$$\nabla \text{LGDP}_t = \beta_0 + \beta_1 \nabla \text{INVEST}_t + \beta_2 \nabla \text{SAVE}_t + \beta_3 \text{RES}_{t-1} + \varepsilon_1 \qquad (7\text{-}8)$$

其中 RES_{t-1} 表示协整回归所得到残差的滞后 1 期值。

代码如下(程序 7)：

```
1. import statsmodels.api as sm
2. import pandas as pd
3. import numpy as np
4. 
5. data = pd.read_excel('C:\\Users\\yongzheng\\Desktop\\experiment7.xlsx')
6. i = data[['INVEST']]
7. s = data[['SAVE']]
8. X = np.column_stack((i,s))
9. y = data[['LGDP']]
```

```
10. X = sm.add_constant(X)
11. #进行第一次回归分析
12. mod = sm.OLS(y,X)
13. res = mod.fit()
14. #求残差
15. RES = res.model.endog - res.fittedvalues
16. 
17. #对 data 中所有数据序列求一阶差分
18. data = data.diff().dropna()
19. i = data[['INVEST']]
20. s = data[['SAVE']]
21. #将残差序列下移一位,即滞后一期
22. r = RES.shift(periods = 1).dropna()
23. 
24. #将所有自变量合并为 X,包含残差 r
25. X = np.column_stack((i,s,r))
26. y = data[['LGDP']]
27. X = sm.add_constant(X)
28. #进行第二次回归分析
29. mod = sm.OLS(y,X)
30. res = mod.fit()
31. print(res.summary())
```

上述程序代码的简单解释：

(01—15)进行第一次回归分析,目的是求出残差。

(17—22)在程序 2 和程序 4,见到过 data.diff(),data.diff(),代表的是将在文件中读取到的所有数据序列都取一阶差分,也可以将 data 中某一数据序列单独拿出来取一阶差分。取完一阶差分之后一定给相应数据序列重新赋值,如若不然,变量 data 中的数据不会改变。此时的 i 和 s 就是 $\nabla INVEST_t$ 和 $\nabla SAVE_t$。

第 22 行代码表示将残差序列 RES 下移一位,此处的 shift 表示将相应数据滞后一期(periods=1 代表下移 1 位,-1 代表上移一位,默认为 1),用法和 diff 类似。在经过取差分和滞后之后,data 中含有一些名为 NaN(表示此处不存在数值)的元素,需要用 dropna 将其去掉。否则会报错。

(24—31)将已经取过差分和经过滞后的三组数据分别赋值给三个自变量 i,s 和 r 之后,然后将三个自变量 i,s 和 r 聚合成 X,并加入常数项,然后进行第二次回归分析,求出结果(如图 7-3 所示)。

其中,x1、x2 和 x3 分别表示变量 i、s 和 r,即 $\nabla INVEST_t$、$SAVE_t$ 和 RES_{t-1}。然后,对该模型进行白噪声检验,即对回归模型的残差进行序列相关性检验。

```
                            OLS Regression Results
==============================================================================
Dep. Variable:                   LGDP   R-squared:                       0.312
Model:                            OLS   Adj. R-squared:                  0.243
Method:                 Least Squares   F-statistic:                     4.534
Date:                Tue, 13 Feb 2018   Prob (F-statistic):            0.00976
Time:                        13:27:32   Log-Likelihood:                 96.559
No. Observations:                  34   AIC:                            -185.1
Df Residuals:                      30   BIC:                            -179.0
Df Model:                           3
Covariance Type:            nonrobust
==============================================================================
                 coef    std err          t      P>|t|      [0.025      0.975]
------------------------------------------------------------------------------
const          0.0399      0.003     11.594      0.000       0.033       0.047
x1             0.0023      0.001      2.753      0.010       0.001       0.004
x2            -0.0007      0.000     -1.323      0.196      -0.002       0.000
x3            -0.0858      0.056     -1.543      0.133      -0.199       0.028
==============================================================================
Omnibus:                        4.251   Durbin-Watson:                   0.926
Prob(Omnibus):                  0.119   Jarque-Bera (JB):                3.068
Skew:                          -0.718   Prob(JB):                        0.216
Kurtosis:                       3.321   Cond. No.                         164.
==============================================================================
```

图7-3 误差修正模型的估计结果图

直接利用程序7的代码改编即可,代码如下(程序8):

```python
1.  import statsmodels.api as sm
2.  import pandas as pd
3.  import numpy as np
4.  import matplotlib.pylab as plt
5.  from statsmodels.graphics.tsaplots import plot_pacf,plot_acf
6.
7.  data = pd.read_excel('C:\\Users\\yongzheng\\Desktop\\experiment77.xlsx')
8.  i = data[['INVEST']]
9.  s = data[['SAVE']]
10. X = np.column_stack((i,s))
11. y = data[['LGDP']]
12. X = sm.add_constant(X)
13. #进行第一次回归分析
14. mod = sm.OLS(y,X)
15. res = mod.fit()
16. #求残差
17. RES = res.model.endog - res.fittedvalues
18.
19. #对data中所有数据序列求一阶差分
20. data = data.diff().dropna()
21. i = data[['INVEST']]
```

```
22. s = data[['SAVE']]
23. #将残差序列下移一位,即滞后一期
24. r = RES.shift(periods = 1).dropna()
25. X = np.column_stack((i,s,r))
26. y = data[['LGDP']]
27. X = sm.add_constant(X)
28. #进行第二次回归分析
29. mod = sm.OLS(y,X)
30. res = mod.fit()
31.
32. #求出误差修正模型的残差项
33. ECM_1 = res.model.endog - res.fittedvalues
34.
35. #将所有图形绘制在一个界面上
36. layout = (2, 1)
37. acf_ax = plt.subplot2grid(layout,(0,0))
38. pacf_ax = plt.subplot2grid(layout,(1,0))
39.
40. #在同一界面的不同位置绘制出图形
41. #绘制出 autocorrelation(自相关)图形
42. plot_acf(ECM_1, ax = acf_ax)
43. #绘制出 partial autocorrelation(偏相关)图形
44. plot_pacf(ECM_1, ax = pacf_ax)
45. ##能够合理安排图片显示,使图片显示更加美观,居中显示
46. plt.tight_layout()
47. #显示图形
48. plt.show()
49.
```

(01—33)相比程序 7,程序 8 增加 matplotlib 模块,matplotlib 模块是专门用来绘制图形的。另外,as 的用法前面已经叙述过,是用来美观程序代码的,from 也是如此,只不过两者用法稍有差别。as 用过之后,在编写代码的时候,还是需要将模块的简写形式写出来,例如第 7 行代码的 pd.read_excel。而 from 则不同,只需使用导出来的相应函数即可,例如 plot_acf。不过,as 用法最为普遍。

除了些许差别,这段代码和程序 7 基本相同,目的时为了求出误差修正模型的残差项。

(35—38)这几段代码目的是将所有图形绘制在一个界面上,方便对比。layout=(2,1)表示建立一个 2 行 1 列的图形界面,这个界面可以容下 2 个图形。其中一个的坐标为(0,0),另外一个的坐标为(1,0)。第 37 行和第 38 行代码便是表示将这两个坐标赋值给

acf_ax 和 pacf_ax。

(40—48)将误差修正模型的残差序列 ECM 的 autocorrelation(自相关)图形绘制在 acf_ax 处,即(0,0)处,将其 partial autocorrelation(偏相关)图形绘制在 pacf_ax 处,即(1,0)处。第 46 行代码表示合理安排图片的显示,缺少此段代码可能会导致图片的分布较乱。

结果如图 7-4 所示。

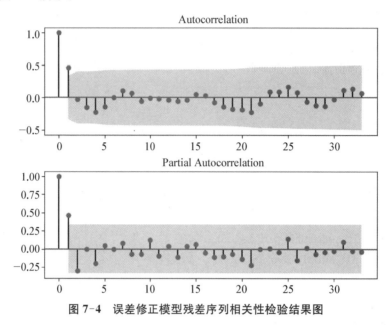

图 7-4　误差修正模型残差序列相关性检验结果图

由图 7-4 可知,误差修正模型的残差中具有序列相关(阴影部分未能包含所有小圆点,0 号除外),不是白噪声序列,因此必须在误差修正模型中加入自变量或因变量的滞后项,以消除其序列相关性。

选择加入一列 LGDP 一阶差分的滞后 1 期值,即 $\nabla LGDP_{t-1}$。

对新的误差修正模型进行回归分析,程序代码改编于程序 7。

代码如下(程序 9):

```
1.  import statsmodels.api as sm
2.  import pandas as pd
3.  import numpy as np
4.
5.  data = pd.read_excel('C:\\Users\\yongzheng\\Desktop\\experiment77.xlsx')
6.  i = data[['INVEST']]
7.  s = data[['SAVE']]
8.  X = np.column_stack((i,s))
9.  y = data[['LGDP']]
10. X = sm.add_constant(X)
11. #进行第一次回归分析
```

```
12. mod = sm.OLS(y,X)
13. res = mod.fit()
14. #求残差
15. RES = res.model.endog - res.fittedvalues
16.
17. #对data中所有数据序列求一阶差分
18. data = data.diff().dropna()
19. #将求过差分的LGDP滞后一期,即∇LGDP_{t-1}
20. l = data[['LGDP']].shift(periods = 1).dropna()
21. #将data中的所有数据上移一位,删除第一期数据
22. data = data.shift(periods = -1).dropna()
23. #将残差序列下移一位,即滞后一期,然后上移一位,删除第一期数据
24. r = RES.shift(periods = 1).dropna().shift(periods = -1).dropna()
25. #data中取出需要的自变量数据
26. i = data[['INVEST']]
27. s = data[['SAVE']]
28. #将∇LGDP_{t-1}加入自变量
29. X = np.column_stack((i,s,r,l))
30. y = data[['LGDP']]
31. X = sm.add_constant(X)
32. #进行第二次回归分析
33. mod = sm.OLS(y,X)
34. res = mod.fit()
35. print(res.summary())
36.
```

上述程序代码的简单解释：

(17—24)用diff求出data的一阶差分，然后将求过差分的LGDP下移一位(滞后一期，最后一期的数据会自动删除)，然后用dropna去掉NaN项。可以想象一下，当一个整整齐齐的数据表格中，某一列的数据下移了一位，第一行就会空出一个位置，所以第一行的数据不再满足分析要求，需要全部删除。第22行代码是将data中的数据(含有自变量INVEST和SAVE以及因变量LGDP)删除第一期数据，第24行代码是将残差项删除第一期数据。

注意：第24行代码表示先上移一位，再下移一位，看起来不变化，其实由于每次移动都会删除相应的数据，所以两次移动都不可少，dropna也必须用两次。

(25—35)将四个自变量i、s、r和l聚合成X，然后进行第二次回归分析。i、s、r和l分别代表∇INVEST$_t$、SAVE$_t$、RES$_{t-1}$和∇LGDP$_{t-1}$。

结果如图7-5所示。

```
                            OLS Regression Results
==============================================================================
Dep. Variable:                   LGDP   R-squared:                       0.475
Model:                            OLS   Adj. R-squared:                  0.400
Method:                 Least Squares   F-statistic:                     6.326
Date:                Tue, 13 Feb 2018   Prob (F-statistic):           0.000931
Time:                        14:20:14   Log-Likelihood:                 98.378
No. Observations:                  33   AIC:                            -186.8
Df Residuals:                      28   BIC:                            -179.3
Df Model:                           4
Covariance Type:            nonrobust
==============================================================================
                 coef    std err          t      P>|t|      [0.025      0.975]
------------------------------------------------------------------------------
const          0.0176      0.009      2.065      0.048       0.000       0.035
x1             0.0008      0.001      0.830      0.414      -0.001       0.003
x2             0.0004      0.001      0.685      0.499      -0.001       0.002
x3            -0.1477      0.053     -2.791      0.009      -0.256      -0.039
x4             0.5221      0.182      2.873      0.008       0.150       0.894
==============================================================================
Omnibus:                        7.342   Durbin-Watson:                   1.594
Prob(Omnibus):                  0.025   Jarque-Bera (JB):                6.229
Skew:                          -0.728   Prob(JB):                       0.0444
Kurtosis:                       4.552   Cond. No.                         602.
==============================================================================
```

图 7-5 新的误差修正模型的估计结果图

然后,需要对新的误差修正模型的残差进行序列相关性检验,具体代码请参照程序 8(注意不要缺少相应模块的导入),结果如图 7-6 所示。

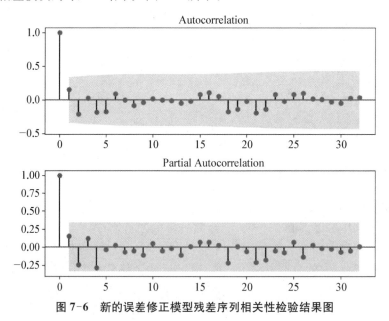

图 7-6 新的误差修正模型残差序列相关性检验结果图

由图 7-6 可知,新的误差修正模型的残差中不再具有序列相关(阴影部分包含所有小圆点,0 号除外),是白噪声序列,新的误差修正模型是有效模型。

综上所述,1980—2014 年,代表中国经济增长的中国实际 GDP 的对数序列{LGDP}和代表中国金融中介发展的金融机构存款与名义 GDP 比率{SAVE}序列、代表控制变量的全社会固定资产投资与名义 GDP 的比率{INVEST}序列都是不平稳的,但对其进行一阶差分后序列平稳,即各序列都是一阶单整。继而对其进行协整分析,进行普通最小二乘回归后,残差在 0.05 的显著性水平下也平稳,说明变量间存在协整关系,进而建立了短期波动的误差修正模型。

协整回归显示:长期来看,金融机构存款与名义 GDP 比率和全社会固定资产投资与名义 GDP 的比率对中国实际 GDP 的对数值有显著性影响;误差修正模型显示:金融机构存款与名义 GDP 比率的短期波动和全社会固定资产投资与名义 GDP 比率的短期波动对中国实际 GDP 对数值的短期波动影响并不显著,但上期误差对中国实际 GDP 对数值的短期波动有显著性影响。同时,从回归系数的绝对值大小可以看出上期误差对中国实际 GDP 对数值的短期波动调整幅度较小,单位调整比例为 -0.1477。

六、实验报告要求

1. 实验目的明确,实验过程清晰,实验结论准确。
2. 实验报告在下一次实验课前上交。
3. 实验成绩的考核:实验课上遵守纪律的情况、出勤情况等占 40%,实验报告占 60%。

七、思考题

1. 利用 python,对自己感兴趣的一组经济或金融变量,进行 ADF 检验。
2. 若存在协整关系,利用 python 进行最小二乘回归,建立长期协整关系模型和短期误差修正模型。
3. 自行编程对新误差修正模型的残差进行序列相关性分析。

八、注意事项

1. 注意实验数据的时效性,尽量选择最近年份。
2. 注意实验中所建模型的经济意义,要对其含义进行合理解释。
3. 注意实验中步骤的严谨性,否则很容易报错。

实验八 序列相关和 ARIMA 模型分析

>>>>>> 金融仿真综合实验

一、实验目的

1. 了解 AR、MA 以及 ARIMA 模型的特点,以及三者之间的区别联系。
2. 了解 AR 与 MA 的转换,掌握如何利用自相关系数和偏自相关系数对 ARIMA 模型进行识别。
3. 利用最小二乘法等方法对 ARIMA 模型进行估计。
4. 利用信息准则对估计的 ARIMA 模型进行诊断。
5. 如何利用 ARIMA 模型进行预测。

二、实验内容

1. AR、MA 以及 ARIMA 模型。
2. 信息熵。
3. 根据我国货币供应量的月度时间数据建立合适的 ARIMA(p,d,q)模型,并利用此模型进行数据的预测。

三、实验原理

所谓 ARIMA 模型,是指将非平稳时间序列转化为平稳时间序列,然后将因变量仅对它的滞后值以及随机误差项的现值和滞后值进行回归所建立的模型。ARIMA 模型根据原序列是否平稳以及回归中所含部分的不同,包括移动平均过程(MA)、自回归过程(AR)、自回归—移动平均过程(ARMA)以及齐次非平稳过程(ARIMA)。

(一) 自回归模型(AR)

$$x_t = \sum_{m=0}^{M} a_m x_{t-m} + e_t \tag{8-1}$$

在 AR 模型中,序列 $\{x_t\}$ 的当前值由序列 $\{e_t\}$ 的当前值和序列 $\{x_t\}$ 的前一个长度为 M 的窗口内序列值决定。

自回归过程是一个变量在时间的某一点的变化,相对于前期的变化是线性的。一般来说相关性随着时间呈指数下降,且在比较短的周期内消失。

在高频的金融时间序列中(如日交易),因为数据是最基本的交易数据,而且交易者相互影响,所以通常显示明显的自回归倾向。可以预期这个性质,因为高频率数据是基本的交易数据,而交易者的确相互影响。但是,如果以周或者月为周期,这个过程就会减少,因为当时间区间加长时,来自交易的相关作用降低。

(二) 移动平均模型(MA)

$$x_t = \sum_{n=0}^{N} b_n e_{t-n} = b_0 e_t + b_1 e_{t-1} + \cdots + b_n e_{t-n} \qquad (8-2)$$

式(8-2)说明序列 $\{x_t\}$ 的当前值由序列 $\{e_t\}$ 从当前值前推长度为 N 的窗口内序列值决定。

在平均移动模型(MA)中,时间序列是一种未观测到的时间序列的平均移动的结果,如下:

$$C_n = c \times e_{n-1} + e_n \qquad (8-3)$$

e 为一个独立同分布的随机变量,c 为常数,且 $c \leqslant 1$。

在平均移动参数 c 上的限制保证了过程是可以转换的,这表明未来事件不太可能影响现在的事件,而且此过程是稳定的;对于 e 的限制,如同 AR 过程中的 e,是一个具有零均值和方差为 r 的独立同分布随机变量。

已观测到的时间序列 C 是未来观测到随机时间序列平均移动的结果。由于平均移动过程,所有过去和短期记忆的结果存在一个线性的依赖。

(三) 自回归—移动平均模型(ARMA)

ARMA 由 AR 和 MA 两个部分组成,形式如下:

$$x_t = \sum_{m=1}^{M} a_m x_{t-m} + e_t + \sum_{n=0}^{N} b_t e_{t-n} \qquad (8-4)$$

在 ARMA 模型中,序列 $\{x_t\}$ 的当前值由序列 $\{e_t\}$ 的当前值从当前值前推长度为 N 的窗口内序列值以及序列 $\{x_t\}$ 的前一个长度为 M 的窗口内序列值一起决定。

在自回归—移动平均模型中,既存在自回归项,又有平均移动项:

$$C_n = a \times C_{n-1} + e_l - b \times e_{l-1} \qquad (8-5)$$

此模型属于混合模型,称为 ARMA(p,q)。p 为自回归项的个数,q 为平均移动项的个数。也就是说,对于一个 ARMA(2,0)过程,和 AR(2)一样,而一个 ARMA(0,2)过程又和 MA(2)一样,但是 ARMA 还是一个无记忆的过程。

(四) 齐次非平稳模型(ARIMA)

AR 和 ARMA 两个模型合并为一个更一般的过程,即齐次非平稳模型,也称为自回归集中移动平均模型。ARIMA 模型专门用于不稳定的时间序列,这些不稳定的过程在它们的均值和方差里,有一个不稳定的倾向,但是由于采用数据的累次差分,所以其结果是平稳的。例如,因为有了长期增长因素,价格序列就是不稳定的了,它可以任意无边界地增长,以至于使价格自身不再倾向平均值。但是,有效市场假说能接受的是价格或者收入的变化是稳定的。而且,一般价格的变化是用百分比表示的。在这种情况下,可以用对数差分表示,这是一阶差分的情况,在一些序列里,高阶差分可以让数据稳定。

假定 W_i 是一个 ARMA(p,q)过程,那么 C_t 被认为是 (p,d,q) 阶的整合 ARIMA,其

中，p 是自回归项的个数，q 是平均移动项的个数，d 是所需差分化运算的次数。如果 C_t 是一个 ARIMA(p,d,0)过程，那么 W_i 是一个 AR(p)过程；同样，如果 C_t 是一个 ARIMA(0,d,q)过程，则 W_i 是一个 MA(0,q)。典型的 ARIMA(p,d,q)模型考虑整数差分。

在 ARIMA 模型的识别过程中，主要用到两个工具：自相关函数（简称 ACF）和偏自相关函数（简称 PACF），以及它们各自的相关图（即 ACF、PACF 相对于滞后长度描图）。对于一个序列 $\{Y_t\}$ 来说，它的第 j 阶自相关系数（记作 ρ_j）定义为它的 j 阶自协方差除以它的方差，即 $\rho_j = \gamma_j/\gamma_0$，它是关于 j 的函数，因此也称之为自相关函数，通常记为 ACF(j)。偏自相关函数 PACF(j)度量了消除中间滞后项影响后两滞后变量之间的相关关系。

四、实验过程

根据 1995 年 1 月至 2005 年 1 月我国货币供应量（广义货币 M2）的月度时间数据来说明在 Eviews 软件中如何利用 Box-Jenkins 法建立合适的 ARIMA(p,d,q)模型，并利用此模型进行数据的预测。

（一）ARIMA 模型的识别

1. 导入数据

打开 Eviews 软件，选择"File"菜单中的"New — Workfile"选项，出现"Workfile Range"对话框，在"Workfile frequency"框中选择"Monthly"，在"Start date"和"End date"框中分别输入"1991：01"和"2005：01"，然后单击"OK"，工作文件夹建立完毕。

如果采用命令方式，则用命令 create 数据类型时间段。其中数据类型为 a，则表示数据类型为年度数据；如果数据类似为 s，则表示数据类型为半年度数据；如果数据类型为 Q，则表示数据类型为季度数据；如果数据类型为 M，则表示数据类型为月度数据；如果数据类型为 w，则表示数据类型为星期数据；如果数据类型为 5，则表示数据类型为一周 5 个工作日；如果数据类型为 7，则表示数据类型为一周 7 个工作日。

选择"File"菜单中的"Import — Read Text-Lotus-Excel"选项，找到要导入的名为 EX6.2.xls 的 Excel 文档，单击"打开"出现"Excel Spreadsheet Import"对话框，并在其中输入相关数据名称（M2），再单击"OK"完成数据导入。

2. 模型的识别

首先利用 ADF 检验，确定 d 值，判断 M2 序列为 4 阶非平稳过程（由于具体操作方法已在第五章中予以说明，此处略），即 d 的值为 4，将四次差分后得到的平稳序列命名为 m24；下面来看 m24 的自相关、偏自相关函数图。打开 m24 序列，点击"View"中"Correlogram"菜单，会弹出如图 8-1 所示的窗口。

图 8-1　自相关形式设定

选择滞后项数为36,然后点击"OK",就得到了 m24 的自相关函数图和偏自相关函数图,如图 8-2 所示。

```
Autocorrelation  Partial Correlation      AC     PAC    Q-Stat  Prob

                                     1  -0.672 -0.672  48.824  0.000
                                     2   0.052 -0.730  49.116  0.000
                                     3   0.336 -0.370  61.568  0.000
                                     4  -0.306 -0.060  72.002  0.000
                                     5   0.041 -0.034  72.193  0.000
                                     6   0.135 -0.165  74.267  0.000
                                     7  -0.041  0.190  74.460  0.000
                                     8  -0.202 -0.024  79.195  0.000
                                     9   0.314 -0.057  90.748  0.000
                                    10  -0.132  0.191  92.800  0.000
                                    11  -0.226 -0.122  98.912  0.000
                                    12   0.427 -0.141  120.93  0.000
                                    13  -0.285  0.004  130.81  0.000
                                    14  -0.029  0.100  130.92  0.000
                                    15   0.218  0.016  136.83  0.000
                                    16  -0.144  0.073  139.43  0.000
                                    17  -0.087 -0.042  140.40  0.000
                                    18   0.204 -0.145  145.78  0.000
                                    19  -0.053  0.059  146.14  0.000
                                    20  -0.231 -0.042  153.20  0.000
                                    21   0.387  0.080  173.19  0.000
                                    22  -0.256  0.066  182.05  0.000
                                    23  -0.068 -0.031  182.69  0.000
                                    24   0.286 -0.100  194.06  0.000
                                    25  -0.233 -0.105  201.69  0.000
                                    26   0.051  0.155  202.06  0.000
                                    27   0.040 -0.011  202.29  0.000
                                    28   0.032 -0.020  202.44  0.000
                                    29  -0.172 -0.039  206.82  0.000
                                    30   0.210  0.034  213.45  0.000
                                    31  -0.062  0.024  214.03  0.000
                                    32  -0.177 -0.029  218.85  0.000
                                    33   0.308 -0.027  233.69  0.000
                                    34  -0.206  0.018  240.39  0.000
                                    35  -0.048 -0.037  240.77  0.000
                                    36   0.214 -0.004  248.24  0.000
```

图 8-2　m24 自相关函数图和偏自相关函数图

p、q 阶数的确定:如果自相关函数以几何速度平稳地衰减,偏自相关函数在一期滞后以后为 0,则建议采用一阶自回归模型;相反,如果自相关函数在一期滞后以后为 0,而偏自相关函数呈几何衰减,则可以采用一阶移动平均过程。

表 8-1　p、q 阶数的确定

自相关系数	偏相关系数	模型定阶
拖　尾	p 阶截尾	AR(p)模型
q 阶截尾	拖　尾	MA(q)模型
拖　尾	拖　尾	ARMA(p,q)模型

从 m24 的自相关函数图和偏自相关函数图中可以看到,它们都是拖尾的,因此可设定为 ARMA 过程。m24 的自相关函数 1 阶是显著的,并且从第 2 阶开始下降很大,数值也不太显著,因此先设定 q 值为 1。m24 的偏自相关函数 1－3 阶都很显著,并且从第 4 阶开始下降很大,因此先设定 p 的值为 3,于是对于序列 m24,初步建立了 ARMA(3,1)模型。

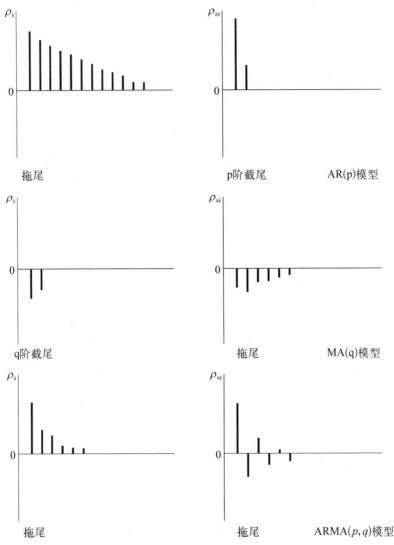

图8-3　p、q 阶数的确定

(二) 模型的估计

点击"Quick"中"Estimate Equation",会弹出如图8-4所示的窗口,在"Equation Specification"空白栏中键入"m24 C AR(1) MA(1) AR(2) AR(3)",在"Estimation Settings"中选择"LS-Least Squares(NLS and ARMA)",然后点击"OK",得到如图8-5所示的回归结果。

可以看到,除常数项外,其他解释变量的系数估计值在15%的显著性水平下都是显著的。

(三) 模型的诊断

点击"View"中"Residual test"下的"Correlogram-Q-statistics",在弹出的窗口中选择滞后阶数为36,点击"OK",就可以得到Q统计量,此时为31.163,p 值为0,因此不能拒绝原假设,可以认为该模型较好地拟合了数据。

图 8-4 回归方程设定

Variable	Coefficient	Std. Error	t-Statistic	Prob.
C	-0.272095	1.822291	-0.149315	0.8816
AR(1)	-1.415639	0.094860	-14.92352	0.0000
AR(2)	-1.217346	0.123905	-9.824834	0.0000
AR(3)	-0.392799	0.097338	-4.035397	0.0001
MA(1)	-0.996957	0.001855	-537.4756	0.0000

R-squared	0.924460	Mean dependent var	-66.79412	
Adjusted R-squared	0.921345	S.D. dependent var	8007.022	
S.E. of regression	2245.609	Akaike info criterion	18.31912	
Sum squared resid	4.89E+08	Schwarz criterion	18.44779	
Log likelihood	-929.2750	Hannan-Quinn criter.	18.37122	
F-statistic	296.7722	Durbin-Watson stat	2.084871	
Prob(F-statistic)	0.000000			

Inverted AR Roots	-.45+.74i	-.45-.74i	-.52
Inverted MA Roots	1.00		

图 8-5 ARMA(3,1)回归结果

注意：Q 统计量是 Box 和 Pierce(1970)中提出的，修正的 Q 统计量即 Eviews 中提供的值为 Liung 和 Box()中提出的。Q 统计量主要是检验序列是否为白噪声过程，由残差序列的自相关系数计算而得，服从卡方分布。如果 Q 统计量小于临界值，则接受原假设，认为序列不存在自相关。如果 Q 统计量里的自相关系数由回归残差的平方序列计算而得，则可以用于检验自回归条件异方差性是否存在。

再来看是否存在一个更好的模型。其做法是增加模型的滞后长度，然后根据信息值来判断。表 8-2 是试验的几个 p，q 值的 AIC 信息值。

表 8-2 不同 p，q 值的 AIC 信息值

p	3	3	3	3	2	2	2	2	2	4	4	4
q	1	2	3	4	1	2	3	4	5	1	2	3
AIC	18.319	17.918	17.88	18.01	18.435	17.921	17.71	17.68	17.747	18.29	17.88	17.81

可以看到，根据 AIC 信息值，应选择 $p=2$、$q=4$，因此建立的模型是 ARMA(2,4)，如图 8-6 所示。

Variable	Coefficient	Std. Error	t-Statistic	Prob.
C	-0.022365	0.055686	-0.401631	0.6888
AR(1)	-0.827158	0.198712	-4.162588	0.0001
AR(2)	-0.438870	0.092598	-4.739508	0.0000
MA(1)	-2.308467	0.211003	-10.94046	0.0000
MA(2)	1.176689	0.606565	1.939923	0.0553
MA(3)	0.588312	0.583352	1.008502	0.3157
MA(4)	-0.456134	0.187644	-2.430849	0.0169
R-squared	0.960958	Mean dependent var		-68.89320
Adjusted R-squared	0.958517	S.D. dependent var		7967.703
S.E. of regression	1622.802	Akaike info criterion		17.68724
Sum squared resid	2.53E+08	Schwarz criterion		17.86630
Log likelihood	-903.8928	Hannan-Quinn criter.		17.75976
F-statistic	393.8113	Durbin-Watson stat		1.944198
Prob(F-statistic)	0.000000			
Inverted AR Roots	-.41-.52i	-.41+.52i		
Inverted MA Roots	.95+.05i	.95-.05i	.95	-.53

图 8-6　ARMA(2,4)回归结果

由于有的参数 t 检验不显著，因此最终方程为不含常数项的 ARMA(2,4)，如图 8-7 所示。

Variable	Coefficient	Std. Error	t-Statistic	Prob.
AR(1)	-0.918112	0.172309	-5.328275	0.0000
AR(2)	-0.413257	0.093914	-4.400387	0.0000
MA(1)	-2.141509	0.178247	-12.01430	0.0000
MA(2)	0.762587	0.495066	1.540373	0.1267
MA(3)	0.927173	0.473833	1.956752	0.0533
MA(4)	-0.547351	0.155254	-3.525526	0.0006
R-squared	0.959624	Mean dependent var		-68.89320
Adjusted R-squared	0.957543	S.D. dependent var		7967.703
S.E. of regression	1641.754	Akaike info criterion		17.70141
Sum squared resid	2.61E+08	Schwarz criterion		17.85488
Log likelihood	-905.6224	Hannan-Quinn criter.		17.76357
Durbin-Watson stat	2.029947			
Inverted AR Roots	-.46-.45i	-.46+.45i		
Inverted MA Roots	.94-.06i	.94+.06i	.93	-.67

图 8-7　不含常数项的 ARMA(2,4)回归结果

（四）模型的预测

点击"Forecast"，会弹出如图 8-8 所示的窗口。在 Eviews 中有两种预测方式："Dynamic"和"Static"，前者是根据所选择的一定的估计区间，进行多步向前预测；后者是只滚动地进行向前一步预测，即每预测一次，用真实值代替预测值，加入到估计区间，再进行向

前一步预测。首先用前者来估计 2003 年 1 月到 2005 年 1 月的 W24,在"Sample range for forecast"空白栏中键入"2003:01 2005:01"(如图 8-8 所示),选择"Dynamic"。其他的一些选项,诸如预测序列的名称以及输出结果的形式等,可以根据目的自行选择,不再介绍,点击"OK",得到如图 8-9 所示的预测结果。

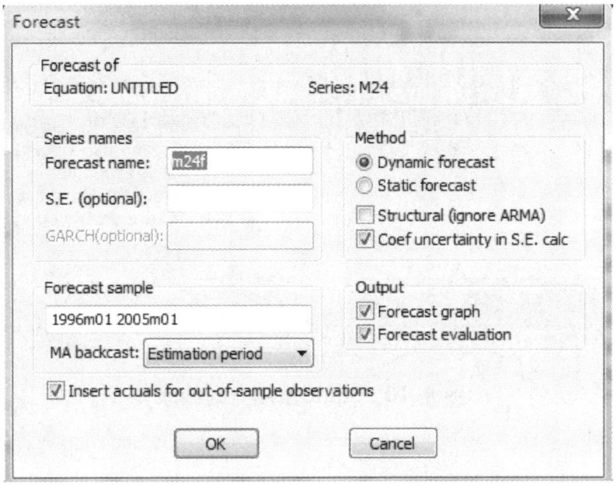

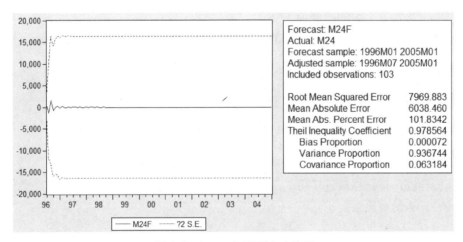

图 8-8 ARMA(2,4)模型预测设定

图 8-9 Dynamic 预测方式结果

图 8-9 中实线代表的是 m24 的预测值,两条虚线则提供了 2 倍标准差的置信区间。可以看到,正如在前面所讲的,随着预测时间的增长,预测值很快趋向于序列的均值(接近 0)。图的右边列出的是评价预测的一些标准,如平均预测误差平方和的平方根(RMSE)、Theil 不相等系数及其分解。可以看到,Theil 不相等系数为 0.936,表明模型的预测能力不太好,而对它的分解表明偏误比例很小,方差比例较大,说明实际序列的波动较大,而模拟序列的波动较小,这可能是由于预测时间过长。

下面再利用"Static"方法来估计 2004 年 1 月至 2005 年 1 月的 m24(操作过程略),可以得到如图 8-10 所示的结果。从图 8-10 中可以看到,"Static"方法得到的预测值波动性要大;同时,方差比例的下降也表明较好地模拟了实际序列的波动。Theil 不相等系数为 0.10,其中协方差比例为 0.99,表明模型的预测结果较理想。

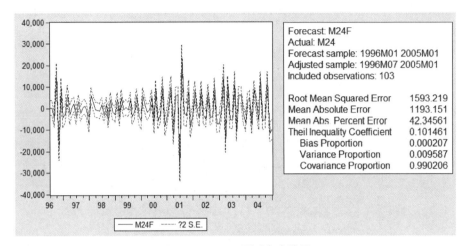

图 8-10 Static 预测方式结果

五、实验报告要求

1. 实验目的明确,实验过程清晰,实验结论准确。
2. 实验报告在下一次实验课前上交。
3. 实验成绩的考核:实验课上遵守纪律的情况、出勤情况等占 40%,实验报告占 60%。

六、思考题

1. 结合实验案例论述 ARIMA 模型的特点。
2. 总结建立实证模型的心得体会。

七、注意事项

1. 实验数据尽量选择最近年份。
2. 实验样本的可比性。

实验九　大豆期货价格的波动非对称性效应

一、实验目的

1. 加深对时间序列平稳性的理解。
2. 掌握如何利用自相关系数和偏自相关系数对 ARMA 模型进行识别,利用最小二乘法等方法对 ARMA 模型进行估计。
3. 利用信息准则对估计的 ARCH 模型进行诊断,了解期货市场收益率及波动率的基本特征。
4. 熟悉 ARCH 类模型族的应用。

二、实验原理

1. 用 Eviews 估计线性回归模型的基本操作。
2. 时间序列数据平稳性及其检验方法。
3. 了解 ARMA 模型的结构及估计方法。
4. 了解 ARCH 模型的结构及估计方法。

三、实验内容

本实验中选择了豆一收盘价进行分析,所有数据均来自 wind 金融资讯客户端。样本期为 2008 年 1 月 1 日至 2013 年 12 月 31 日的日数据(共计 1 456 个指数数据)。通过 Excel 对数据进行初步整理,并将数据保存在名为"豆一收盘价整理"的工作文件中。

1. 用 E-Views 计算时间序列数据的样本自相关系数和 QLB 统计量。
2. 用 E-Views 对时间序列进行单位根检验。
3. 估计时间序列的 ARMA 模型,进行参数检验分析与预测。
4. 估计时间序列的 ARCH 模型,对时间序列的波动性进行分析。

四、理论模型

(一) ARIMA 模型

该模型全称为自回归移动平均模型(Autoregressive Integrated Moving Average Model,简记 ARIMA),是由博克思(Box)和詹金斯(Jenkins)于 20 世纪 70 年代初提出的一著名时间序列预测方法,又称为 Box-Jenkins 法。其中,ARIMA(p,d,q)称为差分自回归移动平均模型,AR 是自回归,p 为自回归项;MA 为移动平均,q 为移动平均项数,d 为时间序列成为平稳时所做的差分次数。ARIMA 模型的基本思想是:将预测对象随时间推移而形成的数据序列视为一个随机序列,用一定的数学模型来近似描述这个序列。这个模型一旦被识别后就可以从时间序列的过去值及现在值来预测未来值。

建立 ARIMA 模型的基本步骤:根据时间序列的散点图、自相关函数和偏自相关函数图,以 ADF 单位根检验其方差、趋势及其季节性变化规律,对序列的平稳性进行识别。如果数据序列是非平稳的,并存在一定的增长或下降趋势,则需要对数据进行差分处理。如果数据存在异方差,则需对数据进行技术处理,直到处理后的数据的自相关函数值和偏相关函数值无显著地异于零。其次,根据时间序列模型的识别规则,建立相应的模型,若平稳序列的偏相关函数是截尾的,而自相关函数是拖尾的,可断定序列适合 AR 模型;若平稳序列的偏相关函数是拖尾的,而自相关函数是截尾的,则可断定序列适合 MA 模型;若平稳序列的偏相关函数和自相关函数均是拖尾的,则序列适合 ARMA 模型,进行参数估计,检验是否具有统计意义。最后是进行假设检验,诊断残差序列是否为白噪声,并可利用已通过检验的模型进行预测分析。

ARCH 模型是 1982 年由恩格尔(Engle,R.)提出,并由博勒斯莱文(Bollerslev,T.,1986)发展成为 GARCH 模型(Generalized ARCH)——广义自回归条件异方差。在此基础上产生了很多根据实际金融数据特征改进而成的模型,发展形成了庞大的 GARCH 类模型族,这些模型被广泛应用于经济学的各个领域,尤其在金融时间序列分析中。

(二) ARCH 模型

ARCH 模型由两个如下两个公式组成:

$$R_t = \beta_0 + \sum_{i=1}^{p} \beta_i x_{t-i} + \mu_t \tag{9-1}$$

$$\sigma_t^2 = \alpha_0 + \sum_{i=1}^{q} \alpha_i \mu_{t-i}^2 \tag{9-2}$$

式(9-1)为均值方程,式(9-2)为方差方程,两者构成 q 阶 ARCH 模型,式(9-2)表明 t 期的随机误差项 μ_t 的条件方差与过去若干随机误差项的平方有关,这个影响是持续并且正向的,可以理解为较大的误差后面一般紧跟着较大的误差,较小的误差后面一般紧跟着较小的误差,从而出现波动集群现象。若 ARCH 项 $\sum_{i=1}^{q} \alpha_i \mu_{t-i}^2$ 检验结果高度显著,则表明大豆期货日收益率序列具有波动集群现象。在实际运用中,经常需要很大的阶数才能够得到比较理想的拟合效果,因此参数估计量多,容易出现多重共线性的问题。

(三) GARCH 模型

GARCH 模型是对 ARCH 模型的拓展,在 ARCH 模型的式(9-2)中加入条件方差自身的滞后项,其组成为:

$$R_t = \beta_0 + \sum_{i=1}^{p} \beta_i x_{t-i} + \mu_t \tag{9-3}$$

$$\sigma_t^2 = \alpha_0 + \sum_{i=1}^{q} \alpha_i u_{t-i}^2 + \sum_{i=1}^{p} \omega_i \sigma_{t-i}^2 \tag{9-4}$$

$\sum_{i=1}^{q} \alpha_i \mu_{t-i}^2$ 为 ARCH 项,$\sum_{i=1}^{p} \omega_i \sigma_{t-1}^2$ 为 GARCH 项,q 和 p 代表各自的滞后阶数,如果两者的

检验结果都显著,说明大豆期货日收益率序列具有显著的波动集群性。GARCH 模型将方差波动分为两个部分,方差过去的波动 σ_{t-i} 和外部信息所带来的冲击 μ_{t-i}。滞后项的系数 α_i 和 ω_i 反映了它们对本期方差波动的影响程度,系数越大,对本期方差的波动作用更大。模型的系数之和 $\sum_{i=1}^{q}\alpha_i + \sum_{i=1}^{p}\omega_i$ 则反映 ARCH 项和 GARCH 项对方差波动的冲击的持续性:当系数之和小于 1 时,则说明对方差波动的冲击逐渐消失;当系数之和大于 1 时,则说明对方差波动的冲击会扩散。

(四) GARCH-M 模型

GARCH-M 模型在 GARCH 模型的基础上做了一个小变动,在 GARCH 模型的均值方程中加入了 σ_t,其形式为:

$$x_t = \beta_0 + \sum_{i=1}^{p}\beta_i x_{t-i} + \gamma \sigma_t + \mu_t \tag{9-5}$$

其中,$\gamma \sigma_t$ 表示大豆期货对风险补偿的大小,若系数 γ 为正,且 σ_t 项具有显著性,则说明大豆期货收益率与其风险成正比,具有高风险、高回报的特征。

(五) TARCH 模型

TARCH 模型最先由 Zakoian(1990)提出,在 GARCH 模型的基础上,给方差加上一个区分不同冲击的虚拟变量,其条件方差被设定为:

$$\sigma_t^2 = \alpha_0 + \sum_{i=1}^{q}\alpha_i \mu_{t-i} + \sum_{i=1}^{p}\omega_i \sigma_{t-i}^2 + \varphi d_{t-1}\mu_{t-i}^2 \tag{9-6}$$

其中,d_{t-1} 为虚拟变量,$d_{t-1} = \begin{cases} 0, \mu_{t-1} \geqslant 0(好消息冲击) \\ 1, \mu_{t-1} < 0(坏消息冲击) \end{cases}$。假如虚拟变量 d_{t-1} 的系数 $\varphi \neq 0$,则表明大豆期货收益率的波动存在非对称性;当 $\varphi > 0$,利空消息对于大豆期货收益率的冲击大于利好消息,反之亦然。

(六) EGARCH 模型

EARCH 模型,也即指数(Exponential GARCH)模型由 Nelson(1991)提出,其条件方差方程为:

$$\ln(\sigma_t^2) = \alpha_0 + \omega \ln(\sigma_{t-1}^2) + \phi \left| \frac{u_{t-1}}{\sqrt{\sigma_{t-1}^2}} \right| + \gamma \frac{\mu_{t-1}}{\sqrt{\sigma_{t-1}^2}} \tag{9-7}$$

式(9-7)左边是方差的对数,说明杠杆效应是指数的,因此方差的预测值是非负的。具体而言,只要 $\gamma \neq 0$,大豆期货收益率的波动就具有非对称性。当 $\gamma < 0$ 通过检验后,好消息 ($\mu_{t-1} > 0$),对方差的冲击为 $\varphi - \gamma$;坏消息 ($\mu_{t-1} < 0$),对方差的冲击为 $\varphi + \gamma$。

五、实验步骤

(一) 建立工作文件并导入数据

样本研究数据区间为 2008 年 1 月 1 日至 2013 年 12 月 31 日,数据取自 wind 金融资讯。为了克服期货价格的不连续性,以每个月成交量最大的合约为主力合约,再以其收盘价作为大豆期货的价格,共有 1 456 个样本。以这些期货日价格为基础,来计算期货的日收益率。

然后采用 Eviews7.2 对样本进行分析。点击 File/New/Workfile 建立工作文件，并输入数据或者导入数据。同时，在命令窗口输入 genr rt＝log(cp)－log(cp(－1))，生成一阶差分序列 rt，也即大豆期货收益率序列，日收益率 $R_t=\ln(P_t)-\ln(P_{t-1})$，其中 P_t、P_{t-1} 数据分别表示 t、$t-1$ 期收盘价。结果如图 9-1 至图 9-8 所示。

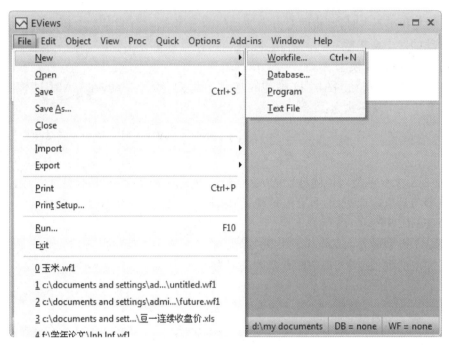

图 9-1　新建一个工作文件

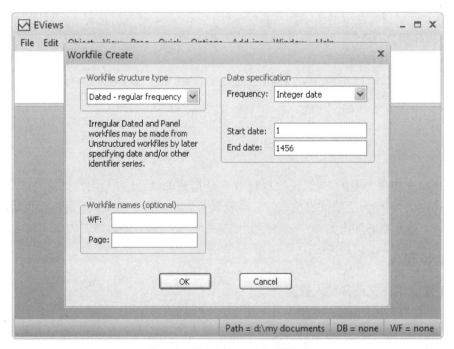

图 9-2　设定工作文件数据类型

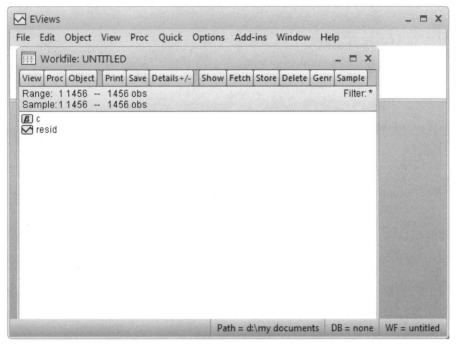

图 9-3　数据类型设定完毕

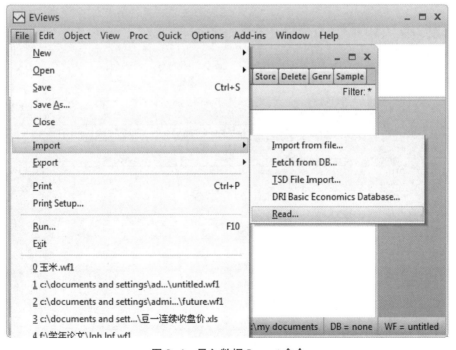

图 9-4　导入数据 Import 命令

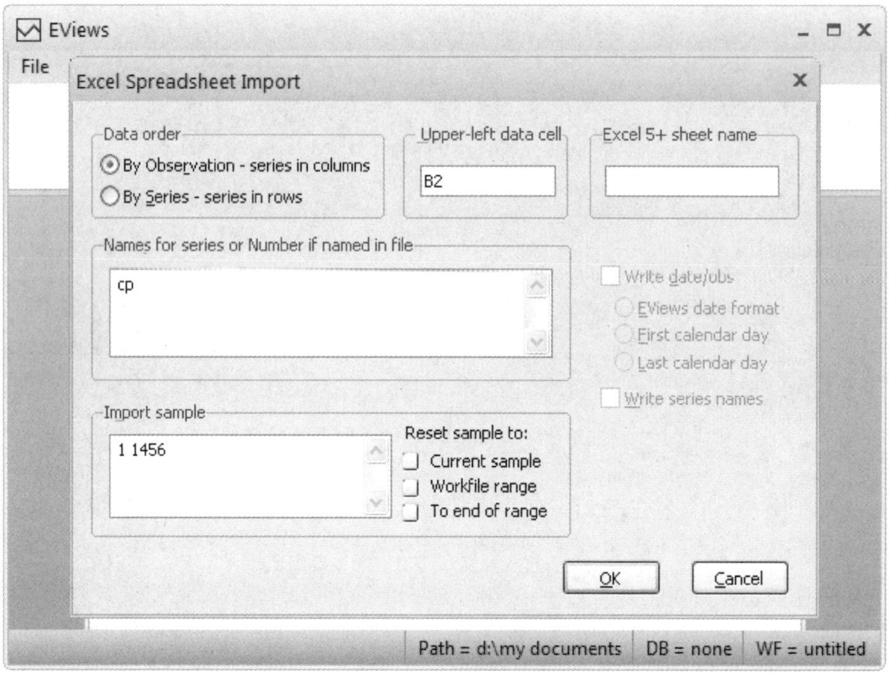

图 9-5　导入数据 CP

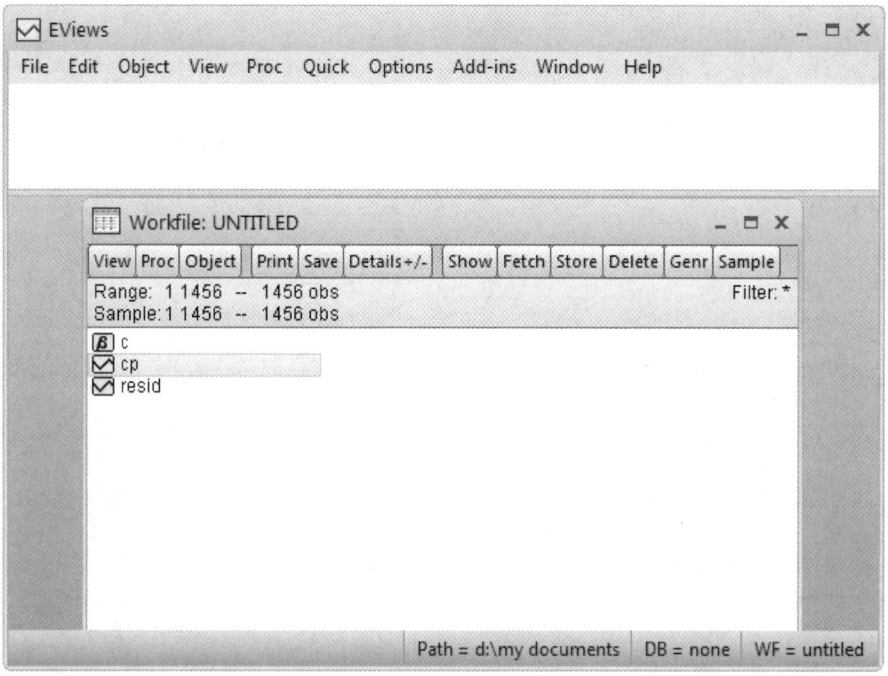

图 9-6　数据 CP 在文件中

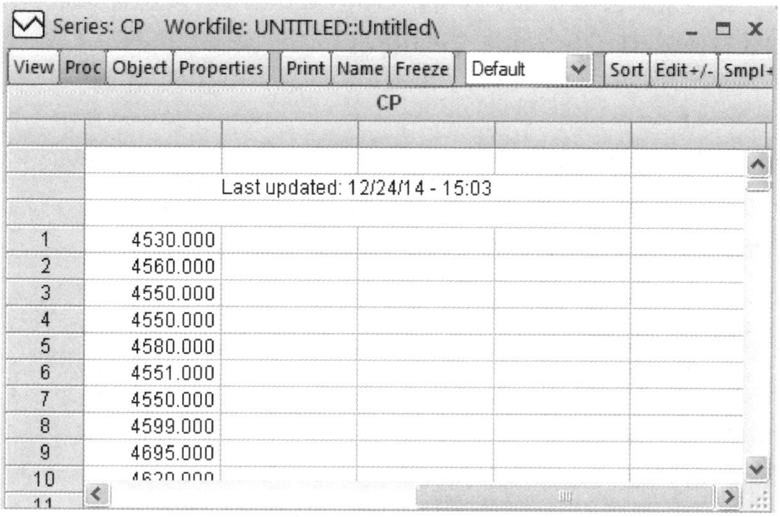

图 9-7　查看数据 CP 序列

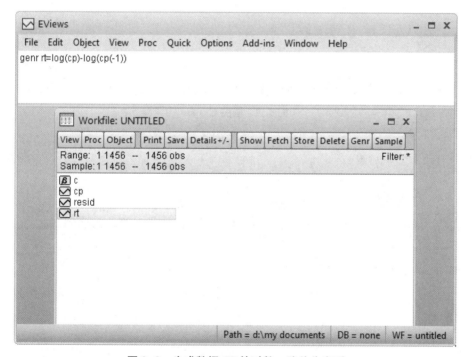

图 9-8　生成数据 CP 的对数一阶差分序列

(二) 显示大豆期货数据的时间路径图

从工作文件窗口菜单选择 Quick/Graph/Line Graph，给出大豆期货价格数据序列及其差分序列的曲线特征图，如图 9-9 至图 9-11 所示。

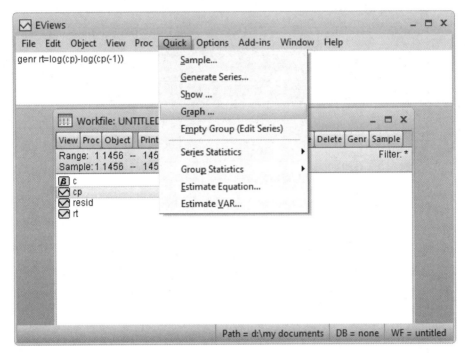

图 9-9　画图 Graph

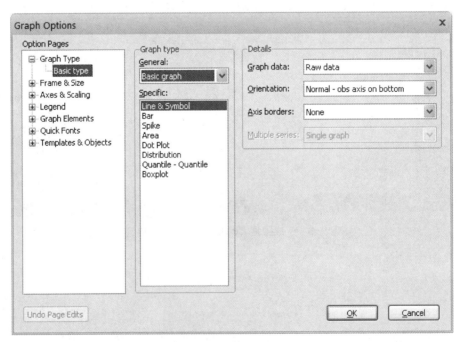

图 9-10　选择画图类型

图 9-11 大豆期货价格数据序列曲线图

同上,可作出大豆期货价格序列一阶差分曲线图,如图 9-12 所示。

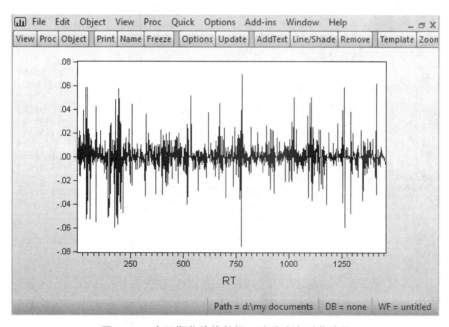

图 9-12 大豆期货价格数据一阶差分序列曲线图

从工作文件窗口菜单选择 Quick/Series Statistics/Histogram and Stats,则会显示大豆期货价格数据序列及其差分序列的描述统计量,如均值、方差、偏度、峰度、J-B 统计量(用于正态性检验)等。根据检验结果,观察 J-B 统计量的值。P 值接近 0,表明至少可在 99.99% 的置信水平下拒绝零假设(H0:序列服从正态分布;H1:序列不服从正态分布),即大豆期货价格数据序列及其差分序列不服从正态分布(如图 9-13 至图 9-15)。

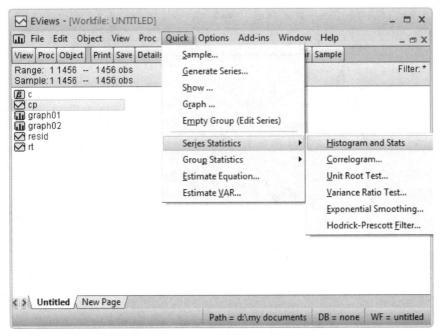

图 9-13　数据序列描述统计量命令菜单

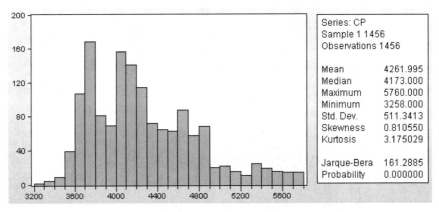

图 9-14　大豆期货日数据序列描述统计量

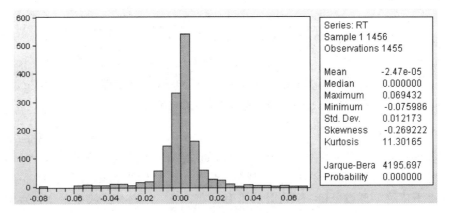

图 9-15　大豆期货价格日数据一阶差分序列描述统计量

(三) 计算大豆期货数据的样本自相关系数和 QLB 统计量

从序列窗口菜单选择 Quick/Series Statistics/Correlogram，给出组中序列的水平序列及其差分序列的自相关函数和偏自相关函数，在 Correlogram Specification 窗口，设定样本自相关系数的最大滞后期为 20，见图 9-16，按"OK"后，最后结果如图 9-17 所示。AC 为样本自相关系数，Q-Stat 即为 QLB 统计量，Autocorrelation 是样本自相关系数图。可见，无论是样本自相关图还是 QLB 统计量，均显示 CP 序列是非平稳序列，RT 序列是平稳序列。

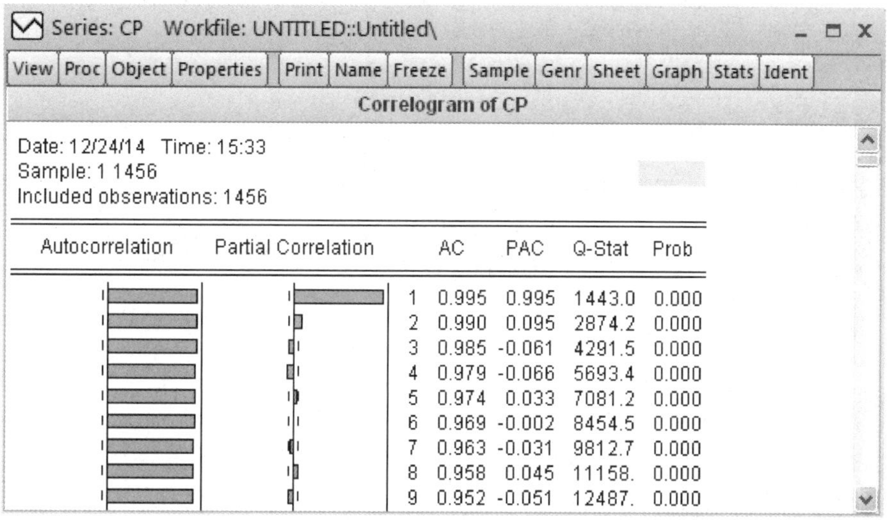

图 9-16 大豆期货价格数据序列相关函数图

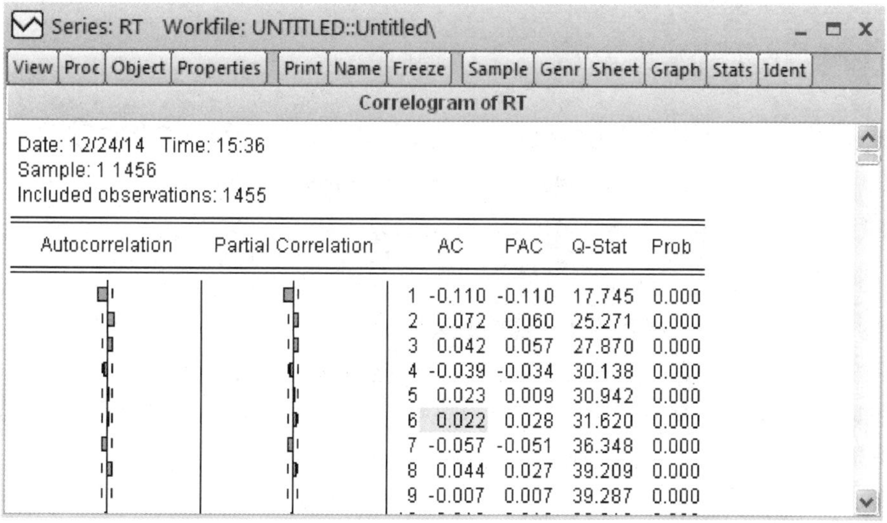

图 9-17 大豆期货价格日数据一阶差分序列相关函数图

从大豆期货价格序列的相关函数图、偏自相关函数图中可以看出，大豆期货价格序列的相关函数图呈线性缓慢衰减特征，说明大豆期货价格是一个非平稳序列。

(四) 对大豆期货数据序列进行单位根检验

出现"Unit Root Test"窗口后，在"Test Type"框中，选择检验类型是"Augmented

Dickey-Fuller"检验。在"Test for unit root in"框中,选择"level",表示是对 CP 序列进行检验。如果要对 CP 序列的一阶差分或二阶差分进行检验,则选"1stdifference"或"2stdefference"。在"Include in test equation"框中,选择"Intercept",表示检验方程包含截距项;选择"Trend and intercept",表示检验方程同时包含时间趋势和截距项;选择"None",表示检验方程不包含截距项和时间趋势;在"Laggeddifference",可以设定检验方程包含的差分序列的滞后期,具体设定见图 9-19。分别对收盘指数数据序列及其一阶差分序列进行单位根检验,每一个序列都分别选择了三种方程形式,下面是部分模拟结果,从中可以判断,CP 是非平稳序列,而 RT 序列则可以认定为平稳序列。

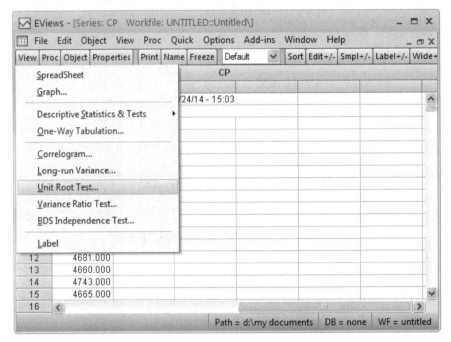

图 9-18 单位根检验命令

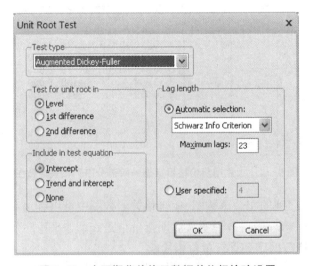

图 9-19 大豆期货价格日数据单位根检验设置

```
Null Hypothesis: CP has a unit root
Exogenous: Constant
Lag Length: 1 (Automatic - based on SIC, maxlag=23)
```

		t-Statistic	Prob.*
Augmented Dickey-Fuller test statistic		-1.827585	0.3673
Test critical values:	1% level	-3.434639	
	5% level	-2.863322	
	10% level	-2.567767	

*MacKinnon (1996) one-sided p-values.

```
Augmented Dickey-Fuller Test Equation
Dependent Variable: D(CP)
Method: Least Squares
Date: 12/24/14   Time: 15:44
Sample (adjusted): 3 1456
Included observations: 1454 after adjustments
```

图 9-20　大豆期货价格数据单位根检验结果

从图 9-20 可以看出，需检验的 CP 的 t 值为 -1.827585，大于 5% 水平下的 t 值 -2.863322，且 P 值为 0.3673 过大，所以可以判断 CP 是非平稳序列。

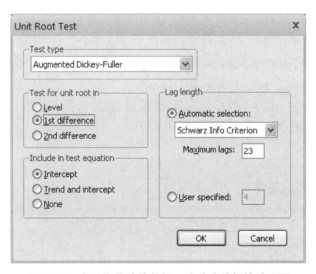

图 9-21　大豆期货价格数据一阶差分单根检验设置

从图 9-22 可以看出，需检验的 RT 的 t 值 -42.23808，小于 5% 水平下的 t 值 -2.863322，且 P 值为 0，所以可以判断 RT 是平稳序列。

（五）大豆期货序列的 ARMA 模型

作普通最小二乘法估计：在主菜单选"Quick\Estimate Equations"，进入输入估计方程对话框，输入待估计方程，选择估计方法——普通最小二乘法。点击"确定"进行估计，得到估计方程及其统计检验结果。应用 Box-Jenkins 方法时，要注意的一个重要的问题是，必须有一平稳的时间序列，或者是经过一次或多次差分而变为平稳的时间序列。假定平稳性的原因，可解释如下：该方法的目的，是要辨别并估计一个可解释为产生现有样本数据的统计

```
Null Hypothesis: D(CP) has a unit root
Exogenous: Constant
Lag Length: 0 (Automatic - based on SIC, maxlag=23)
```

		t-Statistic	Prob.*
Augmented Dickey-Fuller test statistic		-42.23808	0.0000
Test critical values:	1% level	-3.434639	
	5% level	-2.863322	
	10% level	-2.567767	

*MacKinnon (1996) one-sided p-values.

```
Augmented Dickey-Fuller Test Equation
Dependent Variable: D(CP,2)
Method: Least Squares
Date: 12/24/14   Time: 15:49
Sample (adjusted): 3 1456
Included observations: 1454 after adjustments
```

图 9-22　大豆期货价格数据一阶差分单根检验结果

模型，如果现在要把所估计的模型用于预测，必须假定该模型的特征在不同时期里特别是在将来的时期里保持不变。因此，要求有平稳数据的简单理由是，从这些数据推测出来的任何模型本身就可解释为平稳的或稳定的，从而为预测奠定有效的基础。因此，根据前面的分析 RI 序列可以认定为平稳序列。下面根据沪深 300 指数数据一阶差分序列的自相关函数图及偏自相关函数图进行 ARMA 模型拟合，进过反复试验，得到 RT 的 1 个模型 ARMA(2,2) 能够较好拟合的样本数据（如图 9-23 和图 9-24）。

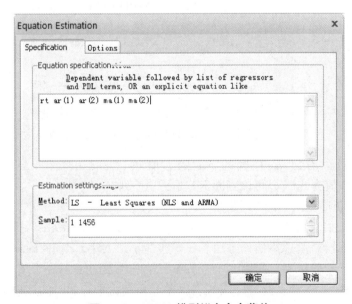

图 9-23　ARMA 模型拟合命令菜单

```
Dependent Variable: RT
Method: Least Squares
Date: 12/24/14   Time: 21:22
Sample (adjusted): 4 1456
Included observations: 1453 after adjustments
Convergence achieved after 18 iterations
MA Backcast: 2 3
```

Variable	Coefficient	Std. Error	t-Statistic	Prob.
AR(1)	-1.041764	0.090447	-11.51790	0.0000
AR(2)	-0.785795	0.070315	-11.17530	0.0000
MA(1)	0.948636	0.094444	10.04439	0.0000
MA(2)	0.744044	0.075053	9.913620	0.0000
R-squared	0.024186	Mean dependent var		-2.78E-05
Adjusted R-squared	0.022166	S.D. dependent var		0.012180
S.E. of regression	0.012045	Akaike info criterion		-5.997643
Sum squared resid	0.210212	Schwarz criterion		-5.983104
Log likelihood	4361.288	Hannan-Quinn criter.		-5.992218
Durbin-Watson stat	2.015554			

图 9-24　大豆期货价格数据一阶差分 ARMA(2,2)模型检验结果

RT 带漂移项 MA(1),MA(2)模型通过了检验,方程为：

$$RI(t) = -1.041764 RT(t-1) - 0.785795 RT(t-2) + 0.948636 u(t-2) + 0.744044 u(t-1) + u(t)$$

　　　　　(-11.51790)　　　(-11.17530)　　　(10.04439)　　　(9.913602)

　　　　　　$R^2 = 0.024186$　　　　　　　　DW=2.0

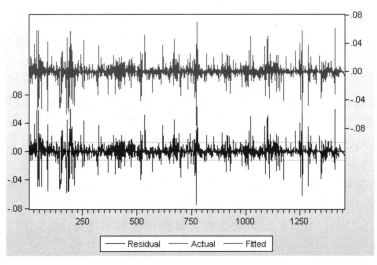

图 9-25　大豆期货日收益率 ARMA(2,2)模型拟合曲线

从图 9-25 可以初步得知,ARMA(2,2)模型存在自回归条件异方差。接下来对模型的误差项进行 ARCH 检验,看模型是否真的存在自回归条件异方差。经过若干次尝试,对模型的残差项滞后四期进行检验,结果如图 9-26 所示。

```
Heteroskedasticity Test: ARCH

F-statistic            41.54275    Prob. F(4,1444)        0.0000
Obs*R-squared         149.5380    Prob. Chi-Square(4)    0.0000

Test Equation:
Dependent Variable: RESID^2
Method: Least Squares
Date: 12/24/14   Time: 21:34
Sample (adjusted): 8 1456
Included observations: 1449 after adjustments

Variable         Coefficient    Std. Error    t-Statistic    Prob.

C                7.25E-05       1.29E-05      5.635596       0.0000
RESID^2(-1)      0.156894       0.025901      6.057438       0.0000
RESID^2(-2)      0.084455       0.026139      3.230959       0.0013
RESID^2(-3)      0.081951       0.026139      3.135152       0.0018
RESID^2(-4)      0.176789       0.025902      6.825420       0.0000

R-squared            0.103201    Mean dependent var      0.000145
Adjusted R-squared   0.100717    S.D. dependent var      0.000462
S.E. of regression   0.000438    Akaike info criterion  -12.62624
Sum squared resid    0.000277    Schwarz criterion      -12.60803
Log likelihood       9152.712    Hannan-Quinn criter.   -12.61944
F-statistic          41.54275    Durbin-Watson stat      2.013506
Prob(F-statistic)    0.000000
```

图 9-26 ARMA(2,2)的残差异方差检验结果

由图 9-26 可得：

$$F = 41.5 > F_{0.05(4,1443)} = 3.0$$
$$LM = TR^2 = 1\,455 \times 0.100\,452 > \chi^2_{0.05(2)} = 5.99$$

由于 F 和 LM 统计量所对应的 p 值均小于 0.05，表明拒绝残差不存在 ARCH 效应的原假设，即能够得出结论，残差的平方差序列存在 4 阶自相关，则模型误差序列残差在自回归条件下的异方差，所以应该在 ARMA(2,2)均值方程的基础上建立 ARCH 模型。

(六) 估计大豆期货日收益率序列的 ARCH 模型

从工作文件窗口菜单选择"Quick\Estimate Equations"，进入输入估计方程对话框，输入待估计方程，选择估计方法是"ARCH-Autoregressive Conditional Heteroskedasticity"。

RT 带漂移项 MA(1)、MA(2)模型通过了检验，且均值方程的残差项存在高阶的 ARCH 效应，尝试用 GARCH(1,1)来拟合大豆期货收益率序列。在 ARCH 估计窗口的"Options"选项中将 ARCH 和 GARCH 的阶数都改为"1"（系统默认），其余均采用默认值，点击"确定"，得到 GARCH 估计结果如图 9-29 所示。

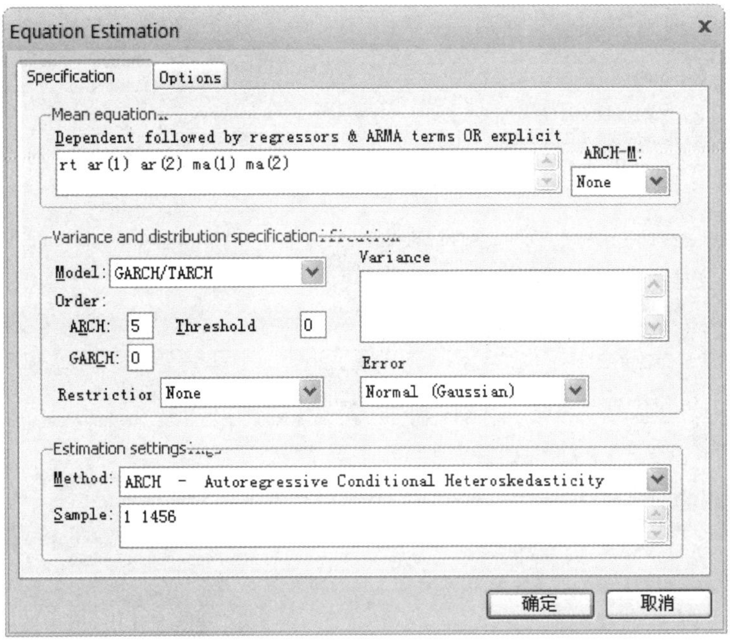

实验九 大豆期货价格的波动非对称性效应

图 9-27 大豆期货日收益率 ARCH 检验设置

Dependent Variable: RT
Method: ML - ARCH (Marquardt) - Normal distribution
Date: 12/24/14   Time: 21:42
Sample (adjusted): 4 1456
Included observations: 1453 after adjustments
Convergence achieved after 10 iterations
MA Backcast: 2 3
Presample variance: backcast (parameter = 0.7)
GARCH = C(5) + C(6)*RESID(-1)^2 + C(7)*RESID(-2)^2 + C(8)*RESID(-3)^2
    + C(9)*RESID(-4)^2 + C(10)*RESID(-5)^2

Variable	Coefficient	Std. Error	z-Statistic	Prob.
AR(1)	-1.318975	0.029488	-44.72914	0.0000
AR(2)	-0.327694	0.028885	-11.34484	0.0000
MA(1)	1.163048	0.004873	238.6498	0.0000
MA(2)	0.176567	0.006950	25.40525	0.0000
Variance Equation				
C	7.34E-05	2.46E-06	29.87210	0.0000
RESID(-1)^2	0.216656	0.028049	7.724171	0.0000
RESID(-2)^2	0.034962	0.014274	2.449372	0.0143
RESID(-3)^2	0.053636	0.010272	5.221659	0.0000
RESID(-4)^2	0.071932	0.013389	5.372615	0.0000
RESID(-5)^2	0.128398	0.015530	8.267893	0.0000

R-squared	0.015036	Mean dependent var	-2.78E-05
Adjusted R-squared	0.012996	S.D. dependent var	0.012180
S.E. of regression	0.012101	Akaike info criterion	-6.220761
Sum squared resid	0.212183	Schwarz criterion	-6.184412
Log likelihood	4529.383	Hannan-Quinn criter.	-6.207198
Durbin-Watson stat	1.889235		

图 9-28 大豆期货日收益率数据 ARCH 模型检验结果

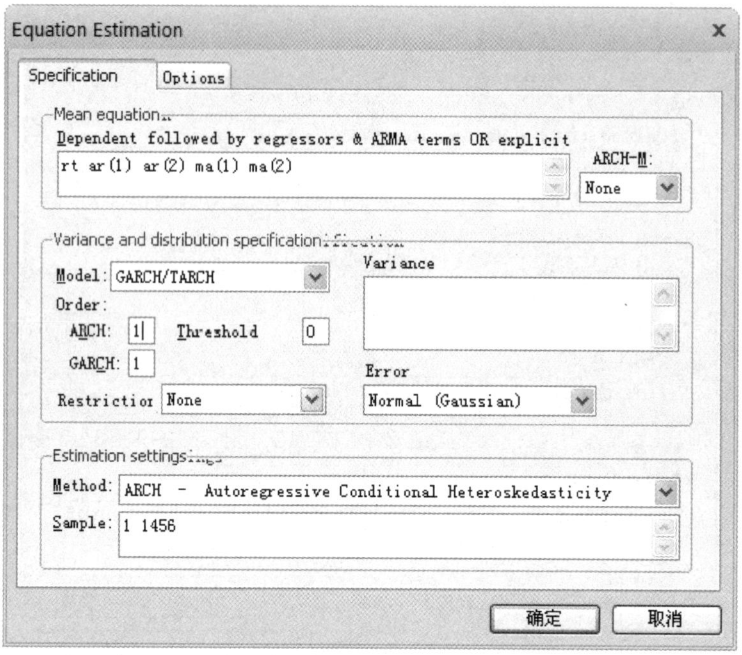

图 9-29　大豆期货日收益率 GRACH(1,1)模型设置

Dependent Variable: RT
Method: ML - ARCH (Marquardt) - Normal distribution
Date: 12/24/14   Time: 21:45
Sample (adjusted): 4 1456
Included observations: 1453 after adjustments
Convergence achieved after 41 iterations
MA Backcast: 2 3
Presample variance: backcast (parameter = 0.7)
GARCH = C(5) + C(6)*RESID(-1)^2 + C(7)*GARCH(-1)

Variable	Coefficient	Std. Error	z-Statistic	Prob.
AR(1)	0.673465	0.249296	2.701466	0.0069
AR(2)	0.287442	0.241139	1.192016	0.2333
MA(1)	-0.826975	0.248687	-3.325363	0.0009
MA(2)	-0.151331	0.244497	-0.618949	0.5359
Variance Equation				
C	1.19E-05	1.02E-06	11.71150	0.0000
RESID(-1)^2	0.131121	0.010798	12.14340	0.0000
GARCH(-1)	0.786795	0.013142	59.86806	0.0000

R-squared	0.009817	Mean dependent var		-2.78E-05
Adjusted R-squared	0.007767	S.D. dependent var		0.012180
S.E. of regression	0.012133	Akaike info criterion		-6.236783
Sum squared resid	0.213307	Schwarz criterion		-6.211340
Log likelihood	4538.023	Hannan-Quinn criter.		-6.227290
Durbin-Watson stat	1.895794			

Inverted AR Roots	.97	-.30
Inverted MA Roots	.98	-.15

图 9-30　大豆期货日收益率 GARCH(1,1)估计结果

从图 9-30 可知 AR(2)、MA(2) 不显著，但是方程的 ARCH 项和 GARCH 项都显著，接下来对大豆期货日收益率做 TARCH 估计，在 ARCH 估计窗口的 Threshold 选项中填入"1"，其他设定和 GARCH 模型估计中相同，单击"确定"，可以得到 TARCH 估计结果如图 9-31 所示。

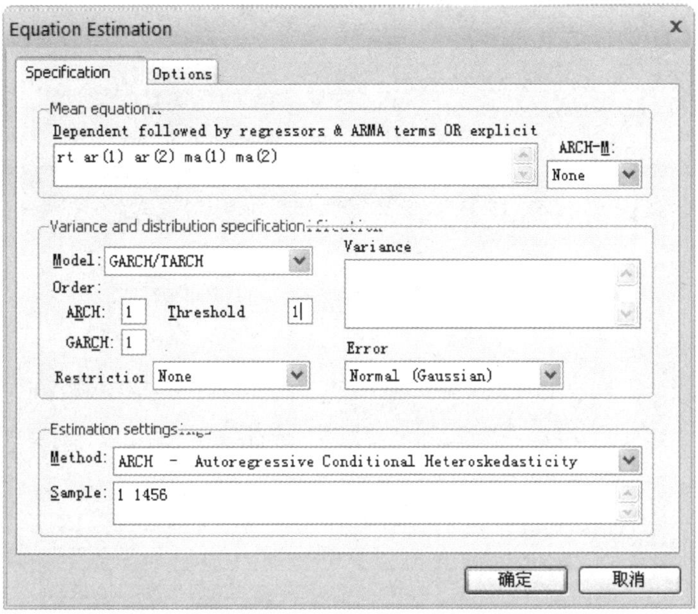

图 9-31 大豆期货日收益率 TARCH 模型设置

```
Dependent Variable: RT
Method: ML - ARCH (Marquardt) - Normal distribution
Date: 12/24/14   Time: 21:46
Sample (adjusted): 4 1456
Included observations: 1453 after adjustments
Convergence achieved after 53 iterations
MA Backcast: 2 3
Presample variance: backcast (parameter = 0.7)
GARCH = C(5) + C(6)*RESID(-1)^2 + C(7)*RESID(-1)^2*(RESID(-1)<0) +
    C(8)*GARCH(-1)
```

Variable	Coefficient	Std. Error	z-Statistic	Prob.
AR(1)	0.638171	0.234923	2.716514	0.0066
AR(2)	0.319762	0.227394	1.406199	0.1597
MA(1)	-0.793760	0.234988	-3.377877	0.0007
MA(2)	-0.181817	0.230852	-0.787593	0.4309
Variance Equation				
C	1.19E-05	1.04E-06	11.39290	0.0000
RESID(-1)^2	0.093493	0.012065	7.749266	0.0000
RESID(-1)^2*(RESID(-1)<0)	0.065106	0.015944	4.083434	0.0000
GARCH(-1)	0.790400	0.013463	58.70878	0.0000

R-squared	0.010333	Mean dependent var		-2.78E-05
Adjusted R-squared	0.008284	S.D. dependent var		0.012180
S.E. of regression	0.012130	Akaike info criterion		-6.238667
Sum squared resid	0.213196	Schwarz criterion		-6.209588
Log likelihood	4540.391	Hannan-Quinn criter.		-6.227817
Durbin-Watson stat	1.893729			

图 9-32 大豆期货收益率 TARCH 检验

从图 9-32 可知，AR(2)、MA(2) 仍然不显著，模型的非对称项系数 0.065 106 不为 0，说明存在非对称效应，其对应的 p 值为 0，说明在该段时间内大豆期货信息冲击效应的非对称性明显。ARCH 项和 GRACH 项均显著。进一步对大豆期货收益率做 EARCH 检验。在 ARCH 估计窗口，在"Model"下拉菜单中选择"EGARCH"，其他选择默认值，点击"确定"，可以得到 EGARCH 估计结果如图 9-33 所示。

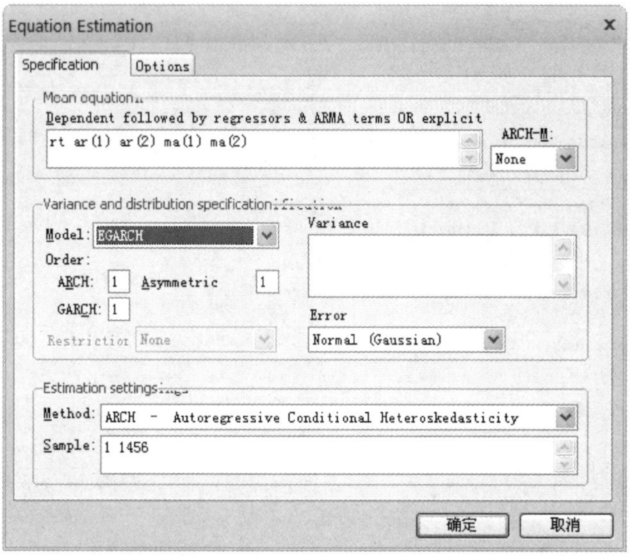

图 9-33 大豆期货日收益率 EARCH 模型估计设置

Dependent Variable: RT
Method: ML - ARCH (Marquardt) - Normal distribution
Date: 12/24/14   Time: 21:49
Sample (adjusted): 4 1456
Included observations: 1453 after adjustments
Convergence achieved after 11 iterations
MA Backcast: 2 3
Presample variance: backcast (parameter = 0.7)
LOG(GARCH) = C(5) + C(6)*ABS(RESID(-1)/@SQRT(GARCH(-1))) + C(7)
    *RESID(-1)/@SQRT(GARCH(-1)) + C(8)*LOG(GARCH(-1))

Variable	Coefficient	Std. Error	z-Statistic	Prob.
AR(1)	0.528757	0.119715	4.416782	0.0000
AR(2)	0.410240	0.121441	3.378096	0.0007
MA(1)	-0.682734	0.117717	-5.799768	0.0000
MA(2)	-0.282422	0.119523	-2.362912	0.0181
Variance Equation				
C(5)	-0.796788	0.067743	-11.76189	0.0000
C(6)	0.215689	0.013677	15.76974	0.0000
C(7)	-0.052204	0.008319	-6.275516	0.0000
C(8)	0.926883	0.006881	134.6932	0.0000

R-squared	0.008410	Mean dependent var	-2.78E-05
Adjusted R-squared	0.006357	S.D. dependent var	0.012180
S.E. of regression	0.012142	Akaike info criterion	-6.227516
Sum squared resid	0.213610	Schwarz criterion	-6.198437
Log likelihood	4532.290	Hannan-Quinn criter.	-6.216666
Durbin-Watson stat	1.897138		

图 9-34 大豆期货日收益率 EARCH 模型估计结果

由图 9-34 可知,非对称项 γ 的系数显著小于 0,说明大豆期货日收益率序列的波动效应存在非对称性。利空消息比等量利好消息产生更大的波动,当出现利好消息时,会给条件方差的对数带来一个 0.216−0.052=0.164(倍)的冲击;当出现利空消息时,会给条件方差的对数带来一个 0.216+0.052=0.268(倍)的冲击。

六、模型的识别方法

模型的识别主要依赖于对相关图与偏相关图的分析。在对经济时间序列进行分析之前,首先应对样本数据取对数,目的是消除数据中可能存在的异方差,然后分析其相关图。识别的第 1 步是判断随机过程是否平稳。如果一个随机过程是平稳的,其特征方程的根都应在单位圆之外。自相关函数将衰减得很慢。所以,在分析相关图时,如果发现其衰减很慢,即可认为该时间序列是非平稳的。这时应对该时间序列进行差分,同时分析差分序列的相关图以判断差分序列的平稳性,直至得到一个平稳的序列。对于经济时间序列,差分次数通常只取 0、1 或 2。实际中也要防止过度差分。一般来说,平稳序列差分得到的仍然是平稳序列,但当差分次数过多时存在两个缺点:一是序列的样本容量减小;二是方差变大。所以,建模过程中要防止差分过度。对于一个序列,差分后若数据的极差变大,说明差分过度。

第 2 步是在平稳时间序列基础上识别 ARMA 模型阶数 p 和 q。表 9-1 给出了不同 ARMA 模型的自相关函数和偏自相关函数。当然,一个过程的自相关函数和偏自相关函数通常是未知的。用样本得到的只是估计的自相关函数和偏自相关函数,即相关图和偏相关图。建立 ARMA 模型,时间序列的相关图与偏相关图可为识别模型参数 p 和 q 提供信息。相关图和偏相关图(估计的自相关系数和偏自相关系数)通常比真实的自相关系数和偏自相关系数的方差要大,并表现为更高的自相关。实际中相关图与偏相关图的特征不会像自相关函数与偏自相关函数那样"规范",所以应该善于从相关图,偏相关图中识别出模型的真实参数 p 和 q。另外,估计的模型形式不是唯一的,所以在模型识别阶段应多选择几种模型形式,以供进一步选择。

表 9-1 ARIMA 过程与其自相关函数偏自相关函数特征

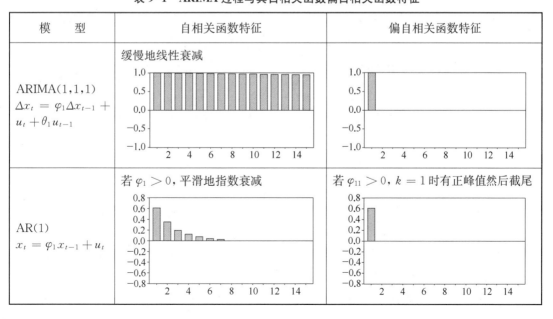

续 表

模 型	自相关函数特征	偏自相关函数特征
AR(1) $x_t = \varphi_1 x_{t-1} + u_t$	若 $\varphi_1 < 0$,正负交替地指数衰减	若 $\varphi_{11} < 0$,$k = 1$ 时有负峰值然后截尾
MA(1) $x_t = u_t + \theta_1 u_{t-1}$	若 $\theta_1 > 0$,$k = 1$ 时有正峰值,然后截尾 若 $\theta_1 < 0$,$k = 1$ 时有负峰值,然后截尾	若 $\theta_1 > 0$,交替式指数衰减 若 $\theta_1 < 0$,负的平滑式指数衰减
AR(2) $x_t = \varphi_1 x_{t-1} + \varphi_2 x_{t-2} + u_t$	指数或正弦衰减 (两个特征根为实根) (两个特征根为共轭复根)	$k = 1, 2$ 时有两个峰值,然后截尾 ($\varphi_1 > 0$, $\varphi_2 > 0$) ($\varphi_1 > 0$, $\varphi_2 < 0$)

续 表

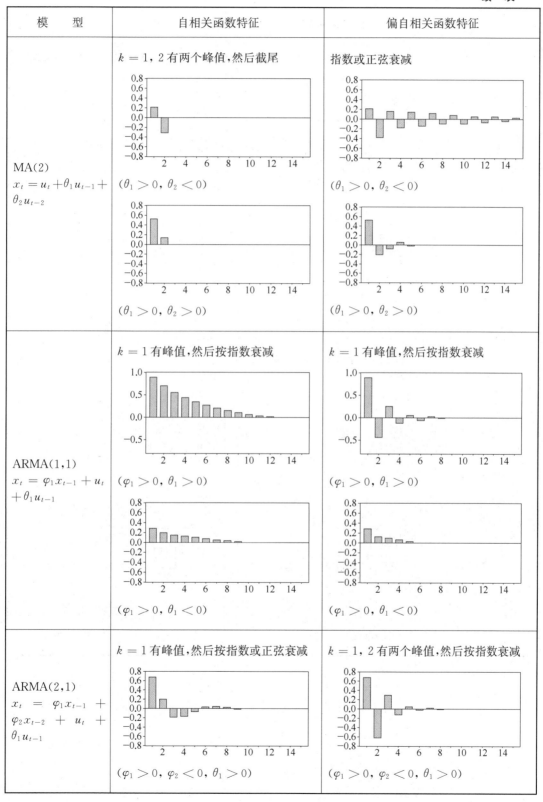

续 表

模　　型	自相关函数特征	偏自相关函数特征
ARMA(1,2) $x_t = \varphi_1 x_{t-1} + u_t + \theta_1 u_{t-1} + \theta_2 u_{t-2}$	$k=1,2$ 有两个峰值,然后按指数衰减	$k=1$ 有峰值,然后按指数或正弦衰减
ARMA(2,2) $x_t = \varphi_1 x_{t-1} + \varphi_2 x_{t-2} + u_t + \theta_1 u_{t-1} + \theta_2 u_{t-2}$	$k=1,2$ 有两个峰值,然后按指数或正弦衰减	$k=1,2$ 有两个峰值,然后按指数或正弦衰减

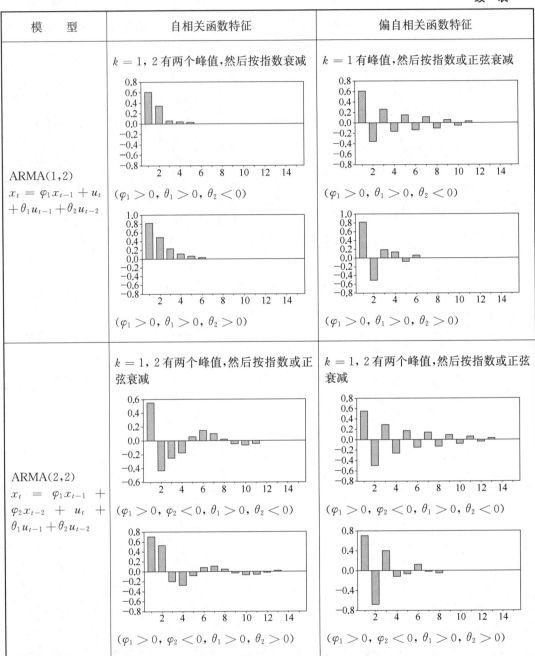

实验十　基于情景理论的宏观经济运行风险预测与模拟

一、实验目的

1. 了解情景分析方法。
2. 学习和掌握宏观经济数据的收集和整理。
3. 加深对宏观经济模型和宏观经济风险的理解。
4. 利用宏观经济计量模型对宏观经济风险进行预测和模拟。

二、实验内容

1. 利用宏观经济理论,建立合理的宏观经济计量模型。
2. 利用情景分析方法进行政策模拟和宏观经济预测。
3. 观察货币与财政政策变化和经济运行环境变化对宏观经济运行产生的影响。

三、实验原理

(一) 情景分析

情景分析法(Scenario Analysis)又称脚本法或者前景描述法,是假定某种现象或某种趋势将持续到未来的前提下,对预测对象可能出现的情况或引起的后果作出预测的方法。简单来说,就是假定做出什么样的决策或者出现什么样的外部情景,在一定的模型假设下对这些情景或者决策带来的结果作出预测。通常用来对预测对象的未来发展作出种种设想或预计,是一种直观的定性预测方法。情景分析对可能发生的未来提供了一个更加动态的看法,把注意力集中在那些潜在的具有特别政策含义的因素的相互作用上,对在高度不确定性的时代里思考未来尤其有效,有助于决策者打破传统思维和基本假设,从而可以考虑到更广范围内的可能性,包括新的风险和机遇。

以宏观经济为例,现在中国宏观经济面临下行风险,中国政府提出要对当前经济结构作出调整,调整过程中有各种相应的政策以促进经济转型。这可以建立合适的宏观经济学模型,在模型基础和外部环境假设基础上,假设政府实施不同的政策措施,从而得到不同政策措施带来的宏观经济后果,比较这些政策后果,从而采取适合的经济调整路径。同时,外部经济环境也是不确定的,相同的政策不同的外部环境带来的经济后果也是不一样的,因此可以在不同外部经济环境情景下观察同一政策不同的效果,进而协助相机决策。

(二) 宏观经济模型

宏观经济模型是在宏观总量水平上把握和反映经济运动的全面特征,研究宏观经济主要指标之间的相互依存关系,描述国民经济和社会再生产过程各环节之间的联系,并可用以进行宏观经济的结构分析、政策评价、决策研究和发展预测。

宏观计量经济模型是运用计量经济学方法建立的宏观经济模型,这是建立宏观经济模型的最主要的方法。国内外的宏观经济模型,绝大部分属于计量经济学模型。宏观计量经济学模型依据某种已经存在的经济理论或者已经提出的对经济行为规律的某种解释设定模型的总体结构和个体结构,即模型是建立在已有的经济理论和经济行为规律假设的基础上的。引进概率论思想作为模型研究的方法论基础,选择随机联立线性方程组作为模型的一般形式。宏观计量经济模型能够揭示宏观经济的行为理论和运行规律,揭示经济现象中的因果关系。

本实验以宏观经济理论为指导,建立一个需求导向的包含消费、投资、货币、出口四大模块的小型中国宏观经济联动方程模型。

当期消费显然是与当期收入有关的,收入越高,消费应当越高,GDP是一个较好的居民收入代理变量。同时,消费还受上期消费的影响,通常上期消费较高,那么,下一期消费也较高;利率上升,居民储蓄意愿越高,消费意愿减少。

消费方程:

$$\log\left(\frac{cons_t}{pc_t}\right) = c_{11}\log\left(\frac{gdp_t}{py_t}\right) + c_{12}\log\left(\frac{cons_{t-1}}{pc_{t-1}}\right) + c_{13}\left\{rd_t - \left[\frac{pc_t}{pc_{t-1}} - 1\right]\right\} + \epsilon_{1t}$$

(10-1)

一般一个项目需要多年的持续投入,因而当期投资与上期投资相关;同时,很多项目都是通过贷款进行投资的,因而当期固定投资贷款越多,固定投资也越多;贷款利率越高,有价值的投资项目越少,因而都在适当减少。政府消费是重要的财政刺激政策,可能刺激投资。1998年后住房分配制度取消,逐步实行房地产商品化,这对固定投资产生重要影响,因此加入虚拟变量$D2$。

投资方程:

$$\log\left(\frac{i_t}{pi_t}\right) = c_{21}\log\left(\frac{i_{t-1}}{pi_{t-1}}\right) + c_{22}\log\left(\frac{loan_t}{pi_t}\right) + c_{23}\left\{rl_t - \left[\frac{pi_t}{pi_{t-1}} - 1\right]\right\} +$$
$$c_{23}\log\left(\frac{g_t}{py_t}\right) + c_{25}D2 + \epsilon_{2t}$$

(10-2)

实际存款利率越高,居民存款意愿越高,因而广义货币越多。当假定货币流通速度一样时,由货币恒等式可知货币供应量越多。同样,基础货币越多,则广义货币越多。

M2方程:

$$\log\left(\frac{m2_t}{py_t} - \frac{m1_t}{py_t}\right) = c_{31}\left\{rd_t - \left[\frac{pc_t}{pc_{t-1}} - 1\right]\right\} + c_{32}\log\left(\frac{gdp_t}{py_t}\right) + c_{33}\log\left(\frac{m1_t}{py_t}\right) + \epsilon_{3t}$$

(10-3)

投资越多,所需要的固定投资国内贷款越多;广义货币越多,则可用于贷款的资金应该越多,因而促进固定投资国内贷款;其他条件不变时,实际贷款利率越高,贷款应该越少;与投资方程一样,由于房地产商品化,加入虚拟变量$D1$。

固定投资国内贷款方程:

$$\log\left(\frac{loan_t}{pi_t}\right) = c_{41}\log\left(\frac{i_t}{pi_t}\right) + c_{42}\log\left(\frac{m2_t}{py_t}\right) + c_{43}\left\{rl_t - \left[\frac{pi_t}{pi_{t-1}} - 1\right]\right\} + c_{44}D1 + \epsilon_{4t}$$
(10-4)

外部经济体经济状况越好,越有利于出口,美国实际 GDP 是一个较好的外部经济体经济状况代理变量。人民币对美元汇率越高,对美国居民来说,从中国进口的东西越便宜,因而增加消费中国进口的商品,这样有利于中国进口。

货物出口方程:

$$\log\left(\frac{ex_t}{re_t}\right) = c_{50} + c_{51}\log(gdpf_t) + c_{52}\left(\frac{1}{re_t}\right) + c_{53}D2_t + \epsilon_{5t} \qquad (10\text{-}5)$$

国内 GDP 越高,进口越多;同时汇率越高,外来商品相对越便宜,刺激进口;同样引入虚拟变量以检验加入世界贸易组织是否对中国进口有影响。

货物进口方程:

$$\log\left(\frac{im_t}{py_t}\right) = c_{60} + c_{61}\log\left(\frac{gdp_t}{py_t}\right) + c_{62}(re) + c_{63}D2_t + \epsilon_{6t} \qquad (10\text{-}6)$$

净出口恒等式:

$$gx_t = ex_t - im_t \qquad (10\text{-}7)$$

国内生产总值恒等式:

$$gdp_t = cons_t + i_t + ig_t + g_t + gx_t + sx_t \qquad (10\text{-}8)$$

注:因为缺乏服务出口和服务进口数据,且相对其他 GDP 组成成分对 GDP 的贡献较小,为了方便起见,将服务净出口作为外生变量。

表 10-1 变 量 说 明

内生变量	名　　称	单　位
$cons$	名义居民总消费	亿元
i	名义固定资本形成总额	亿元
$m2$	广义货币	亿元
$loan$	名义固定投资国内贷款	亿元
ex	名义出口	亿元
im	名义进口	亿元
x	名义净出口	亿元
gdp	名义国内生产总值	亿元
外生变量		
ig	名义存货	亿元
g	名义政府消费	亿元

续 表

外生变量	名　称	单 位
sx	服务进出口	亿元
$m1$	狭义货币供给量	亿元
rl	一年期贷款利率	％
rd	一年期存款利率	％
$gdpy$	美国实际 GDP	美元
re	人民币对美元年平均汇率	元/美元
pc	居民消费价格指数	
pi	固定资产投资价格指数	
py	GDP 平减指数	
$D1$	虚拟变量(1997 年之前为 0,1998 年之后为 1)	
$D2$	虚拟变量(2000 年之前为 0,2001 年之后为 1)	

在该小型宏观经济模型中,包含 8 个内生变量方程的联立方程模型,其中前 6 个方程为行为方程,构成联立方程系统;后 2 个方程是恒等式。6 个行为方程中的变量除存贷款利率和汇率外,都是以对数形式出现的,这样解释变量的系数就是相应的弹性。该模型为一个小型的包含外部经济模型,从而可以利用该模型模拟不同的财经政策、货币政策和外部经济运行环境对宏观经济风险的影响。

(三) 联立方程的识别与估计

联立方程是由多个方程组成的,对方程之间的关系有严格的要求,否则模型参数可能无法估计,所以在对联立方程估计之前先要判断其是否可估计,也即对模型进行识别。如果联立方程模型中某个结构方程不具备确定的统计形式,则称该模型不可识别。具有"确定的统计形式"是指模型中的其他方程的任意线性组合所构成的新方程都不具备该单个方程的统计形式。如果模型中的所有结构方程都是可以识别的,则认为该联立方程模型系统是可识别的。反之,如果存在一个结构方程不可识别,则认为该模型系统是不可识别的。模型系统中的恒等方程由于不存在参数估计问题,所以不存在识别问题,但是在判断行为方程的识别问题时,应该将恒等方程考虑在内。

某行为方程可识别包括两种情况:恰好可识别和过度识别。如果给定方程有关变量的样本观察值,方程参数只具有一组参数估计值,则称其为恰好识别;如果具有多组参数估计值,则称为过度识别。以下列一个简单的宏观经济模型为例:

消费方程:$c_t = \alpha_0 + \alpha_1 y_t + u_{1t}$

投资方程:$i_t = \beta_0 + \beta_1 y_t + u_{2t}$

恒等方程:$y_t = c_t + i_t$

消费方程不可识别,因为投资方程+恒等方程×β_1之后化简即可得到与消费方程相同的统计形式,因而不可识别;投资方程同样不可识别,因为消费方程+恒等方程×α_1之后化简即可得到与投资方程相同的统计形式,因而不可识别。

消费方程和投资方程都不可识别,该宏观经济模型系统不可识别。

1. 联立方程的识别

设联立方程的结构式为

$$BY + \Gamma X = N \tag{10-9}$$

模型系统包含的内生变量和先决变量(含常数项)的数目分别用 g 和 k 表示。如果其中第 i 个结构方程包含 g_i 个内生变量和 k_i 个先决变量(含常数项),第 i 个方程中未包含的变量(包括内生变量和先决变量)在其他 $g-1$ 个方程中对应系数所组成的矩阵为 $[B_0\ \Gamma_0]$,那么判断第 i 个结构方程识别状态的结构式条件为:

(1) 如果矩阵 $[B_0\ \Gamma_0]$ 的秩 $R([B_0\ \Gamma_0]) < g-1$,则第 i 个方程不可识别;

(2) 如果矩阵 $[B_0\ \Gamma_0]$ 的秩 $R([B_0\ \Gamma_0]) = g-1$,则第 i 个方程可识别,而且

如果 $k - k_i = g_i - 1$,则第 i 个方程恰好识别;

如果 $k - k_i > g_i - 1$,则第 i 个方程过度识别。

一般将该条件的前半部分称为秩条件(Rank Condition),用于判断方程是否可识别;后半部分称为阶条件(Order Condition),用于判断结构方程恰好识别和过度识别。

当一个联立方程系统中的方程数目较多时,无论是从识别的定义出发,还是秩条件和阶条件,对模型进行识别存在较大困难,甚至不可行。理论上很严格的方法在实际中往往无法应用,在实际中运用的往往是一些经验方法。联立方程的识别问题,实际上不是等到理论模型建立了之后再识别,而是在建立模型的过程中设法保证模型的可识别性。在建立联立方程模型时,一般遵循下列原则:在建立某个结构方程时,要使该方程包含至少一个前面所有方程都不包含的变量(内生变量或者先决变量);同时使前面的每一个方程都包含至少一个该方程未包含的变量,并且互不相同。

该原则的前半段保证该方程的引入不破坏之前已有方程的可识别性。只要新引入方程包含至少一个前面所有方程不包含的变量,那么它与前面方程的任意线性组合都不能构成与前面方程相同的统计形式,原来可识别的方程仍然可识别。

该原则的后半段保证了该新引入的方程是可识别的。只要前面所有方程都包含至少一个该方程未包含的变量,并且互不相同,那么所有方程的任意线性组合都不能构成与该方程相同的统计形式。

2. 联立方程的估计方法

联立方程的估计方法有两种:单方差估计方法和系统估计方法。单方差估计方法每次只对系统中的一个结构方程进行估计,因而只利用了有限信息,即只包含在被估计的结构方程中关于变量的样本数据信息,而对于方程之间的关系信息,则没有完全利用。单方差估计方法常用的有最小普通二次法、加权最小二乘法、二阶段最小二乘法、加权最小二乘法和似不相关回归方法。

系统估计方法同时估计全部结构方程,同时得到所有方差的参数估计量。系统估计方法利用了系统的全部信息,从而得到的估计量具有更加优良的统计特性。但是,如果错误指定系统中的某个方程,单个方差的较差参数估计会"传播"给系统的其他方程。常用的系统估计方法有三阶段最小二乘法、完全信息极大似然估计法、广义矩估计法和多元 GARCH 方法。本实验将选用三阶段最小二乘法对试验中的模型进行估计,因而只简述三阶段最小二

乘法的估计步骤。

第一阶段：用OLS法估计简化式方程，求出内生变量的估计式。

设联立方程模型为：

$$BY + \Gamma X = N$$

其中，模型内生变量个数为g，前定变量个数为k，在第i个方程中，内生变量个数为g_i，前定变量个数为k_i。相应的简化式模型为：

$$Y = YX + E \tag{10-10}$$

运用OLS法，简化式模型的估计为：

$$Y = \hat{Y}X + \hat{E} \tag{10-11}$$

将前定变量的样本观察值代入估计方程，得到内生变量的一组简化式估计值$\hat{Y}$。

第二阶段：将所求内生变量的估计值代入联立方程模型左端作为工具变量，对变换后的方程应用OLS，得到参数的2SLS估计量，并求每个结构方程随机扰动项的残差$\hat{u}$，以及协方差矩阵估计量$\hat{\sum}$。

具体来说，假设第i个结构方程为：

$$Y_i = Y_0^i B_0^i + X_0^i \Gamma_0^i + \varepsilon_i \tag{10-12}$$

将Y_0^i在第一阶段的估计值代入上式，也即以$\hat{Y}_0^i$为工具变量对上式运用OLS估计，得到B_0^i和Γ_0^i的二阶段估计量，并计算Y_i的二阶段估计值$\hat{Y}_i$，计算残差估计值为$\hat{e}_{it} = Y_{it} - \hat{Y}_{it}$，残差向量为$\hat{e}_i = (\hat{e}_{i1}, \cdots, \hat{e}_{it}, \cdots, \hat{e}_{iT})'$，协方差$\hat{\sigma}_{ij} = \dfrac{\hat{e}_i' \hat{e}_j}{\sqrt{(n - g_i + 1 - k_i)(n - g_j + 1 - k_j)}}$，$\hat{\sum} = \hat{\sigma}_{ij}$，$\hat{\Omega} = \hat{\sum} \otimes I$。

第三阶段：用广义最小二乘法GOLS求结构参数的估计量。

将整个2SLS方程组表示成一个矩阵形式的单一方程：

$$\begin{bmatrix} Y_1 \\ Y_2 \\ \vdots \\ Y_g \end{bmatrix} = \begin{bmatrix} Y_0^1 & & & \\ & Y_0^2 & & \\ & & \ddots & \\ & & & Y_0^g \end{bmatrix} \begin{bmatrix} B_0^1 \\ B_0^2 \\ \vdots \\ B_0^g \end{bmatrix} + \begin{bmatrix} X_0^1 & & & \\ & X_0^2 & & \\ & & \ddots & \\ & & & X_0^g \end{bmatrix} \begin{bmatrix} \Gamma_0^1 \\ \Gamma_0^2 \\ \vdots \\ \Gamma_0^g \end{bmatrix} + \begin{bmatrix} \varepsilon_1 \\ \varepsilon_2 \\ \vdots \\ \varepsilon_g \end{bmatrix}$$

或者

$$\mathbf{Y} = Y_0 B_0 + X_0 \Gamma_0 + \tilde{N}$$

$$\mathbf{Y} = (Y_0 \quad X_0) \binom{B_0}{\Gamma_0} + \tilde{N}$$

假设1：对于一个结构方程的随机误差项，在不同样本点之间，具有同方差性和序列不相关性。

$$Cov(\widetilde{N}_i, \widetilde{N}_i) = E(\widetilde{N}\,\widetilde{N}'_i) = \begin{bmatrix} E(\varepsilon_{i1}^2) & E(\varepsilon_{i1}\varepsilon_{i2}) & \cdots & E(\varepsilon_{i1}\varepsilon_{in}) \\ E(\varepsilon_{i2}\varepsilon_{i1}) & E(\varepsilon_{i2}^2) & \cdots & E(\varepsilon_{i2}\varepsilon_{in}) \\ \cdots & \cdots & \cdots & \cdots \\ E(\varepsilon_{in}\varepsilon_{i1}) & E(\varepsilon_{in}\varepsilon_{i2}) & \cdots & E(\varepsilon_{in}^2) \end{bmatrix} = \delta_{ii}^2 \mathbf{I}$$

假设 2：不同结构方程的随机误差项之间，具有且仅具有同期相关性。

$$Cov(\widetilde{N}_i, \widetilde{N}_j) = E(\widetilde{N}_i \widetilde{N}'_j) = \begin{bmatrix} E(\varepsilon_{i1}\varepsilon_{j1}) & E(\varepsilon_{i1}\varepsilon_{j2}) & \cdots & E(\varepsilon_{i1}\varepsilon_{jn}) \\ E(\varepsilon_{i2}\varepsilon_{j1}) & E(\varepsilon_{i2}\varepsilon_{j2}) & \cdots & E(\varepsilon_{i2}\varepsilon_{jn}) \\ \cdots & \cdots & \cdots & \cdots \\ E(\varepsilon_{in}\varepsilon_{j1}) & E(\varepsilon_{in}\varepsilon_{j2}) & \cdots & E(\varepsilon_{in}\varepsilon_{jn}) \end{bmatrix} = \sigma_{ij} \mathbf{I}$$

于是联立方程模型系统随机误差项方差—协方差矩阵为：

$$\Omega = Cov(\widetilde{N}) = \begin{bmatrix} E(\widetilde{N}_1 \widetilde{N}'_1) & E(\widetilde{N}_1 \widetilde{N}'_2) & \cdots & E(\widetilde{N}_1 \widetilde{N}'_g) \\ E(\widetilde{N}_2 \widetilde{N}'_1) & E(\widetilde{N}_2 \widetilde{N}'_2) & \cdots & E(\widetilde{N}_2 \widetilde{N}'_g) \\ \cdots & \cdots & \cdots & \cdots \\ E(\widetilde{N}_g \widetilde{N}'_1) & E(\widetilde{N}_g \widetilde{N}'_2) & \cdots & E(\widetilde{N}_g \widetilde{N}'_g) \end{bmatrix} = \begin{bmatrix} \sigma_{11}^2 \mathbf{I} & \sigma_{12} \mathbf{I} & \cdots & \sigma_{1g} \mathbf{I} \\ \sigma_{21} \mathbf{I} & \sigma_{22}^2 \mathbf{I} & \cdots & \sigma_{2g} \mathbf{I} \\ \vdots & & & \\ \sigma_{g1} \mathbf{I} & \sigma_{g2} \mathbf{I} & & \sigma_{gg}^2 \mathbf{I} \end{bmatrix}$$

$$= \sum \otimes \mathbf{I}$$

应用 GOLS 法估计整个 2SLS 方程组得到结构参数方程的估计量为：

$$\begin{pmatrix} \hat{B}_0 \\ \hat{\Gamma}_0 \end{pmatrix} = [(Y_0 \quad X_0)' \hat{\Omega}^{-1} (Y_0 \quad X_0)]^{-1} (Y_0 \quad X_0)' \hat{\Omega}^{-1} Y$$

（四）具体情景分析

建立宏观经济计量模型的目的是对宏观经济进行政策模拟。利用情景分析，可以模拟不同政策下的经济运行情况。在模拟的过程中，一方面，可以建议模型是否能够准确地模拟实际经济状况，模拟机制是否符合宏观经济理论；另外一方面，可以分析不同宏观经济政策对经济运行产生的影响，为制定宏观经济政策提供参考依据。

本实验从货币政策、财政政策、外部环境三个方面利用情景分析研究不同的政策对宏观经济造成的影响。

2008 年，金融危机席卷全球，中国也面临较严峻的经济下行风险。中央政府实施宽松货币政策，下调了 2009 年和 2010 年的存贷款利率。现分析假设 2009 年和 2010 年实施不同的政策对宏观经济造成的影响。

情景 1：2009 年与 2010 年存贷款利率相比实际存贷款利率上调 1%，也即不实施更宽松的货币政策。

情景 2：2009 年与 2010 年存贷款利率相比实际存贷款利率再下调 1%，也即实施更加宽松的货币政策。

2010年和2011年,相比其他年份政府消费增长迅速。现分析假定2010年和2011年实施不同的财政政策对宏观经济造成的影响。

情景3:2010年和2011年,政府消费相比实际政府消费减少10%,也即实施相对温和的财政政策。

情景4:2010年和2011年,政府消费相比实际政府消费增加10%,也即实施更加激进的财政政策。

中国一直受到美国"操纵汇率"指责,为此央行从2005年开始逐步实施人民币升值,从2004年的8.2768到2014年的6.1428,总共升值了约26%。2015年国际货币基金组织报告认为人民币估值已经处于合理水平。现分析假设人民币汇率以不同的速度升值对宏观经济造成的影响。为了简单和方便比较起见,只假设2010年和2011年人民币以不同的速度升值。

情景5:2010年和2011年,人民币汇率相比实际汇率都升值了1%。

情景6:2010年和2011年,人民币汇率相比实际汇率都贬值了1%。

四、实验环境

Eviews 7。

五、实验要求

从国家统计局和其他数据提供商收集整理需要的宏观数据,在宏观经济理论基础上建立合适的宏观计量经济模型,结合收集到的数据对模型进行估计,并利用情景分析方法对不同的政策进行分析。

六、实验过程

(一)数据收集与整理

登录国家统计局网站,搜索有关指定模型需要的宏观经济数据后,下载并整理。本实验中样本选择为1980—2014年。国家统计局没有年贷款利率,可以从瑞思数据库下载人民银行的一年期存贷款法定利率。由于每年法定存贷款利率可能变动,取存贷款利率实施时间的加权平均。

(二)建立 workfile 文件

启动 Eviews 软件,点击 File/New/Workfile,建立工作文件,"workfile structure type"选择"Dated-regular frequency","Frequency"选择为"Annual",数据起始时间设置为1980年,结束时间设置为2014年,然后单击"OK"(如图10-1)。

(三)载入数据

单击 File→Import→import from file,然后选择你的数据文件,加载即可。

(四)建立行为方程文件

单击 Object→New Object,"Type of object"选择"system",并对系统进行命名,假设命名为"Demand",单击"OK"(如图10-2)。

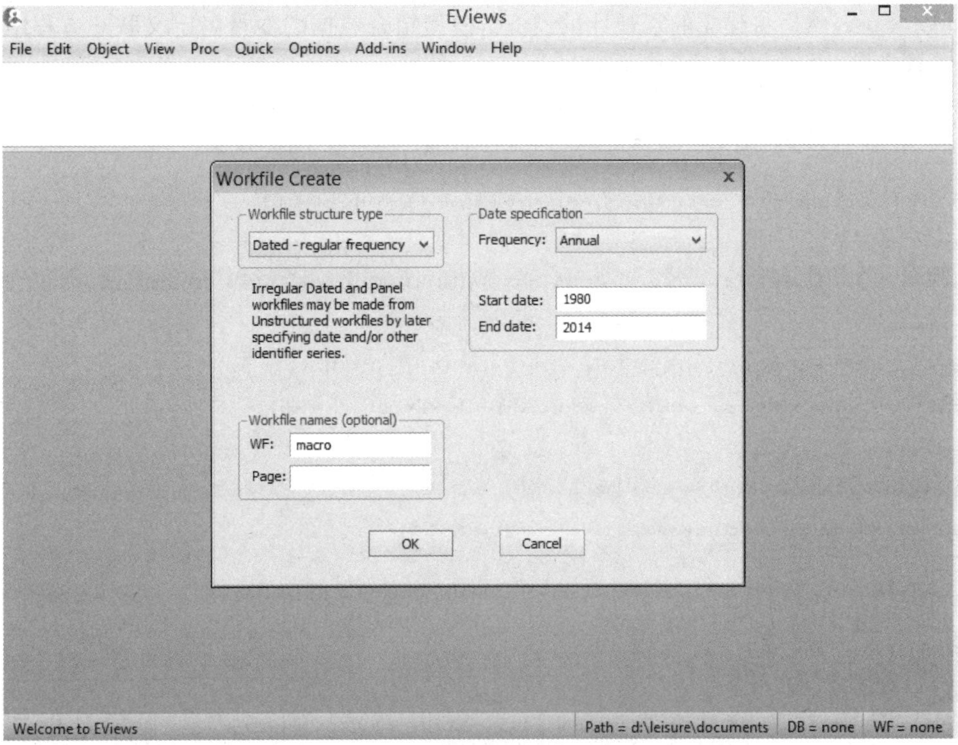

图 10-1　建立 workfile 文件

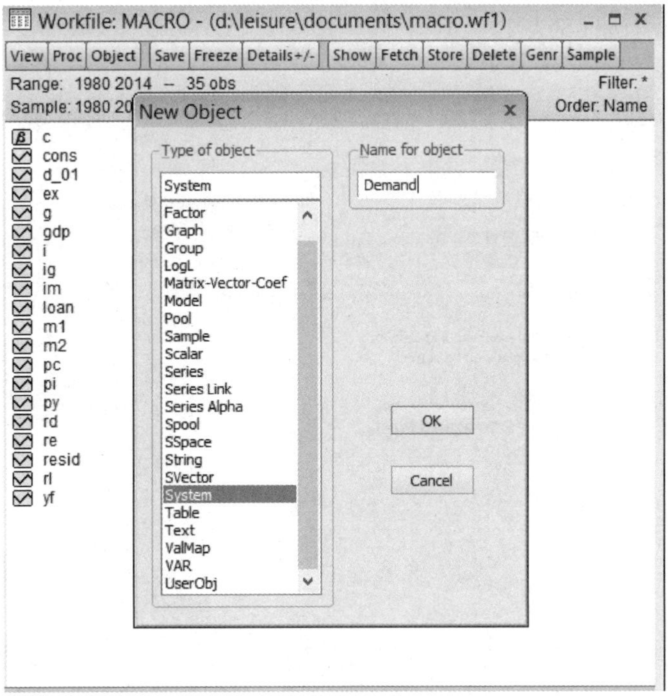

图 10-2　建立行为方程文件

(五) 设定行为方程

单击 Spec，然后将建立的宏观计量经济学模型结合数据的变量名定义联立方程组和使用的工具变量。

```
'(1) consumption equation
log(cons/pc)=c(11)*log(gdp/py)+c(12)*log(cons(-1)/pc(-1))+c(13)*(rd-100*(pc/pc(-1)-1))+[ar(1)=c(14)]
'(2)investment equation
log(i/pi) =c(21)*log(i(-1)/pi(-1))+c(22)*log(loan/pi)+c(23)*(rl-100*(pi/pi(-1)-1))+c(24)*log(g/py)+c(25)*d_01+[ar(1)=c(26)]
'(3)money equation
log(m2/py-m1/pc)=c(31)*(rd-100*(pc/pc(-1)-1))+c(32)*log(gdp/py)+c(33)*log(m1/pc)+[ar(1)=c(34)]
log(loan/pi)=c(41)*log(i/pi)+c(42)*log(m2/py)+c(43)*(rl-100*(pi/pi(-1)-1))+c(44)*d_01+[ar(1)=c(45)]
'(4)export equation
log(ex/re)=c(50)+c(51)*log(gdpf)+c(52)*(1/re)+c(53)*d_02+[ar(1)=c(54), ar(2)=c(55)]
log(im/py)=c(60)+c(61)*log(gdp/py)+c(62)*(re)+c(63)*d_02+[ar(1)=c(64), ar(2)=c(65)]

inst   log(cons(-1)/pc(-1)) log(i(-1)/pi(-1)) rd-100*(pc/pc(-1)-1) rl-100*(pi/pi(-1)-1) log(g/py) log(gdpf)  log(m1/py)  log(gdp(-1)/py(-1))
```

(六) 估计行为方程

单击"Estimate"，估计方法选择"Three-Stage Least Squares"（三阶段最小二乘），"Estimation settings"中在"Add lagged regressors to instruments"前打勾，样本填"1980 2014"，单击"确定"，得到行为方差中各个系数的估计量（如图10-3）。得到估计量后，可以单击"Stats"查看估计量（见表10-2）。

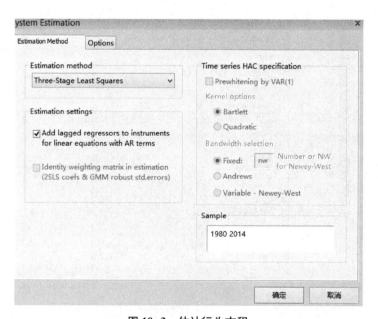

图10-3　估计行为方程

表 10-2　行为方差中各个系数的估计量

	Coefficient	Std. Error	t-Statistic	Prob.
C(11)	0.166581	0.145350	1.146067	0.2534
C(12)	0.824643	0.161094	5.119008	0.0000
C(13)	0.000803	0.001079	0.744533	0.4576
C(14)	0.628164	0.188321	3.335593	0.0010
C(21)	0.311519	0.067908	4.587358	0.0000
C(22)	0.521885	0.050747	10.28414	0.0000
C(23)	-0.003989	0.001356	-2.941167	0.0037
C(24)	0.286231	0.076012	3.765620	0.0002
C(25)	-0.074611	0.059873	-1.246162	0.2145
C(26)	0.808563	0.039396	20.52394	0.0000
C(31)	0.005218	0.001502	3.474387	0.0007
C(32)	1.008914	0.078506	12.85147	0.0000
C(33)	0.023374	0.080450	0.290547	0.7718
C(34)	0.912267	0.009339	97.68079	0.0000
C(41)	1.041661	0.314101	3.316323	0.0011
C(42)	-0.189659	0.277389	-0.683730	0.4951
C(43)	0.005350	0.004321	1.237905	0.2175
C(44)	0.254524	0.169955	1.497597	0.1361
C(45)	0.801928	0.052867	15.16888	0.0000
C(50)	-26.07050	2.054258	-12.69096	0.0000
C(51)	3.682573	0.222885	16.52230	0.0000
C(52)	2.575926	0.672377	3.831073	0.0002
C(53)	-0.139569	0.155682	-0.896695	0.3712
C(54)	1.016110	0.145754	6.971399	0.0000
C(55)	-0.293143	0.141372	-2.073560	0.0397
C(60)	-3.405838	1.386028	-2.457264	0.0150
C(61)	1.110596	0.145939	7.609997	0.0000
C(62)	0.077184	0.027804	2.776050	0.0061
C(63)	0.103745	0.229510	0.452028	0.6518
C(64)	0.965569	0.180379	5.353010	0.0000
C(65)	-0.249018	0.184508	-1.349635	0.1790
Determinant residual covariance		1.53E-16		

(七) 建立联立方程模型

最小化行为方程窗口,单击 Object→New Object,"type of object"选择"Model","Name of Object"中输入模型名称,假设为"Analysis",点击"OK"。模型中的方程既可以是内置方程,也可以是链接方程。内置方程式以文本形式包含在模型中,不与外部模型发生联系;链接方程顾名思义,方程的表达式来自模型外部的对象。链接使得模型与其他方程或与该模型所依赖的另外一个模型更加紧密地联系起来,但与链接模型相链接的外部模型改变时,链接模型也可能发生相应改变。添加链接方程从工作文件窗口中选定包含想要放入模型的方程对象后,复制该对象,然后将其粘贴到模型的 Equation 窗口中。在本实验中,将"demand"行为方程复制,然后粘贴到"Analysis"模型中的 Equation 窗口中,得到第一个链接方程"demand"。由于联立方程除了行为方程还包括定义方程,因此在求解模型时也应当加入。在模型的 Equation 界面右击,然后单击"Insert",结合数据变量输入定义方程(见图 10-4 至图 10-7)。

$$gx_t = ex_t - im_t$$

$$x_t = gx_t + sx_t$$

$$gdp_t = cons_t + i_t + ig_t + g_t + x_t$$

图 10-4 结合数据变量输入定义方程

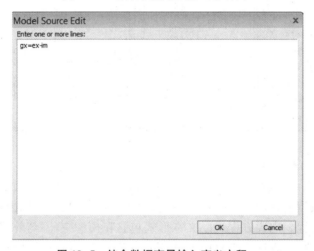

图 10-5 结合数据变量输入定义方程一

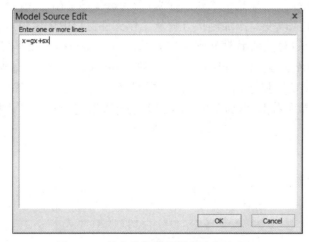

图 10-6 结合数据变量输入定义方程二

图 10-7　结合数据变量输入定义方程三

注意：也可以单击"Text"，然后在 Text 中编辑整个模型（如图 10-8）。

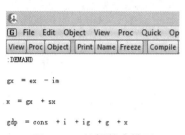

图 10-8　编辑整个模型

模型设定完成后，在 Equations 窗口中显示如图 10-9。

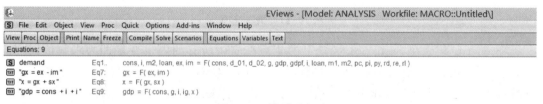

图 10-9　模型设定后

（八）模型拟合

单击"Scenarios"窗口，单击"Create New Scenario"，单击"确定"（见图 10-10）。

图 10-10　创建新情景

单击"Solve","Basic Options"中选择"Deterministic"和"Static",样本范围填"1982 2014",单击"确定"(如图 10-11)。

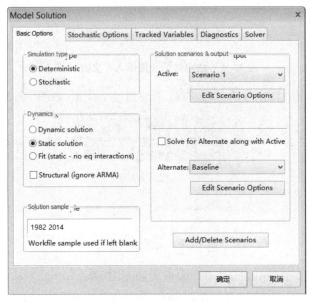

图 10-11 情景选项

"Scenario_1"为在 Scenario1 情景下的相应变量。所有的内生变量即为求解值,比如"gdp_1"为 Scenario1 情景下 gdp 的模型求解值。因为所有的外生变量数据为历史数据,所以 Scenario1 情景下的静态求解都为数据拟合结构,比如"gdp_1"中 1982—2014 年数据为模型的拟合值。

(九)拟合值与实际值的比较

在 Analysis 窗口中,单击 Proc→Make Graph,"Model variables"选择内生变量,来源可以选择"All model variables"或者选择"Listed variables",然后在下面的文本输入框中输入想要比较的变量。"Graph series"中"Active"前打勾并选择"Scenano 1","Compare"前打勾并选择"Baseline",图形样本范围可以填"1982 2014",单击"确定"(见图 10-12),得到各个内生变量的拟合图(如图 10-13)。

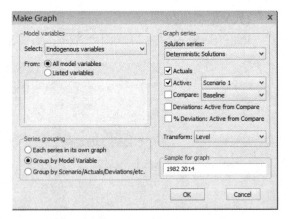

图 10-12 输入要比较的变量

(十)情景分析

情景 1: 2009 年与 2010 年存贷款利率相比实际存贷款利率上调 1%,也即不实施更宽松的货币政策。

单击 Scenarios→Create New Scenario,单击"Overrides",在文本中输入"rl rd",建立变量 rl 与 rd 的情景(见图 10-14)。单击"Aliasing",查看或者修改 Scenario2(情景 2)的别名(见图 10-15),设置完成后单击"确定"。

实验十 基于情景理论的宏观经济运行风险预测与模拟

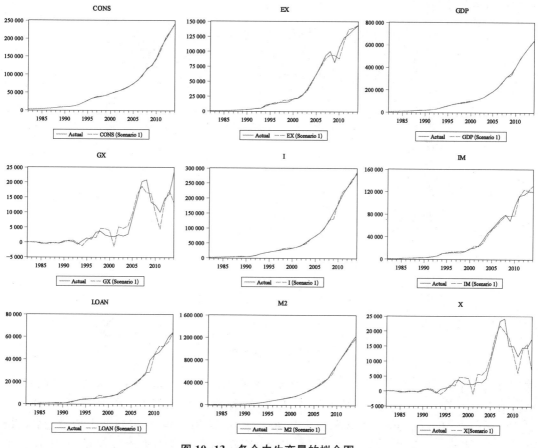

图 10-13 各个内生变量的拟合图

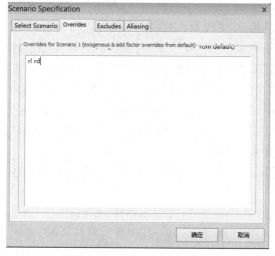

图 10-14 在文本中输入"rl rd"

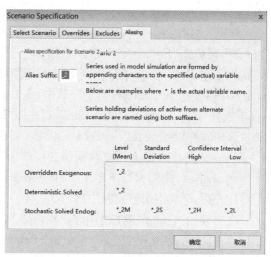

图 10-15 查看或修改情景 2 的别名

可以通过"Variables"查看变量状态，一旦变量的情景分析建立起来，它在变量查看窗口中将以红色显示(见图10-16)。

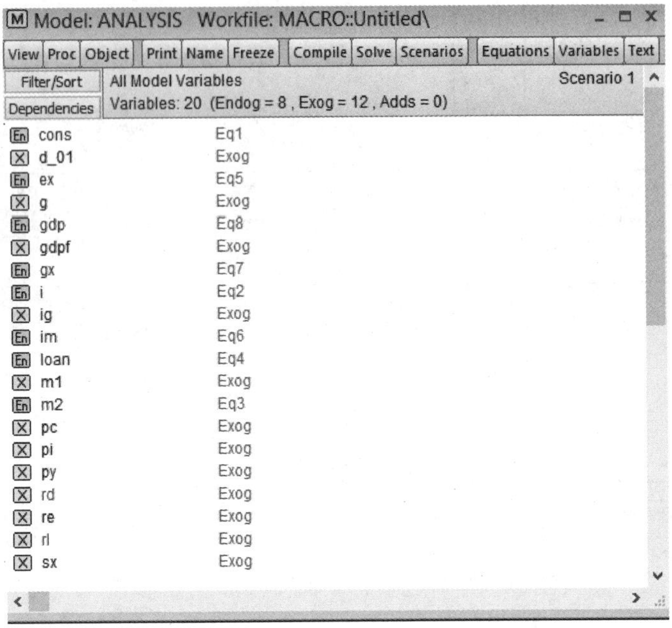

图 10-16 查看变量状态

图 10-17 修改情景别名的后缀

最小化 analysis 窗口返回 Macro 工作文件窗口，选中序列"rl"并单击右键，选择"copy"，右击工作文件窗口，然后将名称改为与情景别名一致的后缀，在情景 2 中变量别名后缀为"*_2"，因而将 rl 别名改为"rl_2"，并单击"OK"(见图10-17)。

单击"rl_2"，打开"rl_2"序列值窗口，单击"Edit+/−"，将 2009 年贷款利率 5.31 改为 6.31，2010 年贷款利率 5.35 改为 6.35，再单击"Edit+/−"，保护数据以免于误修，并关闭"rl_2"序列窗口。同样步骤创建并修改"rd_2"，将 2009 年存款利率 2.25 改为 3.25，2010 年存款利率 2.29 改为 3.29。单击 analysis 模型进入 analysis 界面，单击"Solve"出现"Model Solution"对话框，"Simulation type"选择"Deterministic"，"Dynamics"选择"Dynamic solution"，"Solution sample"填"2009 2014"，同时在"Solve for Alternate along with Active"前打勾，"Alternate"选择"Baseline"(Baseline 为外生变量为历史数据情景)，单击"确定"(见图10-18)。

在 analysis 模型窗口下单击 Proc→Make Group/Table，根据需要选择比较的变量和各个对比序列，单击"确定"(见图10-19)。

在出现的"Group"窗口中单击"Sample"，填入"2009 2014"，则表格序列只显示 2009—2014 年的对比表(见图10-20)。单击"Table Option"将"Data display"改为每行 6 年，单击"确定"(见图10-21)，显示各个变量的对比表格(见表10-3)。Actuals 为历史实际值，Scenario2 为情景 2 下的模型的解，Baseline 为各个外生变量为实际历史数据得到的模型解，%Deviation 为 Scenario2 与 Baseline 之间的偏离值。

实验十 基于情景理论的宏观经济运行风险预测与模拟

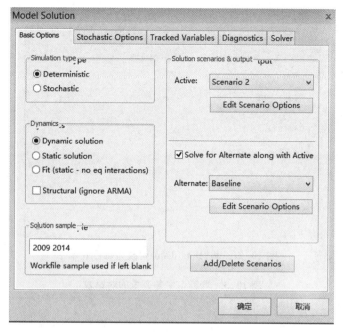

图 10-18 在 Model Solution 中选择

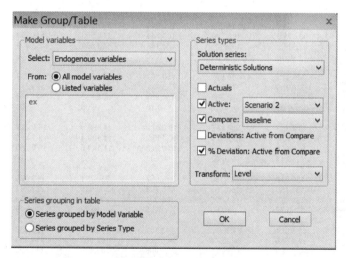

图 10-19 选择需要比较的变量和各个对比序列

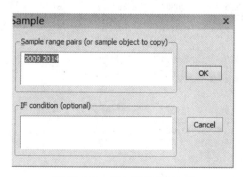

图 10-20 填入"2009 2014"

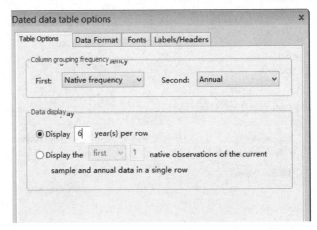

图 10-21 将"Data display"改为每行 6 年

表 10-3 情景 1 中各变量的对比表

	2009	2010	2011	2012	2013	2014
CONS						
Actuals	126,661	146,058	176,532	198,537	219,763	241,542
Scenario 2	124,845	139,921	159,646	178,265	197,985	218,858
Baseline	124,762	139,764	159,524	178,171	197,914	218,803
% Deviation	0.07	0.11	0.08	0.05	0.04	0.03
EX						
Actuals	82,029.7	107,023	123,241	129,359	137,131	143,912
Scenario 2	93,511.9	100,570	104,744	118,550	133,999	144,560
Baseline	93,511.9	100,570	104,744	118,550	133,999	144,560
% Deviation	0.00	0.00	0.00	0.00	0.00	0.00
GDP						
Actuals	346,431	406,581	480,861	534,745	589,737	640,796
Scenario 2	326,355	372,854	433,782	486,278	541,218	589,303
Baseline	326,624	373,366	434,201	486,593	541,445	589,465
% Deviation	-0.08	-0.14	-0.10	-0.06	-0.04	-0.03
GX						
Actuals	13,411.3	12,323.5	10,079.2	14,558.3	16,093.9	23,488.8
Scenario 2	16,318.4	15,716.9	10,115.2	14,189.4	19,143.1	19,321.4
Baseline	16,247.6	15,587.3	10,013.6	14,114.5	19,089.6	19,283.0
% Deviation	0.44	0.83	1.01	0.53	0.28	0.20
I						
Actuals	152,918	181,190	213,937	237,751	263,028	283,018
Scenario 2	131,750	150,206	183,708	209,925	233,237	258,374
Baseline	132,173	151,005	184,351	210,408	233,589	258,630
% Deviation	-0.32	-0.53	-0.35	-0.23	-0.15	-0.10
IM						
Actuals	68,618.4	94,699.3	113,161	114,801	121,038	120,423
Scenario 2	77,193.5	84,852.9	94,629.1	104,360	114,856	125,239
Baseline	77,264.3	84,982.5	94,730.6	104,435	114,909	125,277
% Deviation	-0.09	-0.15	-0.11	-0.07	-0.05	-0.03
LOAN						
Actuals	39,302.8	44,020.8	46,344.5	51,593.5	59,442.0	64,092.2
Scenario 2	28,852.9	31,511.0	37,840.8	44,098.5	48,819.4	53,606.1
Baseline	28,809.6	31,530.2	37,974.5	44,200.7	48,893.7	53,659.5
% Deviation	0.15	-0.06	-0.35	-0.23	-0.15	-0.10
M2						
Actuals	606,225	725,852	851,591	974,149	1.11E+06	1.23E+06
Scenario 2	559,991	667,891	770,667	865,950	979,705	1.06E+06
Baseline	558,488	666,373	771,125	866,307	979,968	1.06E+06
% Deviation	0.27	0.23	-0.06	-0.04	-0.03	-0.02
X						
Actuals	15,037.0	15,057.1	11,688.5	14,636.1	14,552.1	17,462.9
Scenario 2	17,944.0	18,450.4	11,724.5	14,267.2	17,601.3	13,295.4
Baseline	17,873.3	18,320.9	11,622.9	14,192.3	17,547.8	13,257.1
% Deviation	0.40	0.71	0.87	0.53	0.30	0.29

单击 Proc→Make Graph，可以根据需要选择画图的变量和变量序列，为画所有内生变量的三个序列(真实历史数据、情景2序列、Baseline情景序列)，如图10-22所示。

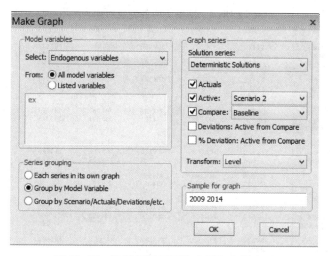

图 10-22　选择需要画图的变量和变量序列

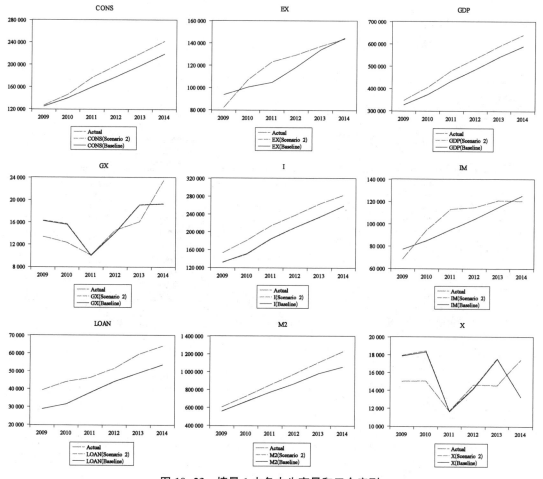

图 10-23　情景 1 中各内生变量和三个序列

情景 2：2009 年与 2010 年存贷款利率相比实际存贷款利率再下调 1%，也即实施更加宽松的货币政策（见表 10-4 和图 10-24）。

表 10-4 情景 2 中各变量对比表

	2009	2010	2011	2012	2013	2014
CONS						
Scenario 3	124,679	139,607	159,402	178,078	197,842	218,748
Baseline	124,762	139,764	159,524	178,171	197,914	218,803
% Deviation	-0.07	-0.11	-0.08	-0.05	-0.04	-0.03
EX						
Scenario 3	93,511.9	100,570	104,744	118,550	133,999	144,560
Baseline	93,511.9	100,570	104,744	118,550	133,999	144,560
% Deviation	0.00	0.00	0.00	0.00	0.00	0.00
GDP						
Scenario 3	326,894	373,882	434,622	486,908	541,673	589,628
Baseline	326,624	373,366	434,201	486,593	541,445	589,465
% Deviation	0.08	0.14	0.10	0.06	0.04	0.03
GX						
Scenario 3	16,176.6	15,456.9	9,911.60	14,039.4	19,036.0	19,244.7
Baseline	16,247.6	15,587.3	10,013.6	14,114.5	19,089.6	19,283.0
% Deviation	-0.44	-0.84	-1.02	-0.53	-0.28	-0.20
I						
Scenario 3	132,598	151,808	184,996	210,891	233,941	258,886
Baseline	132,173	151,005	184,351	210,408	233,589	258,630
% Deviation	0.32	0.53	0.35	0.23	0.15	0.10
IM						
Scenario 3	77,335.3	85,112.9	94,832.6	104,510	114,963	125,316
Baseline	77,264.3	84,982.5	94,730.6	104,435	114,909	125,277
% Deviation	0.09	0.15	0.11	0.07	0.05	0.03
LOAN						
Scenario 3	28,766.4	31,549.3	38,108.6	44,302.9	48,968.0	53,713.0
Baseline	28,809.6	31,530.2	37,974.5	44,200.7	48,893.7	53,659.5
% Deviation	-0.15	0.06	0.35	0.23	0.15	0.10
M2						
Scenario 3	556,993	664,863	771,584	866,665	980,232	1.06E+06
Baseline	558,488	666,373	771,125	866,307	979,968	1.06E+06
% Deviation	-0.27	-0.23	0.06	0.04	0.03	0.02
X						
Scenario 3	17,802.3	18,190.5	11,520.9	14,117.2	17,494.2	13,218.8
Baseline	17,873.3	18,320.9	11,622.9	14,192.3	17,547.8	13,257.1
% Deviation	-0.40	-0.71	-0.88	-0.53	-0.31	-0.29

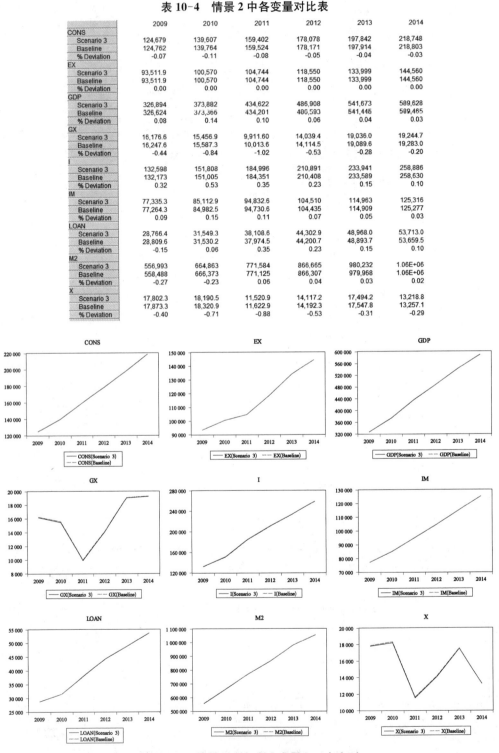

图 10-24 情景 2 中各内生变量和三个序列

情景 3：2010 年和 2011 年，政府消费相比实际政府消费减少 10%，也即实施相对温和的财政政策(见表 10-5 和图 10-25)。

表 10-5 情景 3 中各变量对比表

	2010	2011	2012	2013	2014
CONS					
Scenario 4	143,198	164,335	184,943	206,673	229,453
Baseline	144,049	166,643	188,013	210,220	233,268
% Deviation	-0.59	-1.38	-1.63	-1.69	-1.64
EX					
Scenario 4	88,035.0	95,074.7	111,713	129,784	142,399
Baseline	88,035.0	95,074.7	111,713	129,784	142,399
% Deviation	0.00	0.00	0.00	0.00	0.00
GDP					
Scenario 4	392,883	454,493	521,314	580,917	630,823
Baseline	407,110	479,889	537,097	593,040	640,194
% Deviation	-3.49	-5.29	-2.94	-2.04	-1.46
GX					
Scenario 4	12,747.5	7,192.62	7,344.16	10,788.6	10,328.1
Baseline	9,713.8	1,722.3	3,829.2	8,027.4	8,147.5
% Deviation	31.2	317.6	91.8	34.4	26.8
I					
Scenario 4	175,273	209,157	245,129	272,603	298,293
Baseline	186,337	231,211	261,355	283,940	306,029
% Deviation	-5.94	-9.54	-6.21	-3.99	-2.53
IM					
Scenario 4	75,287.4	87,882.1	104,369	118,995	132,071
Baseline	78,321.1	93,352.4	107,884	121,756	134,252
% Deviation	-3.87	-5.86	-3.26	-2.27	-1.62
LOAN					
Scenario 4	41,784.8	47,849.8	55,843.9	60,811.8	65,017.0
Baseline	44,346.8	52,763.9	59,474.1	63,281.7	66,645.5
% Deviation	-5.78	-9.31	-6.10	-3.90	-2.44
M2					
Scenario 4	715,210	823,360	938,383	1.06E+06	1.14E+06
Baseline	731,442	852,797	957,309	1.07E+06	1.15E+06
% Deviation	-2.22	-3.45	-1.98	-1.38	-1.01
X					
Scenario 4	15,481.1	8,801.95	7,421.96	9,246.76	4,302.19
Baseline	12,447.4	3,331.61	3,907.02	6,485.63	2,121.53
% Deviation	24.4	164.2	90.0	42.6	102.8

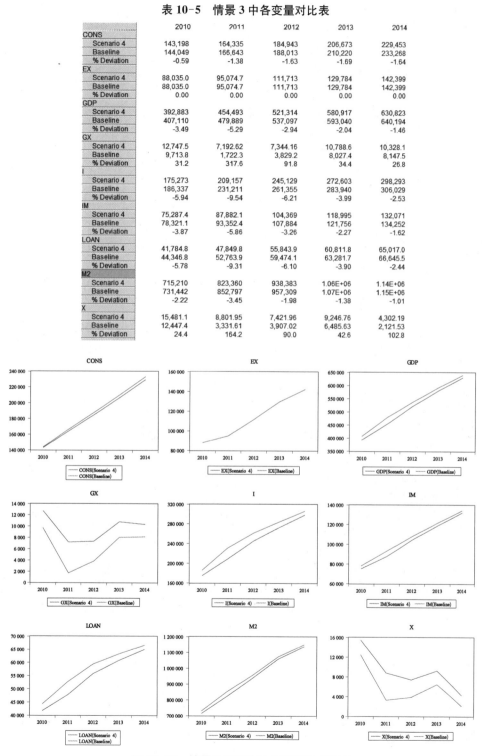

图 10-25 情景 3 中各内生变量和三个序列

情景 4：2010 年和 2011 年，政府消费相比实际政府消费增加 10%，也即实施更加激进的财政政策（见表 10-6 和图 10-26）。

表 10-6　情景 4 中各变量对比表

	2010	2011	2012	2013	2014
CONS					
Scenario 5	144,849	168,832	190,923	213,572	236,860
Baseline	144,049	166,643	188,013	210,220	233,268
% Deviation	0.56	1.31	1.55	1.59	1.54
EX					
Scenario 5	88,035.0	95,074.7	111,713	129,784	142,399
Baseline	88,035.0	95,074.7	111,713	129,784	142,399
% Deviation	0.00	0.00	0.00	0.00	0.00
GDP					
Scenario 5	420,877	504,966	552,119	604,357	648,850
Baseline	407,110	479,889	537,097	593,040	640,194
% Deviation	3.38	5.23	2.80	1.91	1.35
GX					
Scenario 5	6,766.9	-3,710.7	472.9	5,444.3	6,129.9
Baseline	9,713.8	1,722.3	3,829.2	8,027.4	8,147.5
% Deviation	-30.3	-315.5	-87.6	-32.2	-24.8
I					
Scenario 5	196,906	253,027	276,824	294,489	313,111
Baseline	186,337	231,211	261,355	283,940	306,029
% Deviation	5.67	9.44	5.92	3.72	2.31
IM					
Scenario 5	81,268.1	98,785.4	111,240	124,340	136,269
Baseline	78,321.1	93,352.4	107,884	121,756	134,252
% Deviation	3.76	5.82	3.11	2.12	1.50
LOAN					
Scenario 5	46,780.9	57,592.1	62,922.3	65,573.5	68,132.4
Baseline	44,346.8	52,763.9	59,474.1	63,281.7	66,645.5
% Deviation	5.49	9.15	5.80	3.62	2.23
M2					
Scenario 5	747,155	881,877	975,328	1.09E+06	1.16E+06
Baseline	731,442	852,797	957,309	1.07E+06	1.15E+06
% Deviation	2.15	3.41	1.88	1.29	0.94
X					
Scenario 5	9,500.5	-2,101.4	550.7	3,902.5	104.0
Baseline	12,447.4	3,331.61	3,907.02	6,485.63	2,121.53
% Deviation	-23.7	-163.1	-85.9	-39.8	-95.1

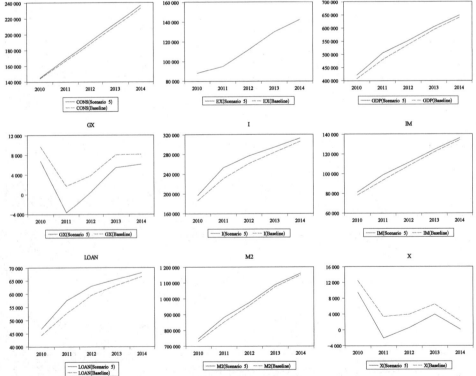

图 10-26　情景 4 中各内生变量和三个序列

情景 5： 2010 年和 2011 年，人民币汇率相比实际汇率都升值了 1‰（见表 10-7 和图 10-27）。

表 10-7　情景 5 中各变量对比表

	2010	2011	2012	2013	2014
CONS					
Scenario 6	143,980	166,526	187,904	210,118	233,172
Baseline	144,049	166,643	188,013	210,220	233,268
% Deviation	-0.047	-0.070	-0.058	-0.049	-0.041
EX					
Scenario 6	82,653.2	89,444.3	111,713	129,784	142,399
Baseline	88,035.0	95,074.7	111,713	129,784	142,399
% Deviation	-6.11	-5.92	0.00	0.00	0.00
GDP					
Scenario 6	405,954	478,989	537,085	593,016	640,161
Baseline	407,110	479,889	537,097	593,040	640,194
% Deviation	-0.28	-0.19	-0.00	-0.00	-0.01
GX					
Scenario 6	8,553.5	816.5	3,831.7	8,033.0	8,155.0
Baseline	9,713.8	1,722.3	3,829.2	8,027.4	8,147.5
% Deviation	-11.9	-52.6	0.1	0.1	0.1
I					
Scenario 6	186,410	231,335	261,451	284,013	306,085
Baseline	186,337	231,211	261,355	283,940	306,029
% Deviation	0.039	0.053	0.037	0.026	0.018
IM					
Scenario 6	74,099.7	88,627.8	107,882	121,751	134,244
Baseline	78,321.1	93,352.4	107,884	121,756	134,252
% Deviation	-5.39	-5.06	-0.00	-0.00	-0.01
LOAN					
Scenario 6	44,380.0	52,805.4	59,497.0	63,298.9	66,658.6
Baseline	44,346.8	52,763.9	59,474.1	63,281.7	66,645.5
% Deviation	0.075	0.079	0.038	0.027	0.020
M2					
Scenario 6	730,124	851,754	957,295	1.07E+06	1.15E+06
Baseline	731,442	852,797	957,309	1.07E+06	1.15E+06
% Deviation	-0.18	-0.12	-0.00	-0.00	-0.00
X					
Scenario 6	11,287.1	2,425.82	3,909.54	6,491.15	2,129.08
Baseline	12,447.4	3,331.61	3,907.02	6,485.63	2,121.53
% Deviation	-9.3	-27.2	0.1	0.1	0.4

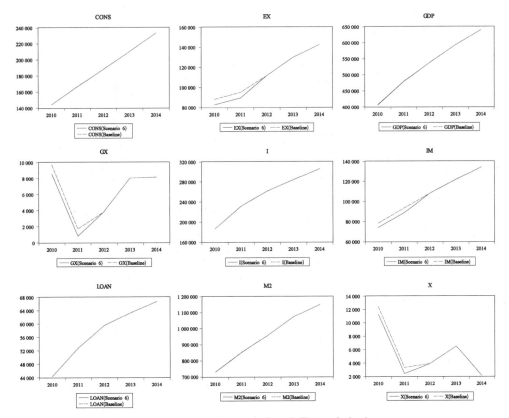

图 10-27　情景 5 中各内生变量和三个序列

情景 6：2010 年和 2011 年，人民币汇率相比实际汇率都贬值了 1%（见表 10-8 和图 10-28）。

表 10-8 情景 6 中各变量对比表

	2010	2011	2012	2013	2014
CONS					
Scenario 7	144,111	166,750	188,114	210,314	233,356
Baseline	144,049	166,643	188,013	210,220	233,268
% Deviation	0.044	0.064	0.053	0.045	0.038
EX					
Scenario 7	93,545.8	100,858	111,713	129,784	142,399
Baseline	88,035.0	95,074.7	111,713	129,784	142,399
% Deviation	6.26	6.08	0.00	0.00	0.00
GDP					
Scenario 7	408,175	480,709	537,107	593,063	640,223
Baseline	407,110	479,889	537,097	593,040	640,194
% Deviation	0.26	0.17	0.00	0.00	0.00
GX					
Scenario 7	10,783.7	2,547.87	3,826.90	8,022.36	8,140.54
Baseline	9,713.8	1,722.3	3,829.2	8,027.4	8,147.5
% Deviation	11.0	47.9	−0.1	−0.1	−0.1
I					
Scenario 7	186,270	231,099	261,268	283,873	305,978
Baseline	186,337	231,211	261,355	283,940	306,029
% Deviation	−0.036	−0.049	−0.034	−0.023	−0.017
IM					
Scenario 7	82,762.1	98,310.4	107,886	121,762	134,259
Baseline	78,321.1	93,352.4	107,884	121,756	134,252
% Deviation	5.67	5.31	0.00	0.00	0.01
LOAN					
Scenario 7	44,316.2	52,725.9	59,453.2	63,265.9	66,633.5
Baseline	44,346.8	52,763.9	59,474.1	63,281.7	66,645.5
% Deviation	−0.069	−0.072	−0.035	−0.025	−0.018
M2					
Scenario 7	732,658	853,748	957,321	1.07E+06	1.15E+06
Baseline	731,442	852,797	957,309	1.07E+06	1.15E+06
% Deviation	0.17	0.11	0.00	0.00	0.00
X					
Scenario 7	13,517.3	4,157.20	3,904.70	6,480.56	2,114.62
Baseline	12,447.4	3,331.61	3,907.02	6,485.63	2,121.53
% Deviation	8.6	24.8	−0.1	−0.1	−0.3

图 10-28 情景 6 中各内生变量和三个序列

七、实验报告要求

1. 实验目的明确,实验过程清晰,实验结论准确。
2. 实验报告在下一次实验课前上交。
3. 实验成绩的考核:实验课上遵守纪律的情况、出勤情况等占40%,实验报告占60%。

八、思考题

1. 本实验中设定的宏观经济模型缺陷是什么?如何改进?
2. 本实验中的情景模拟都为确定模拟,也即模型中所有的参数都固定为参数的点估计值,如何进行随机模拟(模型方程的求解使得方程含有与随机抽取的误差相匹配的残差,系数和外生变量也是随机变化的)?

实验十一　基于损失分布的操作风险 VaR 度量

一、实验目的

1. 综合应用损失分布法中所涉及的泊松分布函数和蒙特卡罗模拟法等知识。
2. 掌握对操作风险进行量化的思想和方法。

二、实验内容

预测银行未来操作风险所带来的损失金额。

（一）整体思路

1. 收集历史上银行每年因为操作风险所发生的损失次数以及每次损失的金额。
2. 根据历史上银行每年发生的损失次数，拟合出描述银行每年损失次数的损失频率函数。
3. 根据历史上银行每次发生操作风险所造成的损失金额，拟合出描述银行每次损失金额的分布函数。
4. 对银行未来的损失金额，做 n 次蒙特卡罗模拟。
5. 根据 VaR 模型，确定银行未来的损失金额的极值。

（二）建立损失强度分布模型

损失强度是指在单次的灾难事件中损失金额的多少。通常对数正态分布能较好描述金融领域损失严重程度分布。

对数正态分布的概率分布函数为：

$$f(x;\mu,\sigma)=\frac{1}{\sigma x\sqrt{2\pi}}e^{-(\ln x-\mu)^2/2\sigma^2} \tag{11-1}$$

（三）建立损失频率模型

损失频率模型主要有二项分布、泊松分布和负二项分布。这里应用泊松分布，即对于不同的业务类别 i、风险类别 j，在一定期间内损失事件发生 k 次的概率为：

$$P_{ij}(k)=\frac{e^{-\lambda_{ij}}\lambda_{ij}^{k}}{k!} \tag{11-2}$$

（四）蒙特卡罗模拟

蒙特卡罗模拟的步骤有五步。

1. 产生一个符合频率分布函数的随机数 n。

2. 产生 n 个服从损失金额分布的独立变量 $x_i(i=1, 2, \cdots, n)$。

3. 将第二步中的 n 个随机变量 $x_i(i=1, 2, \cdots, n)$ 相加,得到一年内的操作风险损失量。

4. 重复第一步到第三步 K 次,得到 K 个操作风险损失的可能取值。

5. 将计算得到的损失量连接成一条能够较好描述潜在的损失事件的曲线。利用这 K 个可能的取值,就可以得到操作风险损失的分布情况,根据其分布情况,可以得到操作风险的 VaR 值,从而得出操作风险监管资本的大小。将 $l_k(k=1, 2, \cdots, k)$ 按从小到大的顺序排列:

$$l_1 \leqslant l_2 \cdots \leqslant l_k;$$

则置信水平为 α 的 Var 值为:

$$Var_\alpha = \min\left\{l_k : \frac{k}{K} \geqslant \alpha\right\} \tag{11-3}$$

(五) 风险价值 VaR 模型

通过蒙特卡罗模型,对未来银行操作风险损失年度金额总额做出多次估计(一般是做 1 万次以上的估计,估计次数越多,则估计精度越高。不过估计次数越多,计算耗时越长)。然后,用 VaR 模型来估计未来银行操作风险损失年度金额总额最值。

三、实验原理

(一) 实验目的

为了预测银行未来年度因为操作风险而带来的损失金额。

(二) 操作风险

操作风险是指市场风险与信用风险以外的所有风险。

(三) 损失分布法

损失分布法的基本思路是:以 VaR 方法为基础,给出一定置信区间和持有期(通常是一年),银行根据自身情况,收集历史上银行每年因为操作风险而发生损失的次数,以及每次损失的金额,拟合出两个概率分布函数:一个是损失频率分布;另一个是损失强度分布,然后根据这两个测算的概率分布,计算出累计操作损失的概率分布函数。为了得出累计损失分布函数,目前较为常用且效果较好的方法是基于 VaR 的蒙特卡罗模拟法。

(四) VaR 在险价值

VaR(Value at Risk)一般被称为"风险价值"或"在险价值",指在一定的置信水平下,某一金融资产(或证券组合)在未来特定的一段时间内的最大可能损失。假定 JP 摩根公司在 2004 年置信水平为 95% 的日 VaR 值为 960 万美元,其含义指该公司可以有 95% 的把握保证,2004 年某一特定时点上的金融资产在未来 24 小时内,由于市场价格变动带来的损失不会超过 960 万美元。或者说,只有 5% 的可能损失超过 960 万美元。

要正确理解 VaR 在险价值,则需要理解正态分布;要正确理解正态分布,则需要理解频率分布直方图。

(五) 频率分布直方图

假如测量了 47 位同学的身高,然后根据身高,将同学分为 4 组。第一组的身高是

140.5—150.5 cm,第二组的身高是 150.5—160.5 cm,第三组的身高是 160.5—170.5 cm,第四组的身高是 170.5—180.5 cm,然后将这四组分组情况画在坐标系中,具体如图 11-1 所示。

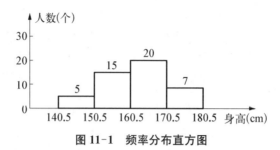

图 11-1 频率分布直方图

从图 11-1 中可以看到,每组的成员数量(频数)与柱子高度相关,例如,身高是 160.5—170.5 cm 的这组,包含了 20 位同学,因此这个柱子最高。而身高是 140.5—150.5 cm 的这组包含了 5 位同学,所以对应的柱子最低。

每组成员数量与总体数量之比为频率。例如,身高是 140.5—150.5 cm 这组的频率是 5/47=0.106。也就是说,如果在这 47 位同学中随机挑选一个同学,则抽到身高是 140.5—150.5 cm 这组的同学的概率是 0.106。

(六) 正态分布图

样本容量越大,所分组数越多,各组的频率就越接近于总体在相应各组取值的概率。

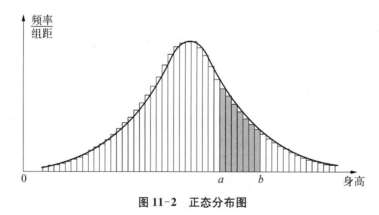

图 11-2 正态分布图

在图 11-2 中,总体在区间 (a, b) 内取值的概率等于直线 $x=a$、$x=b$ 及 x 轴所围图形的面积。设想样本容量无限增大,分组的组距无限缩小,那么,频率分布直方图就会无限接近于一条光滑曲线。

通过图 11-2 就可以知道,身高在 (a, b) 之间分布的同学的人数占总人数之比,就是图 11-2 中直线 a、b、横坐标轴以及曲线所包含的面积。

(七) 对数正态分布函数

所谓对数正态分布函数,就是将正态分布函数中的 X,用 X 的对数进行替代,即用 $\ln X$ 替代 X。

在概率论与统计学中,对数正态分布是对数为正态分布的任意随机变量的概率分布。如果 X 是正态分布的随机变量,则 $\exp(X)$ 为对数分布;同样,如果 Y 是对数正态分布,则

log(Y)为正态分布。如果一个变量可以看作是许多很小独立因子的乘积,则这个变量可以看作是对数正态分布。一个典型的例子是股票投资的长期收益率,它可以看作是每天收益率的乘积。对于 $x>0$,对数正态分布的概率分布函数为:

$$f(x;\mu,\sigma)=\frac{1}{\sigma x\sqrt{2\pi}}e^{-(\ln x-\mu)^2/2\sigma^2} \tag{11-4}$$

其中,μ 与 σ 分别是变量对数的平均值与标准差。它的期望值是 $E(X)=e^{\mu+\sigma^2/2}$

方差为:

$$Var(X)=(e^{\sigma^2}-1)e^{2\mu+\sigma^2} \tag{11-5}$$

给定期望值与标准差,也可以用这个关系求 μ 与 σ:

$$\mu=\ln(E(X))-\frac{1}{2}\ln\left(1+\frac{Var(X)}{E(X)^2}\right) \tag{11-6}$$

$$\sigma^2=\ln\left(1+\frac{Var(X)}{E(X)^2}\right) \tag{11-7}$$

(八) 泊松分布函数

泊松分布函数是一种统计与概率学里常见的离散概率分布,由法国数学家西莫恩-德尼·泊松(Siméon-Denis Poisson)在1838年发表。

泊松分布的概率质量函数为:

$$P(X=k)=\frac{e^{-\lambda}\lambda^k}{k!} \tag{11-8}$$

泊松分布的参数 λ 是单位时间(或单位面积)内随机事件的平均发生率。

泊松分布适合描述单位时间内随机事件发生的次数。如某一服务设施在一定时间内到达的人数、电话交换机接到呼叫的次数、汽车站台的候客人数、机器出现的故障数、自然灾害发生的次数等。

(九) 蒙特卡罗模拟法

所谓蒙特卡罗模拟,其核心思想是用历史来预测未来。例如,收集银行历史上每年发生损失的次数的数据,发现其中存在的规律,并用这个规律来预测未来银行将会发生的损失的次数。蒙特卡罗模拟的具体做法是:首先搜集历史上银行每年发生损失的次数。发现这些历史数据服从某种函数分布,例如,服从 λ 等于某一数值的泊松分布(λ 的具体数值需要根据历史数据进行计算,一般 λ 的数值等于历史上银行平均每年发生损失的次数),然后根据这个泊松分布函数,随机产生数值,此数值就是根据泊松分布函数预测的下一年度银行发生损失的次数。

1. 蒙特卡罗模拟法的思想

当所求解问题是某种随机事件出现的概率,或者是某个随机变量的期望值时,通过某种"实验"的方法,以这种事件出现的频率估计这一随机事件的概率,或者得到这个随机变量的某些数字特征,并将其作为问题的解。有一个例子可以使你比较直观地了解蒙特卡罗方法:假设要计算一个不规则图形的面积,那么,图形的不规则程度和分析性计算(比如,积分)的复杂程度是成正比的。蒙特卡罗方法是怎么计算的呢？假想你有一袋豆子，把豆子均匀地朝这个图形上撒，然后数这个图形之中有多少颗豆子，这个豆子的数目就是图形的面积。当你的豆子越小，撒得越多的时候，结果就越精确。在这里要假定豆子都在一个平面上，相互之间没有重叠。

2. 在解决实际问题的时候应用蒙特卡罗方法

主要有两部分工作：用蒙特卡罗方法模拟某一过程时，需要产生各种概率分布的随机变量；用统计方法把模型的数字特征估计出来，从而得到实际问题的数值解。

四、实验过程

实验步骤（一）—（五）使用 Eviews 软件处理，第（六）步蒙特卡罗模拟法采用 python 处理。

（一）搜集数据

搜集新闻中关于银行因为操作风险而发生的案件次数以及每次案件的损失金额，其中损失金额命名为 sunshi，案例次数命名为 cishu。

（二）建立工作文件夹

使用 Eviews 软件处理数据，一般都要先建工作文件夹，流程是：点击 File→New→Workfile，如图 11-3 所示。

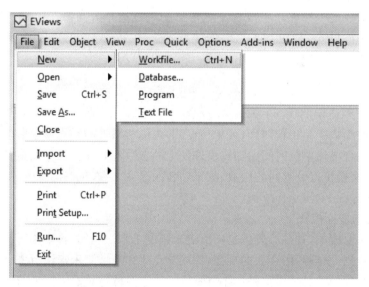

图 11-3　建立工作文件夹

点击 Workfile，出现如图 11-4 所示界面。

在图 11-4 界面左边"Workfile structure type"中，有三个选项，其中处理非时间序列的数据，则选择"Unstructured/Undated"；处理时间序列数据，则选择"Dated — regular frequency"；处理面板数据，则选择"Balanced Panel"。在本例中，因为所处理的数据是非时间序列数据，所以选择"Unstructured/Undated"。这个时候，界面变为如图 11-5 所示界面。

在"Workfile Create"界面右边"Observations"处输入所搜集到的银行发生操作风险损失的次数 123（通过检索 2000—2008 年新闻，共找到关于银行因为操作风险而发生损失的案件 123 起）。

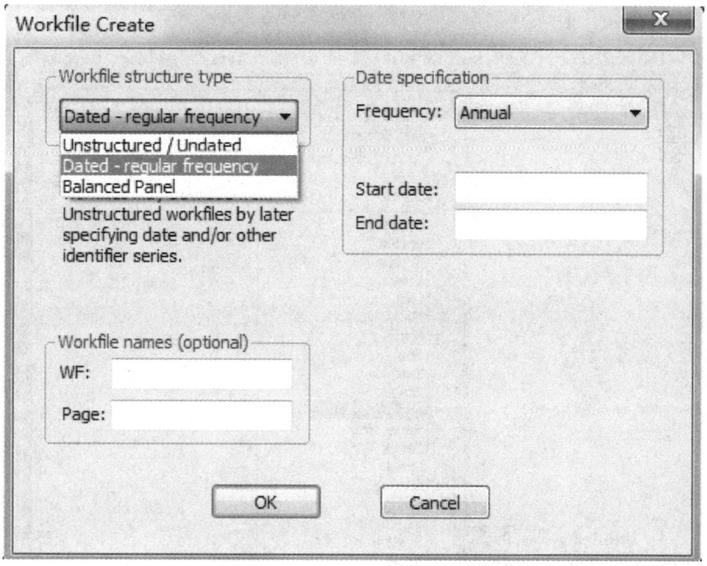

图 11-4　工作文件夹参数设立

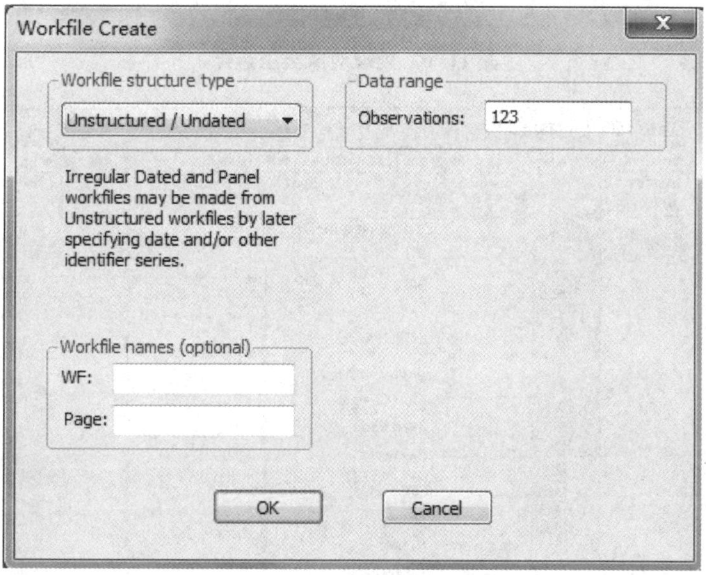

图 11-5　样本数据类型的选择

(三) 输入数据

选择"Objects/New Object/Series",在"Name for object"对话框中输入序列名"sunshi",单击"OK"(如图 11-6)。

双击文件"sunshi",这时会打开序列窗口,所有值用"NA"表示。在对象窗口单击"Edit +/-"按钮。然后用鼠标单击单元格,这时可以向该单元格输入数据(如图 11-7)。

采取上述步骤,可以创建变量 cishu,并输入数据。要注意的地方是,在创建文件夹的时候,在"Workfile Create"界面右边"Observations"处输入 9(因为 2000—2008 年共 9 个年度,每个年度所发生的损失次数,记录在名为"cishu"这个文件中)。

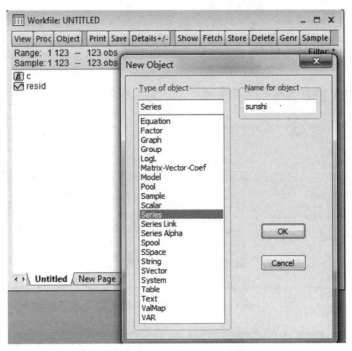

图 11-6　处理对象类型选择

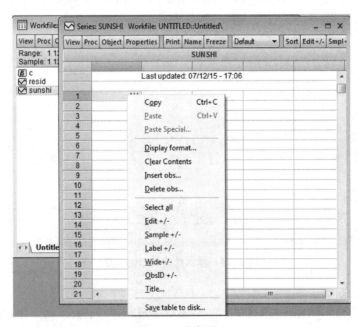

图 11-7　数据导入

(四) 建立损失强度分布模型

损失强度是指我国金融机构在单次操作风险中损失金额的多少。

在本案例中,做出损失金额 X 的直方图,以确认损失金额的分布是否符合正态分布(作图流程:在工作文件夹中打开文件名为 sunshi 的文件,点击"view→descriptive statistics&tests→histogram and stats")。

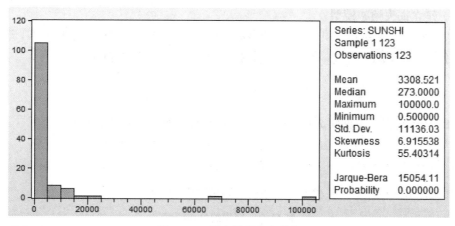

图 11-8 样本数据分布特征

根据损失金额 X 的直方图(见图 11-8),可以发现损失金额 X 的分布,属于偏态分布,不符合正态分布,不利于后续的处理。因此,采取给损失金额 X 取对数的方式,即处理变量 $\ln X$ 而不是变量 X,以改善变量的正态分布情况。由于变量不是 X 而是 $\ln X$,因此损失金额的概率分布函数,就不是正态分布函数,而是对数正态分布函数。

对数正态分布的概率分布函数为:

$$f(x;\mu,\sigma)=\frac{1}{\sigma x\sqrt{2\pi}}e^{-(\ln x-\mu)^2/2\sigma^2} \tag{11-9}$$

其中,x 为单次操作风险损失的金额,μ 为操作风险损失金额对数的期望值(即 $\ln X$ 的期望值),σ 为损失金额对数分布的方差。

在本案例中,操作风险损失金额对数 $\ln X$ 服从参数为 5.66 和 2.52 的对数正态分布。确定了操作风险损失金额对数的分布函数,即确定了操作风险损失金额对数的分布特征。根据这个函数,就可以预测未来操作风险损失金额对数的值。其中损失分布强度图如图 11-9 所示(作图流程:点击"view→descriptive statistics→histogram and stats")。

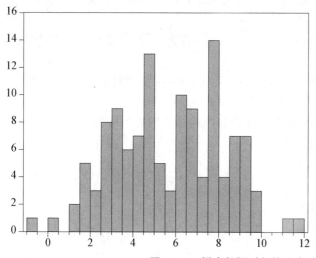

图 11-9 样本数据对数的分布特征

(五) 建立损失频率模型

损失频率模型主要有二项分布、泊松分布和负二项分布。这里应用泊松分布,即对于不同的业务类别 i、风险类别 j,在一定期间内损失事件发生 k 次的概率为:

$$P_{ij}(k) = \frac{e^{-\lambda_{ij}} \lambda_{ij}^k}{k!} \tag{11-10}$$

因此在本案例中,在一定期间内损失事件发生 k 次的概率分布函数为:

$$P(k) = \frac{e^{-\lambda} \lambda^k}{k!} \tag{11-12}$$

根据原始记录,2000—2008 年操作风险损失的分布频率见表 11-1。

表 11-1 损失的分布频率

年 份	次 数	频 率	累积频率
2000	5	0.040 65	0.203 252
2001	11	0.089 431	0.983 74
2002	13	0.105 691	1.373 984
2003	16	0.130 081	2.081 301
2004	31	0.252 033	7.813 008
2005	25	0.203 252	5.081 301
2006	15	0.121 951	1.829 268
2007	3	0.024 39	0.073 171
2008	4	0.032 52	0.130 081

由上述计算可知,泊松分布的参数值为 19.57。

(六) 蒙特卡罗模拟

蒙特卡罗模拟的步骤有四步。

1. 产生一个符合泊松分布(参数为 19.57)的随机数 n(即估计下一年度产生 n 次操作风险事故)。

2. 产生一个符合正态分布(参数为 5.66 和 2.52)的随机数(即估计 n 次操作风险事故中,每一次风险事故所导致的损失金额)。

3. 将第二步中的 n 个随机变量 $x_i (i=1,2,\cdots,n)$ 相加,得到一年内的操作风险损失量。

4. 重复第一步到第三步 K 次,得到 K 个操作风险损失的可能取值。

上述四个步骤的 Python 代码具体如下:

```
1. import numpy as np
2. from scipy import stats as stats
3. T = 0
4. list_k = []
```

```
5.  #建立一个空列表 list_k
6.  while T<1000:
7.      n = stats.poisson.rvs(19.57,size = 1)
8.      #产生一个参数为 19.57 的服从泊松分布的随机数 n
9.      x = stats.norm.rvs(size = n)
10.     #产生 n 个服从标准正态分布的随机数 Xi
11.     s = 0
12.     for i in x:
13.         v = 5.66 + 2.52 * i
14.         if v > 0:
15.             s + = np.exp(v)
16.         else:
17.             s + = 0
18.     s = float('%.2f' % s)
19.     list_k.append(s)
20.     #将损失金额存入列表 list_k 中
21.     T + = 1
22. list_k.sort()
23. #将列表中元素按照从小到大的顺序排列
24. print("分位数为 0.5 时,操作风险 VaR：%.2f" % list_k[500])
25. print("分位数为 0.9 时,操作风险 VaR：%.2f" % list_k[900])
26. print("分位数为 0.95 时,操作风险 VaR：%.2f" % list_k[950])
27. print("分位数为 0.99 时,操作风险 VaR：%.2f" % list_k[990])
```

这里用到了 scipy 模块中的 stats,它是可以直接产生各种函数分布的随机数,其中：

第 6—7 行分别产生参数为 19.57 的符合泊松分布的随机数 n,产生 n 个服从标准正态分布的随机数 Xi。

第 9—15,17 行估计 n 次操作风险事故中,每一次风险事故所导致的损失金额,并且,将 n 次操作风险事故中,每一次风险事故所导致的损失金额累加。

第 16、18 行是将由 1 000 个根据蒙特卡罗模拟而得到的操作风险损失金额存入列表中,并从小到大排序。

第 19—22 行计算出不同分位数下的 VaR 值。

运行代码：

```
1. 分位数为 0.5 时,操作风险 VaR：61412.83
2. 分位数为 0.9 时,操作风险 VaR：256674.52
3. 分位数为 0.95 时,操作风险 VaR：428865.98
4. 分位数为 0.99 时,操作风险 VaR：1118212.37
```

计算结果如下:

表 11-2　操作风险 VaR 计算结果

分位数	0.5	0.9	0.95	0.99
操作风险 VaR	61 412.83	256 674.52	428 865.98	1 118 212.37

表 11-2 得到在不同置信水平下操作风险年度损失金额的大小。

当然,这 K 个可能的取值,如果想要得到操作风险损失的分布情况,直接可以画出柱状图(如图 11-10)。

```
5. >>> import matplotlib.pyplot as plt
6. >>> plt.figure()
7. >>> plt.hist(list_k,bins = 100,normed = True)
8. >>> plt.show()
```

运行代码:

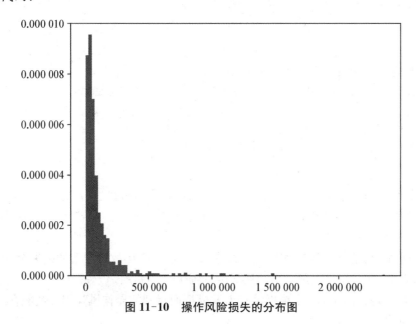

图 11-10　操作风险损失的分布图

五、实验报告要求

1. 实验目的明确,实验过程清晰,实验结论准确。
2. 实验报告在下一次实验课前上交。
3. 实验成绩的考核:实验课上遵守纪律的情况、出勤情况等占 40%,实验报告占 60%。

六、思考题

1. 结合实验案例论述蒙特卡罗分析的优点。

2. 总结编写程序的心得体会。

3. 在蒙特卡罗模拟法的 python 代码中,如何直接产生一个对数正态分布的随机数?

七、注意事项

1. 实验数据尽量选择最近年份。

2. 实验样本的可比性。

实验十二 货币流通速度测算与货币需求函数估计综合试验

>>>>>> 金融仿真综合实验

一、实验目的

(1) 理解 python 软件系统在经济分析中的应用。
(2) 掌握货币流通速度与内涵、货币需求函数的基本原理。
(3) 学会用计量经济模型来实证研究,探讨我国的货币流通速度影响因素及货币需求函数。

二、实验原理

(一) 货币流通速度的定义

从理论上说,所谓货币流通速度,是指年度内各种不同量货币被使用的平均次数,它等于各种不同量货币被使用次数的加权算术平均数。在这里,被平均的对象是货币的使用次数。

用 V_i 表示某单位货币被使用过 i 次,$i=0,1,2,3,\cdots,n$;计算货币流通速度的权数则是被用过的货币量,用 M_i 表示被使用过 i 次的货币量;$\overline{V}$ 表示年度货币流通速度,它等于一定量的货币在年度内被使用过的平均次数,即

$$\overline{V} = \sum(V_i \cdot M_i)/\sum M_i \quad i=0,1,2,3,\cdots,n \tag{12-1}$$

式(12-1)表明,货币流通速度是对单位货币使用次数的加权算术平均数,被平均的对象是货币参与交易的次数,而充当权数的变量是被使用过 i 次的货币量。

马克思认为,货币流通速度是指"货币完成自身运动的速度",而"货币的流通是一个无限分散的运动……在货币的出发点和归宿点相合的小循环中,固然表现出回归运动,真正的循环运动。可是,有多少商品,便有多少出发点,单单从出发点无限多这一点,这种循环就根本无法控制、衡量和计算了。从离开出发点到再回到出发点所经过的时间同样是无法确定的"。因为货币流通速度是不可计算的,只能用货币在一定时间内的流通次数代替。

(二) 货币流通速度理论

1. 早期货币流通速度理论

配第认为,支付频率、支付规模、收入、收入在社会不同阶层的分配、银行体系的出现是影响货币流通速度的最主要因素。洛克将利率引入货币流通速度函数。约翰·穆勒认为信用增加了货币流通速度。维克塞尔详尽地分析了各种决定货币流通速度的因素,特别是着重分析了现代信用经济和银行制度,指出货币流通速度是一个具有巨大弹性的量。

2. 马克思的货币流通速度理论

马克思在简单商品生产和简单货币流通的假设前提下,提出货币的交易流通速度概念。

他把货币流通速度公式定义为 $V=PQ/M$,表示货币服务于一定时期内的交易总量的转手次数。马克思认为,货币流通速度不是一个恒定的量,它受生产方式的总的性质、人口数、城乡关系、运输工具、分工、信用等因素的影响。

3. 传统货币数量论

(1) 现金交易数量说。

欧文·费雪在《货币的购买力》中提出交易方程式 $MV_T=PT$,而由于所有商品或劳务的总交易资料不易获得,而且人们关注的往往是国民收入,因此交易方程式通常写成 $MV=PY$,其中,Y 代表实际国民收入,P 代表一般物价水平,V 代表货币的收入流通速度。费雪认为,货币流通速度是由制度因素决定的。具体来说,包括人们的支付习惯、信用的发达程度、运输与通信条件,及其他与流通中的货币量无关的社会因素。

(2) 现金余额数量论。

现金余额数量论是由剑桥的经济学家马歇尔、庇古等人发展起来的。庇古在《货币的价值》中把公式表述为 $M=Pky$,其中,y 代表实际国民收入,p 代表一般物件水平,k 代表在名义国民收入中愿意以货币保有的比率。如果把 k 看成一个常数,令 $k=1/V$,剑桥方程式和费雪方程式在形式上就一样。而实际上剑桥学派习惯于把 k 视为一个常数,这样,货币流通速度也就成了一个常数。

4. 凯恩斯的货币理论中有关货币流通速度的观点

凯恩斯根据分析人们持有货币的动机,认为实际货币需求不仅受实际收入的影响,而且受到利率的影响,因而货币流通速度也受利率的影响,是不稳定的。根据凯恩斯提出的货币需求函数:

$$\frac{M^d}{P}=L_1(Y)+L_2(i) \tag{12-2}$$

又有恒等式,

$$M^d V=PY \tag{12-3}$$

则有,

$$V=\frac{PY}{M^d}=\frac{Y}{L_1(Y)+L_2(i)} \tag{12-4}$$

从式(12-4)可得,货币流通速度与实际货币需求成反向关系,当实际货币需求随利率的变化而发生波动时,货币流通速度也随之波动。只有当 $L_2(i)$ 等于零时,货币流通速度才可被视为一个主要由制度因素决定的在短期内变化很小的量。而且凯恩斯认为,货币流通速度往往是顺周期变动,主要因为利率变动往往是顺周期的,货币需求与利率成反向关系,而货币流通速度与货币需求又成反向关系,因此货币流通速度通常是顺周期变动的。

5. 现代货币数量论中有关货币流通速度的观点

弗里德曼的货币需求函数:

$$\frac{M^d}{P}=f\left(Y_P,\ w,\ r_m,\ r_b,\ r_e,\ \frac{1}{P}\cdot\frac{\mathrm{d}p}{\mathrm{d}t},\ u\right) \tag{12-5}$$

其中：

$\dfrac{M^d}{P}$ 表示实际货币需求；

Y_P 表示实际持久性收入，代表财富；

w 表示非人力财富占总财富的比率；

r_m 表示货币的预期名义报酬率；

r_b 表示债券的预期名义报酬率，包括债券的资本利得；

r_e 表示股票的预期名义报酬率，包括股票的资本利得；

$\dfrac{1}{P} \cdot \dfrac{\mathrm{d}p}{\mathrm{d}t}$ 表示商品价格的预期变化率；

u 表示其他影响货币需求的因素。

式(12-5)表明,货币需求对利率不敏感,他认为货币和其他资产的预期报酬率往往是同向变化的,所以影响货币需求的主要因素只是持久性收入,即

$$\dfrac{M^d}{P} = f(Y_P) \tag{12-6}$$

而由交易方程式：

$$V = \dfrac{Y}{M^d/P} = \dfrac{Y}{f(Y_P)} \tag{12-7}$$

可知,货币流通速度是稳定的、可预测的。他认为,货币流通速度取决于一国的支付习惯、有关交易的财政金融制度等因素,因此它具有稳定性和规律性。

同时,弗里德曼也解释了货币流通速度的顺周期变动的现象。由于货币需求是由持久性收入决定的,在经济繁荣时期,持久性收入的增加相对慢于现期收入的增加,因而货币需求的增加相对慢于国民收入的增加,货币流通速度也就加快；在经济衰退时期,持久性收入的下降相对慢于国民收入的下降,货币流通速度也就下降。

(三) 影响货币流通速度变化的因素

通过对货币流通速度的定义和根据上述经济学家们对货币流通速度的研究的理解,虽然在理论上,对货币流通速度是否是一个稳定的量存在着不同的观点,但是对于存在有因素对货币流通速度产生影响这点是不用质疑的,尽管影响货币流通速度的因素十分复杂。笔者认为主要有以下四点。

第一,商品经济(或者说是市场经济)的发展程度。从货币流通速度的定义可知,货币流通速度是不同量货币使用的平均次数,商品经济越发达,社会上商品交易越频繁,使用货币的次数越多,货币流通速度也就越快。这是一个较为宏观的、长期的因素。配第认为的支付频率、支付规模和马克思认为的生产方式的性质等应该是与商品经济的发展相关的。

第二,货币收入和支出之间的平均间隔时间。两者的间隔时间越长,货币被持有的时间也就越长,货币被使用的次数就会减少,货币的流通速度就会减少。在这个问题上,涉及人们对未来收入和支出的预期。如果人们预期未来收入增加时,有可能会多参与交易活动,促进货币流通速度的加快。如果预期未来支出会增加时,有可能会少参与交易活动,多持有货

币在手,减少货币流通速度。

第三,金融市场发展状况,社会信用体系特别是银行信贷体系的发展状况。所谓金融,简单言之,就是资金的融通,金融市场越发达,资金的借贷越方便,货币的流通速度也就越快。经济的发展要经历货币化与金融化两个不同的阶段。其中,货币化阶段主要是金融铸币、以货易货的交易支付逐渐被纸币所取代。在金融化阶段,股票、债券等其他的货币市场的工具作为货币的替代品出现并发展,降低了对货币的需求,提高了货币的流通速度。

第四,利率水平。这主要是针对凯恩斯的货币理论及其发展提出来的。凯恩斯的流动性偏好理论认为利率水平影响人们的投机性需求。威廉·鲍莫尔和詹姆斯·托宾分别发展了货币的交易性需求也受利率影响的理论模型,提出了著名的"平方根公式",证明交易性需求同样也受利率的影响,交易性需求与利率成反向变动。惠伦又提出预防性需求与利率成反向变动的观点。因此,凯恩斯提出的三种持有货币的动机需求都与利率相关,凯恩斯货币需求函数可写为:

$$\frac{M^d}{P} = L(Y, i) \tag{12-8}$$

詹姆斯·托宾进一步深化和完善了凯恩斯对投机性需求的分析,考虑到用货币与债券的不同组合来持有财富,论证了当两者的比例达到一定程度时,利率和货币的投机性需求成反向关系。

前面介绍的几种货币需求理论,有的互为补充,有的则存在尖锐的对立。这种对立在凯恩斯主义和货币主义之间表现得尤为明显。凯恩斯主义和货币主义需求理论的分歧可以归纳为三个经验上的问题,那就是:

(1) 货币需求对利率是否敏感?
(2) 货币需求函数的稳定性如何?
(3) 货币流通速度的稳定性如何?

大量的经验研究表明:货币需求对利率是敏感的,但是流动性陷阱并不存在;货币需求函数某些时候是稳定的,在某些时候则并不稳定;货币流通速度具有较大的波动性,而且还表现出顺周期波动的特点。

在我国,许多学者也对我国的货币需求函数进行了研究。早期,我国学术界建立货币需求模型的方法包括经验数据法、基本公式法、微分法、比例法等,但这些早期的方法都不够精确,只能够对货币需求量进行粗略的估计。20世纪90年代以后,以模型为主的实证分析越来越多,这些模型有局部模型(秦宛顺等,1991;孙来祥,1991),也有一般模型(秦朵,1997;郑超愚,1996)。近年来,更有不少国内研究者开始采用协整和误差修正模型来分析我国的货币需求函数,例如,刘斌、黄先开和潘虹宇(2001)就利用中国1978—1997年的年度数据,采用协整和误差修正模型进行了货币需求的实证研究。该研究结果表明,$M1$实际余额与实际GDP、价格指数存在协整关系,$M2$实际余额与国内生产总值、一年期定期存款利率之间存在协整关系,并由此得出比较稳定的短期动态模型。在后来的研究中,很多学者将制度因素作为一个变量纳入货币需求函数中进行实证分析,如在货币需求方程中引入股市交易量、股市市值、金融深化指标、城市人口占总人口的比例(易纲,1996),以及家庭经营农户占总农户数的比重(孙来祥,1991)等制度因素,以求更全面地反映影响货币需求的因素。王少平、李子奈(2004)采用协整分析,认为股票市场与货币总需求具有统计显著性,为正相关。谢富春、戴春平(2000)运用回归方法,分析了各个变量对货币需求的影响,方程 $M1$ 的 DW 值为 1.272,处于难以确定的 DW 区域。

究竟利率水平对货币的流通速度的变化的影响如何,笔者试图进行以下探究。根据凯恩斯货币理论及其理论发展的学说,所谓利率应该是债券的收益率,采用国债的收益率比较合适,但是由于国债既有不同的种类,而且发行的期数和期限每年每期波动较大。因此,这里简单地采用金融机构人民币存款的定期三年和五年的基准利率作为分析利率角度的依据。

三、实验内容

利用 python 以及计量经济分析方法来分析我国货币流通速度影响因素及中国货币需求函数的确定。

(一) 角度分析

在测算货币流通速度影响因素时,分别从绝对量和变化率的两种角度来分析。

(二) 下面详细说明操作过程

为了输入数据方便,先建立名为 experiment12 的 Excel 文件。

表 12-1　货币流动速度和利率

年　份	$v0$	$v1$	$r1$	$r2$	$r3$
1995	7.709 751	2.534 433	10.08	10.8	11.52
1996	8.086 412	2.496 128	8.33	8.91	9.54
1997	7.759 491	2.267 625	5.67	5.94	6.21
1998	7.533 095	2.166 734	4.59	4.8	5.1
1999	6.664 717	1.956 422	2.25	2.43	2.7
2000	6.771 076	1.866 788	2.25	2.43	2.7
2001	6.989 303	1.831 493	2.25	2.43	2.7
2002	6.964 503	1.697 648	1.98	2.25	2.52
2003	6.878 495	1.614 65	1.98	2.25	2.52
2004	7.447 286	1.665 92	2.25	2.7	3.24
2005	7.695 463	1.723 892	2.25	2.7	3.24
2006	7.990 043	1.716 4	2.52	3.06	3.69
2007	8.750 956	1.742 333	3.47	4.07	4.77
2008	9.177 515	1.889 37	3.06	3.6	4.21
2009	8.913 191	1.539 44	3.06	3.6	4.21
2010	8.989 917	1.504 76	2.63	3.4	4
2011	9.539 755	1.670 267	3.25	4.15	4.75

续　表

年　份	$v0$	$v1$	$r1$	$r2$	$r3$
2012	9.771 734	1.730 435	3.13	3.93	4.45
2013	10.038 9	1.743 358	3.13	3.93	4.45
2014	10.686 59	1.850 202	2.75	3.35	4
2015	10.899 79	1.718 536	2	2.6	3.25
2016	10.886 4	1.528 259	2	2.6	3.25

数据来源：中国人民银行、中国国家统计局。

其中，$v0$ 是 $M0$ 的流通速度，$v1$ 是 $M1$ 的流通速度，$r1$、$r2$、$r3$ 分别为一年期、两年期、三年期的中国人民银行基准利率。

回归分析的方法有很多种，为了方便理解，先从思路简单的开始入手。第一步，将需要计算的两列数据导入；第二步，计算相关系数。

打开 Python(IDLE)，点击 File/New File，新建一个编程窗口。

完整代码如下（程序 1）：

```
1.  import pandas as pd
2.
3.  #打开文件
4.  data = pd.read_excel('C:\\Users\\yongzheng\\Desktop\\experiment12.xlsx')
5.  #选择名为 v0,…,r3 的数据序列，v0,…,r3 为文件中的数据名（第一行）
6.  v0 = data['v0']
7.  v1 = data['v1']
8.  r1 = data['r1']
9.  r2 = data['r2']
10. r3 = data['r3']
11.
12. #corr 用来求相关系数
13. corr01 = v0.corr(r1)
14. print(corr01)
15.
```

对于程序的简单解释（每段开头的序号代表着代码的行数，以后的每个程序皆是如此）：

(01-01)本次程序需用到 pandas 包，使用 pipinstallpandas 命令安装即可，pip 的安装与使用详见附录。

(03-10)输入文件地址时务必输入详细，且使用双反斜杠，read_excel 用来读取 Excel 文件，读取之后取出需要分析的数据，数据名即为 Excel 文件的第一行。

(12-14)用 corr 函数将两组之间的相关系数计算出来，然后打印结果（可以在一个程序中多次使用 corr 函数,一次将所有相关系数打印出来)。以 $v0$ 和 $r1$ 为例:输出结果为 $-0.115\,219\,269\,989\,430\,04$。

表 12-2 相 关 系 数

相关系数	$r1$	$r2$	$r3$
$v0$	$-0.115\,22$	$-0.034\,94$	$0.017\,62$
$v1$	$0.877\,11$	$0.836\,72$	$0.808\,34$

从表 12-2 结果中可以看出,$v0$ 与利率几乎不相关,而 $v1$ 与利率的相关性较强,说明 $M1$ 相对 $M0$ 更能反映收入发展水平。

接下来计算回归方程,回归方程的分析方法有很多种,由于篇幅原因,本书不能一一介绍,只能介绍两种方法供读者学习使用。方法一用来对 $v1$ 和 $r1$ 进行回归分析,方法二用来对 $\Delta v2$ 和 ΔGDP 以及 CPI 进行分析。

stats.linregress 回归分析方法:本次用到 pandas、scipy、numpy、matplotlib 四个包或模块。相关文件请下载安装或者使用 pip 命令自动安装。其中最关键的是 scipy 模块,此处使用的是它的 linregress 函数,然而因为此函数仅被用来优化计算两组测量数据的最小二乘回归,所以其灵活性相当受限。因此,不能使用它进行广义线性模型和多元回归拟合。但是,由于其特殊性,它是简单线性回归中最快速的方法之一。除了拟合的系数和截距项之外,它还返回基本统计量,如 R^2 系数和标准差。

完整代码如下(程序 2):

```
1.  import numpy as np
2.  import pandas as pd
3.  import scipy.stats as sts
4.  import matplotlib.pyplot as plt
5.
6.  #打开文件
7.  data = pd.read_excel('C:\\Users\\yongzheng\\Desktop\\experiment12.xlsx')
8.  #选择名为 v0,...,r3 的数据序列,v0,...,r3 为文件中的数据名(第一行)
9.  v0 = data['v0']
10. v1 = data['v1']
11. r1 = data['r1']
12. r2 = data['r2']
13. r3 = data['r3']
14.
15. #斜率,截距,相关系数,p 值,估计梯度的标准差
16. slope,intercept,r_value,p_value,stderr = sts.linregress(r1,v1)
17. #将返回的相关值打印出来
```

```
18. print(slope,intercept,r_value,p_value,stderr)
19.
20. #把 x 轴限定在 1-11 的区域
21. xdata = np.linspace(1,11)
22. #是否将平面划分为格子,True 代表是
23. plt.grid(True)
24. #将 x,y 轴分别标记为 r1,v1,字体大小为 20
25. plt.xlabel('r1',fontsize = 20)
26. plt.ylabel('v1',fontsize = 20)
27. #画线,xdata 为因变量(横坐标),intercept + slope * xdata 为(因变量)
28. #'b'为曲线颜色,linewidth 是曲线宽度
29. plt.plot(xdata,intercept + slope * xdata,'b',linewidth = 1)
30. #将原始数据在平面上画出来,'ro'代表红色原点形式
31. plt.plot(r1,v1,'ro')
32. #将所作的图显示出来
33. plt.show()
```

(01-13)此过程和计算相关系数时相同。并且由于 $v1$ 和 $r1$ 的相关系数最大,所以在此处只计算 $v1$ 和 $r1$ 的回归方程。

(15-18)利用 linregress 函数进行线性回归,其返回的五个值,分别是回归曲线的斜率、回归曲线的截距、两组数据的相关系数、p 值(用于判断原始假设是否正确的重要证据)以及估计梯度的标准差。

结果如下:0.119 890 367 300 850 52,1.430 804 598 147 605,0.877 106 791 498 974,8.459 945 287 199 834e−08,0.014 679 972 806 148 573;表明斜率为 0.119 89,截距为 1.430 80,相关系数为 0.877 11,p 值为 8.459 95e−08,标准差为 0.014 68。

(20-33)计算已基本结束,但还需将回归线绘制出来。这便需要用到上述过程没用到的 matplotlib 包。此处所使用的代码都是作图所使用的基础代码,看代码中的简单解释即可。第 29 行代码是将回归线绘制出来,plt.plot(xdata,intercept+slope×xdata,'b',linewidth=1),其中 intercept 和 slope 分别是截距和斜率,已经求出。第 31 行代码是将原始数据以点的形式绘制出来。

结果展示如图 12-1,发现拟合效果不是很好。

$$v1 = 1.430\,80 + 0.119\,89 \times r1$$
$$r = 0.877\,11 \quad p = 8.459\,95e - 08 \quad \delta = 0.014\,68$$

我们分析后认为原因有以下五点:

(1)所采用的作为利率进行线性拟合的数据不够恰当,而且某些年份的定期储蓄利率的波动较大,利用算术平均的方法代表一年的利率水平并不科学。

(2)货币流通速度 $v0$ 的波动幅度较大,影响利率对其进行线性拟合的效果。

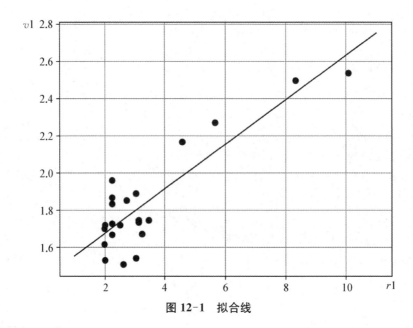

图 12-1 拟合线

(3) 利率对货币流通速度变化的影响可能存在时滞,可能不是当期就对货币流通速度产生影响。

(4) 利率对货币的流通速度变化的影响在实际上可能只是一部分,还有其他更多更关键的因素对货币流通速度产生影响。

(5) 社会分工和产业结构。不同生产周期,不同货币资金运用的规模和密集度不同的产业对货币流通速度变化的作用不同。生产周期短,运用资金规模小的产业使货币流通速度相对较快;相反,生产周期长,资金运用规模大的产业使货币流通速度相对较慢。而导致不同产业发生分化,形成一定产业结构的,是社会分工的问题。按照亚当·斯密的说法,社会分工是提高生产效率的重要途径,产业结构的形成是社会分工的结果,社会分工越细,生产效率提高越大,相对来说资金占的时间就越少,或者说资金能周转得越快,货币流通速度加快。

除此之外,人们的支付习惯和消费与储蓄习惯、人们对通货膨胀的预期、人口增长状况等因素都会对货币流通速度的变化产生影响。

四、我国货币流通速度的变化情况

下面用 $V=GDP/M$ 的公式计算我国的货币流通速度,其中,

$$v0=\frac{GDP}{M0}$$

$$v1=\frac{GDP}{M1}$$

$$v2=\frac{GDP}{M2}$$

表 12-3 是我国 1995 年至 2016 年 $M0$、$M1$、$M2$、GDP 和所计算出来的 $v0$、$v1$、$v2$ 的

相关数据（$M0$、$M1$、$M2$、GDP 的单位是亿元人民币），计算完成后存入名为 chart3 的 Excel 文件中。

表 12-3 货币供应量、GDP 以及货币流通速度

年 份	M0	M1	M2	GDP	$v0$	$v1$	$v2$
1995	7 885.3	23 987.1	60 750.5	60 793.7	7.709 751	2.534 433	1.000 711
1996	8 802	28 514.8	76 094.9	71 176.6	8.086 412	2.496 128	0.935 366
1997	10 177.6	34 826.3	90 995.3	78 973	7.759 491	2.267 625	0.867 88
1998	11 204.2	38 953.7	104 498.5	84 402.3	7.533 095	2.166 734	0.807 689
1999	13 455.5	45 837.3	119 897.9	89 677.1	6.664 717	1.956 422	0.747 946
2000	14 652.7	53 147.2	134 610.4	99 214.55	6.771 076	1.866 788	0.737 05
2001	15 689	59 872	158 302	109 655.2	6.989 303	1.831 493	0.692 696
2002	17 278	70 882	185 007	120 332.7	6.964 503	1.697 648	0.650 422
2003	19 746	84 119	221 223	135 822.8	6.878 495	1.614 65	0.613 963
2004	21 468	95 970	254 107	159 878.3	7.447 286	1.665 92	0.629 177
2005	24 032	107 279	298 756	184 937.4	7.695 463	1.723 892	0.619 025
2006	27 073	126 028	345 578	216 314.4	7.990 043	1.716 4	0.625 95
2007	30 375	152 560	403 442	265 810.3	8.750 956	1.742 333	0.658 856
2008	34 219	166 217	475 167	314 045.4	9.177 515	1.889 37	0.660 916
2009	38 247	221 446	610 225	340 902.8	8.913 191	1.539 44	0.558 651
2010	44 628	266 622	725 852	401 202	8.989 917	1.504 76	0.552 733
2011	50 748	289 848	851 591	484 123.5	9.539 755	1.670 267	0.568 493
2012	54 660	308 664	974 149	534 123	9.771 734	1.730 435	0.548 297
2013	58 574	337 291	1 106 525	588 018.8	10.038 9	1.743 358	0.531 41
2014	60 260	348 056	1 228 375	643 974	10.686 59	1.850 202	0.524 249
2015	63 217	400 953	1 392 278	689 052.1	10.899 79	1.718 536	0.494 91
2016	68 304	486 557	1 550 067	743 585	10.886 4	1.528 259	0.479 712

数据来源：中国国家统计局、中国人民银行。

然后，作出货币流通速度 $v0$、$v1$、$v2$ 的描述图形，可以利用 Excel 直接绘制图形，也可以用 Python 来实现。此处介绍利用 Python 绘制图形的方法。

代码如下（程序 3）：

```
1. import pandas as pd
2. import matplotlib.pyplot as plt
```

```
3.
4. #打开文件,并选择所需数据
5. data = pd.read_excel('C:\\Users\\yongzheng\\Desktop\\chart3.xlsx')
6. year = data[['年份']]
7. v0 = data[['v0']]
8. v1 = data[['v1']]
9. v2 = data[['v2']]
10.
11. #分别绘制 v0、v1 和 v2 与年份之间的图形,并加上标签
12. plt.plot(year,v0,label = 'v0')
13. plt.plot(year,v1,label = 'v1')
14. plt.plot(year,v2,label = 'v2')
15. #将标签放在左上角
16. plt.legend(loc = 2)
17. #显示图形
18. plt.show()
```

程序代码简单解释:

(01-09)本程序用到了 pandas 和 matplotlib 两个模块,未安装的读者运行程序会报错。然后打开文件,选择所需数据。

(11-18)plot 用于绘制图形,year 为横坐标,$v0$ 为纵坐标,而 label 则是为曲线加上相应标签,否则在多条曲线的情况下会分辨不出。Legend 则是选择标签的存放位置,1 代表右上角,2 代表左上角,以此类推,类似于 4 象限。结果如图 12-2 所示。

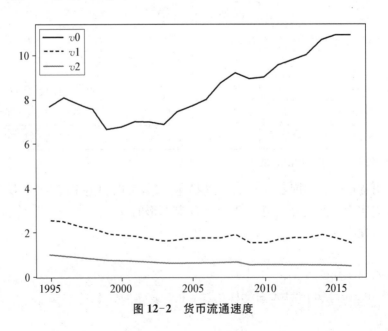

图 12-2 货币流通速度

从图 12-2 可以看出,货币流通速度 $v0$、$v1$、$v2$ 从 1995 年到 2016 年这 22 年来,$v0$ 总的趋势是上升的,$v1$、$v2$ 总的趋势是下降的。但是由于这 22 年以来我国的经济发展变化很大,货币政策调控方式和力度也有所调整等方面的原因,货币流通的速度变化的波动较大。$v0$ 的波动幅度较 $v1$、$v2$ 的波动幅度要大,$v1$ 的波动幅度较 $v2$ 的波动幅度要大。从计算的角度来看,主要原因是由于 $M0$、$M1$、$M2$ 的变动幅度依次减小,致使 $v0$、$v1$、$v2$ 的波动幅度依次减小。

表 12-4 是 GDP 的增长率和货币流通速度 $v0$、$v1$、$v2$ 的环比变动率(当年的数值比前一年的数值)。把表 12-4 绘制成图,发现 $v0$、$v1$、$v2$ 的变动率与 GDP 的增长率的变动方向及其变动幅度较为配合,基本符合货币流通速度顺周期的特征。其中,$v2$ 的变动率与 GDP 增长率的方向变动最为协调。

表 12-4　GDP 的增长率和货币流通速度 $v0$、$v1$、$v2$ 的环比变动率

年　份	$v0$ 变动率	$v1$ 变动率	$v2$ 变动率	GDP 变动率
1996	1.048 855	0.984 886	0.934 702	1.170 789
1997	0.959 572	0.908 457	0.927 85	1.109 536
1998	0.970 823	0.955 508	0.930 646	1.068 749
1999	0.884 725	0.902 936	0.926 031	1.062 496
2000	1.015 959	0.954 185	0.985 432	1.106 353
2001	1.032 229	0.981 093	0.939 823	1.105 233
2002	0.996 452	0.926 92	0.938 972	1.097 374
2003	0.987 65	0.951 11	0.943 945	1.128 727
2004	1.082 691	1.031 753	1.024 78	1.177 11
2005	1.033 324	1.034 799	0.983 864	1.156 738
2006	1.038 28	0.995 654	1.011 187	1.169 663
2007	1.095 233	1.015 109	1.052 571	1.228 814
2008	1.048 744	1.084 391	1.003 126	1.181 464
2009	0.971 199	0.814 79	0.845 268	1.085 521
2010	1.008 608	0.977 472	0.989 406	1.176 881
2011	1.061 162	1.109 989	1.028 514	1.206 683
2012	1.024 317	1.036 023	0.964 475	1.103 278
2013	1.027 341	1.007 468	0.969 202	1.100 905
2014	1.064 518	1.061 287	0.986 523	1.095 159
2015	1.019 95	0.928 837	0.944 036	1.07
2016	0.998 772	0.889 28	0.969 291	1.079 142

接下来需要作出相应图形,作图方法与程序 3 相同,此处不再展示作图代码,读者自行作出,结果见图 12-3。

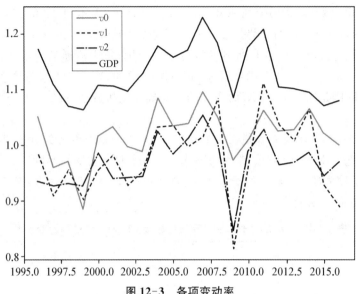

图 12-3 各项变动率

考虑到现实情况，M2 最能代表货币供应量，与此相对，v2 作为货币流通速度更具有代表性（也可以通过程序得出 v2 变动率与 GDP 变动率最为相关），这里考虑货币流通速度的变化率受哪些因素影响。根据金融学理论，货币流通速度除了受利率影响以外，还受通货膨胀预期、收入水平、消费习惯、银行行为等因素影响，这里主要考虑通货膨胀预期及收入水平的变化，用 GDP 变化代表收入水平变化，用 CPI 代表物价水平，把这些数据输入 Excel 表格。

表 12-5　v2 变动率、GDP 变动率以及 CPI

年　份	Δv2	ΔGDP	CPI
1996	0.934 702	1.170 789	429.9
1997	0.927 85	1.109 536	441.9
1998	0.930 646	1.068 749	438.4
1999	0.926 031	1.062 496	432.2
2000	0.985 432	1.106 353	434
2001	0.939 823	1.105 233	437
2002	0.938 972	1.097 374	433.5
2003	0.943 945	1.128 727	438.7
2004	1.024 78	1.177 11	455.8
2005	0.983 864	1.156 738	464
2006	1.011 187	1.169 663	471
2007	1.052 571	1.228 814	493.6
2008	1.003 126	1.181 464	522.7

续　表

年　份	Δv2	ΔGDP	CPI
2009	0.845 268	1.085 521	519
2010	0.989 406	1.176 881	536.1
2011	1.028 514	1.206 683	565
2012	0.964 475	1.103 278	579.7
2013	0.969 202	1.100 905	594.8
2014	0.986 523	1.095 159	606.7
2015	0.944 036	1.07	615.2
2016	0.969 291	1.079 142	627.5

Statsmodels 是一个小型的 Python 包,它为许多不同的统计模型估计提供了类和函数,还提供了用于统计测试和统计数据探索的类和函数。每个估计对应一个泛结果列表。可根据现有的统计包进行测试,从而确保统计结果的正确性。对于线性回归,可以使用该包中的 OLS 或一般最小二乘函数来获得估计过程中的完整的统计信息。

Statsmodels 会返回非常详细的结果,所以一定要认真学习此模块,接下来本实验所有的拟合都由 Statsmodels 来完成。

代码如下(程序 4):

```
1.  import statsmodels.api as sm
2.  import pandas as pd
3.
4.  #读取数据
5.  data = pd.read_excel('C:\\Users\\yongzheng\\Desktop\\change.xlsx')
6.
7.  #从读取到的数据中,取出名为△GDP,CPI 的数据作为自变量
8.  X = data[['△GDP','CPI']]
9.  #添加一个常数
10. X = sm.add_constant(X)
11.
12. #从读取到的数据中,取出名为△v2 的数据作为因变量
13. y = data[['△v2']]
14.
15. #拟合并打印结果
16. mod = sm.OLS(y,X)
17. res = mod.fit()
18. print(res.summary())
```

(01-05)本次程序使用的是 pandas 和 statsmodels 两个模块，read_excel 也是对 Excel 读取的一种方法，此方法用起来更为简单。

(07-10)从读取到的数据中，取出名为 △GDP、CPI 的数据作为自变量。本例中只含有 2 个自变量，读者可根据需要任意调整影响因素的数目。第 10 行添加一个常数，因为如果不添加一个常数来计算截距，默认情况下只会得到系数。

打印结果如图 12-4 所示。

```
                            OLS Regression Results
==============================================================================
Dep. Variable:                    △v2   R-squared:                       0.587
Model:                            OLS   Adj. R-squared:                  0.541
Method:                 Least Squares   F-statistic:                     12.81
Date:                Sat, 20 Jan 2018   Prob (F-statistic):           0.000347
Time:                        13:53:45   Log-Likelihood:                 44.699
No. Observations:                  21   AIC:                            -83.40
Df Residuals:                      18   BIC:                            -80.26
Df Model:                           2
Covariance Type:            nonrobust
==============================================================================
                 coef    std err          t      P>|t|      [0.025      0.975]
------------------------------------------------------------------------------
const          0.0924      0.173      0.534      0.600     -0.271       0.456
△GDP           0.7005      0.142      4.927      0.000      0.402       0.999
CPI            0.0002    9.9e-05      1.698      0.107   -3.99e-05       0.000
==============================================================================
Omnibus:                       17.566   Durbin-Watson:                   1.408
Prob(Omnibus):                  0.000   Jarque-Bera (JB):               19.859
Skew:                          -1.646   Prob(JB):                     4.87e-05
Kurtosis:                       6.444   Cond. No.                     1.65e+04
==============================================================================
```

图 12-4 拟合结果

从结果中(coef 对应的值)可以看出，常数项为 0.092 4，△GDP 的系数为 0.700 5，CPI 的系数为 0.000 2。

回归方程：

$$\Delta v2 = 0.0924 + 0.7005 \cdot \Delta \text{GDP} + 0.0002 \cdot \text{CPI}$$

R-squared 不是很大，可能有其他影响因素没有考虑进去，通货膨胀虽然显著，但系数小，可能与国民的消费习惯不大受物价水平影响有关系，GDP 关系显著，恰好反映了这种一致性，也给政府有关部门提了一个醒：可以在提高货币流通速度的条件下，满足交易和经济增长需求，而不是一味地扩张货币供应量。

五、货币需求函数实验步骤

(一) 中国货币需求计量模型的建立

1. 国内生产总值(GDP)。反映国内经济总量水平。从理论上讲，GDP 越大，对货币的需求越大，而且它对各层次的货币需求影响是同方向的。

2. 股票市值(CSV)。一般来说，在股市上涨的过程中，股票市值增加，人们对投机性货币需求增大，但是股票市值的高低对不同层次的货币需求影响是有差异的。在股市上涨时，会出现"储蓄搬家"的现象，即很多的资金从银行涌入股市，表现为银行定期存款的减少，活期储蓄存款增加，券商保证金增加。

3. 利率(R)。一般来说,利率越高,反映居民和企业持有货币的机会成本越大,投机性货币需求越少。

4. 零售物价指数(RPI)。零售物价指数与通货膨胀预期密切相关,且成正向关系。

5. 外汇储备(FER)。一般来讲,外汇储备增加越多,货币需求越多。

6. 随机因素(U)。包括未考虑到的影响货币需求的其他因素。

综上所述,我国的货币需求函数计量模型的基本形式可以表示为:

$$M_{0t}^D = f(GDP_t, CSV_t, R_t, RPI_t, FER_t, U_t)$$
$$M_{1t}^D = f(GDP_t, CSV_t, R_t, RPI_t, FER_t, U_t)$$
$$M_{2t}^D = f(GDP_t, CSV_t, R_t, RPI_t, FER_t, U_t) \qquad (12-9)$$

式中,M_{0t}^D:对货币 M0 的需求;M_{1t}^D:对货币 M1 的需求;M_{2t}^D:对货币 M2 的需求;GDP_t:国内生产总值;CSV_t:股市总市值;R_t:名义利率;RPI_t:零售物价指数;FER_t:外汇储备总量;U_t:随机变量。

(二)指标和样本数据说明

本实验的数据样本期间为 1992—2005 年,以年度为单位,数据均来源于中国统计年鉴、国家统计局、中国人民银行网站和中国人民银行统计季报。M0、M1 和 M2 为人民银行定期公布的各层次货币需求量,CSV 为沪深股市市值总和,利率 R,采用一年期基准利率,RPI 由 2006 中国统计年鉴获得(以 1978 年为基期)。

表 12-6 货币供应量及相关影响因素

年 份	M0	M1	M2	R1	GDP	RPI	CSV	FER
1992	4 336	11 732	25 402	7.56	26 924	225.2	1 048	194
1993	5 865	16 280	34 880	10.08	35 334	254.9	3 531	212
1994	7 289	20 541	46 924	10.08	48 198	310.2	3 691	516
1995	7 885	23 987	60 751	10.08	60 794	356.1	3 474	736
1996	8 802	28 515	76 095	8.33	71 177	377.8	9 842	1 050
1997	10 178	34 826	90 995	5.67	78 973	380.8	17 529	1 399
1998	11 204	38 954	104 499	4.59	84 402	370.9	19 506	1 450
1999	13 456	45 837	119 898	2.25	89 677	359.8	26 417	1 547
2000	14 653	53 147	134 610	2.25	99 215	354.4	48 091	1 656
2001	15 689	59 872	158 302	2.25	109 655	351.6	43 522	2 122
2002	17 278	70 882	185 007	1.98	120 333	347	38 329	2 864
2003	19 746	84 119	221 223	1.98	135 823	346.7	42 458	4 033
2004	21 468	95 970	254 107	2.25	159 878	356.4	37 056	6 099
2005	24 032	107 279	298 756	2.25	184 937	359.3	32 430	8 188

数据来源:中国国家统计局、中国人民银行。

(三) 中国货币需求函数的实证分析

假定 1992—2005 年的货币需求与供给是相对均衡的,对所有变量取对数,再利用线性回归方程进行估计,并假设货币需求模型如下:

$$\ln M_{it}^D = a_1 + a_2 \ln GDP_t + a_3 \ln CSV_t + a_4 \ln RPI_t + a_5 \ln R_t + a_6 \ln FER_t) \quad (12\text{-}10)$$

$$(i = 0, 1, 2)$$

按以上的回归方程,根据表 12-6 中的数据,利用 python 软件进行回归分析。并按如下步骤进行:第一步,根据假定的货币需求函数对各层次的货币量进行回归分析,得出各个变量的回归系数;第二步,将系数不显著的变量剔除,再进行回归分析,从而得出与各层次货币需求量关系最为显著的变量所构成的方程。

首先检验 M0 与各变量之间的关系,全部代码如下(程序 5):

```
1. import pandas as pd
2. import numpy as np
3. from statsmodels.formula.api import ols
4.
5. #读取文件与所需数据
6. data = pd.read_excel('C:\\Users\\yongzheng\\Desktop\\experime12.xlsx')
7. X = data[['m2','r1','gdp','rpi','csv','fer']]
8.
9. #拟合模型进行拟合
10. mod = ols(formula='np.log(m2)~np.log(gdp) + np.log(csv) + np.log(rpi) + np.log(r1) + np.log(fer)', data = X)
11. res = mod.fit()
12. print(res.summary())
```

(01-06)本次程序使用的是 pandas 和 statsmodels 两个模块,read_excel 也是对 excel 读取的一种方法,此方法用起来更为简单。

(07-08)从读取到的数据中,取出所需要的全部数据,即取出名为 $M2, R1, GDP, RPI, CSV, FER$ 的数据。

(09-12)最重要的一段代码,formula 的等式中,在符号~前面的是需要分析的因变量,即公式等号左边的 $\ln M_{it}^D$, log 即代表数学中的 ln,np 表示 numpy 模块。在~号后面的则是需要分析的自变量,即公式等号右边的所有项。

M0 分析结果如图 12-5 所示。

M1、M2 的分析与 M0 相同,只需将代码中的 M0 更改为 M1 或 M2 即可进行分析(见图 12-6 和图 12-7)。

```
                            OLS Regression Results
==============================================================================
Dep. Variable:             np.log(m0)   R-squared:                       0.997
Model:                            OLS   Adj. R-squared:                  0.994
Method:                 Least Squares   F-statistic:                     464.5
Date:                Sat, 20 Jan 2018   Prob (F-statistic):           1.25e-09
Time:                        18:35:04   Log-Likelihood:                 29.738
No. Observations:                  14   AIC:                            -47.48
Df Residuals:                       8   BIC:                            -43.64
Df Model:                           5
Covariance Type:            nonrobust
==============================================================================
                   coef    std err          t      P>|t|      [0.025      0.975]
------------------------------------------------------------------------------
Intercept       -0.7098      2.079     -0.341      0.742     -5.503       4.084
np.log(gdp)      1.2330      0.277      4.453      0.002      0.594       1.872
np.log(csv)      0.0188      0.045      0.417      0.688     -0.085       0.123
np.log(rpi)     -0.4827      0.170     -2.836      0.022     -0.875      -0.090
np.log(r1)      -0.0636      0.055     -1.165      0.278     -0.190       0.062
np.log(fer)     -0.1608      0.116     -1.388      0.203     -0.428       0.106
==============================================================================
Omnibus:                        7.182   Durbin-Watson:                   1.978
Prob(Omnibus):                  0.028   Jarque-Bera (JB):                3.809
Skew:                           1.184   Prob(JB):                        0.149
Kurtosis:                       3.962   Cond. No.                     3.62e+03
==============================================================================
```

图 12-5　M0 分析结果

```
                            OLS Regression Results
==============================================================================
Dep. Variable:             np.log(m1)   R-squared:                       0.999
Model:                            OLS   Adj. R-squared:                  0.998
Method:                 Least Squares   F-statistic:                     1319.
Date:                Sat, 20 Jan 2018   Prob (F-statistic):           1.94e-11
Time:                        18:34:26   Log-Likelihood:                 33.043
No. Observations:                  14   AIC:                            -54.09
Df Residuals:                       8   BIC:                            -50.25
Df Model:                           5
Covariance Type:            nonrobust
==============================================================================
                   coef    std err          t      P>|t|      [0.025      0.975]
------------------------------------------------------------------------------
Intercept        0.7971      1.642      0.486      0.640     -2.989       4.583
np.log(gdp)      1.2651      0.219      5.785      0.000      0.761       1.769
np.log(csv)      0.0613      0.036      1.724      0.123     -0.021       0.143
np.log(rpi)     -0.8399      0.134     -6.248      0.000     -1.150      -0.530
np.log(r1)      -0.0414      0.043     -0.961      0.365     -0.141       0.058
np.log(fer)     -0.0199      0.091     -0.217      0.834     -0.231       0.191
==============================================================================
Omnibus:                        0.556   Durbin-Watson:                   1.528
Prob(Omnibus):                  0.757   Jarque-Bera (JB):                0.555
Skew:                           0.041   Prob(JB):                        0.758
Kurtosis:                       2.028   Cond. No.                     3.62e+03
==============================================================================
```

图 12-6　M1 分析结果

```
                            OLS Regression Results
==============================================================================
Dep. Variable:             np.log(m2)   R-squared:                       0.999
Model:                            OLS   Adj. R-squared:                  0.999
Method:                 Least Squares   F-statistic:                     2512.
Date:                Sat, 20 Jan 2018   Prob (F-statistic):           1.48e-12
Time:                        18:33:36   Log-Likelihood:                 36.216
No. Observations:                  14   AIC:                            -60.43
Df Residuals:                       8   BIC:                            -56.60
Df Model:                           5
Covariance Type:            nonrobust
===============================================================================
                  coef    std err          t      P>|t|      [0.025      0.975]
-------------------------------------------------------------------------------
Intercept      -0.2009      1.309     -0.154      0.882      -3.219       2.817
np.log(gdp)     1.2044      0.174      6.909      0.000       0.802       1.606
np.log(csv)     0.0381      0.028      1.343      0.216      -0.027       0.103
np.log(rpi)    -0.4071      0.107     -3.799      0.005      -0.654      -0.160
np.log(rl)     -0.0825      0.034     -2.400      0.043      -0.162      -0.003
np.log(fer)     0.0322      0.073      0.441      0.671      -0.136       0.200
==============================================================================
Omnibus:                        0.505   Durbin-Watson:                   1.797
Prob(Omnibus):                  0.777   Jarque-Bera (JB):                0.000
Skew:                           0.008   Prob(JB):                         1.00
Kurtosis:                       2.994   Cond. No.                     3.62e+03
==============================================================================
```

图 12-7 *M2* 分析结果

第一步结果表明，在各层次的货币需求函数中，沪深总市值的系数(CSV)和外汇储备的系数(FER)都不显著，各回归方程的 DW 值落在"无法判定是否存在自相关性"区域，且只选取 GDP、FER 变量进行回归分析也存在自相关(这实际上也表明了我国的外向型经济特点，出口拉动了经济的快速增长，也带来了大量的外汇储备)。

影响因素只有 GDP 和 FER 时的结果如图 12-8 所示(在程序 5 第 10 行代码中将其余影响因素删掉)。

```
                            OLS Regression Results
==============================================================================
Dep. Variable:             np.log(m2)   R-squared:                       0.991
Model:                            OLS   Adj. R-squared:                  0.989
Method:                 Least Squares   F-statistic:                     592.9
Date:                Sat, 20 Jan 2018   Prob (F-statistic):           6.29e-12
Time:                        18:36:54   Log-Likelihood:                 17.527
No. Observations:                  14   AIC:                            -29.05
Df Residuals:                      11   BIC:                            -27.14
Df Model:                           2
Covariance Type:            nonrobust
===============================================================================
                  coef    std err          t      P>|t|      [0.025      0.975]
-------------------------------------------------------------------------------
Intercept      -3.8984      2.483     -1.570      0.145      -9.364       1.567
np.log(gdp)     1.3725      0.320      4.285      0.001       0.668       2.078
np.log(fer)    -0.0127      0.159     -0.080      0.938      -0.363       0.338
==============================================================================
Omnibus:                        0.988   Durbin-Watson:                   0.557
Prob(Omnibus):                  0.610   Jarque-Bera (JB):                0.770
Skew:                          -0.262   Prob(JB):                        0.680
Kurtosis:                       1.977   Cond. No.                     1.62e+03
==============================================================================
```

图 12-8 仅含有 GDP 和 FER 时的结果

备注：检查影响因素中是否具有自相关，如果具有自相关，会导致回归分析不太理想。
检查方式：让影响因素只含有某两项(即将第 10 行代码中的五个影响因素去掉三个)，然后查看分析结果中的 DW 值,DW 值仅为 0.557,表示存在自相关。

由于外汇系数较小,并且其与 GDP 存在自相关,可以考虑先把外汇储备剔除,回归结果如图 12-9 所示(这里先研究 M2 层次的货币需求)。

```
                            OLS Regression Results
==============================================================================
Dep. Variable:             np.log(m2)   R-squared:                       0.999
Model:                            OLS   Adj. R-squared:                  0.999
Method:                 Least Squares   F-statistic:                     3448.
Date:                Sat, 20 Jan 2018   Prob (F-statistic):           2.54e-14
Time:                        18:38:23   Log-Likelihood:                 36.048
No. Observations:                  14   AIC:                            -62.10
Df Residuals:                       9   BIC:                            -58.90
Df Model:                           4
Covariance Type:            nonrobust
==============================================================================
                 coef    std err          t      P>|t|      [0.025      0.975]
------------------------------------------------------------------------------
Intercept      -0.7562      0.339     -2.231      0.053      -1.523       0.010
np.log(gdp)     1.2796      0.035     36.645      0.000       1.201       1.359
np.log(csv)     0.0299      0.020      1.460      0.178      -0.016       0.076
np.log(rpi)    -0.4032      0.102     -3.957      0.003      -0.634      -0.173
np.log(r1)     -0.0871      0.031     -2.789      0.021      -0.158      -0.016
==============================================================================
Omnibus:                        1.159   Durbin-Watson:                   1.621
Prob(Omnibus):                  0.560   Jarque-Bera (JB):                0.073
Skew:                          -0.012   Prob(JB):                        0.964
Kurtosis:                       3.353   Cond. No.                         903.
==============================================================================
```

图 12-9　去除掉 FER 的 M2 分析结果

经回归分析 CSV 对 M2 的统计不显著,剔除后再做回归分析可得如图 12-10 所示结果。

```
                            OLS Regression Results
==============================================================================
Dep. Variable:             np.log(m2)   R-squared:                       0.999
Model:                            OLS   Adj. R-squared:                  0.999
Method:                 Least Squares   F-statistic:                     4130.
Date:                Sat, 20 Jan 2018   Prob (F-statistic):           9.23e-16
Time:                        18:38:49   Log-Likelihood:                 34.561
No. Observations:                  14   AIC:                            -61.12
Df Residuals:                      10   BIC:                            -58.57
Df Model:                           3
Covariance Type:            nonrobust
==============================================================================
                 coef    std err          t      P>|t|      [0.025      0.975]
------------------------------------------------------------------------------
Intercept      -1.0309      0.297     -3.467      0.006      -1.693      -0.368
np.log(gdp)     1.2834      0.037     34.936      0.000       1.202       1.365
np.log(rpi)    -0.3057      0.081     -3.765      0.004      -0.487      -0.125
np.log(r1)     -0.1221      0.021     -5.781      0.000      -0.169      -0.075
==============================================================================
Omnibus:                        0.709   Durbin-Watson:                   1.753
Prob(Omnibus):                  0.702   Jarque-Bera (JB):                0.700
Skew:                           0.366   Prob(JB):                        0.705
Kurtosis:                       2.185   Cond. No.                         594.
==============================================================================
```

图 12-10　去除掉 FER 和 CSV 时的 M2 分析结果

具体表达式如下:

$$\ln M_2 = -1.0309 + 1.2834\ln GDP - 0.3057\ln RPI - 0.1221\ln R$$

P: (0.006)   (0.000)   (0.004)   (0.000)

S.E   (0.297)   (0.037)   (0.081)   (0.021)

T   (-3.467)   (34.936)   (-3.765)   (-5.871)

F=4130；R^2=0.999；$\overline{R^2}$=0.999；DW=1.753

与 M2 的需求函数的推导类似,剔除外汇储备后,对 M1 进行回归分析,结果如图 12-11 所示。

```
                        OLS Regression Results
==============================================================================
Dep. Variable:              np.log(m1)   R-squared:                   0.999
Model:                             OLS   Adj. R-squared:              0.998
Method:                  Least Squares   F-statistic:                 1845.
Date:                 Sat, 20 Jan 2018   Prob (F-statistic):        4.22e-13
Time:                         18:42:23   Log-Likelihood:              33.002
No. Observations:                   14   AIC:                         -56.00
Df Residuals:                        9   BIC:                         -52.81
Df Model:                            4
Covariance Type:             nonrobust
==============================================================================
                 coef    std err          t      P>|t|      [0.025     0.975]
------------------------------------------------------------------------------
Intercept      1.1401      0.421      2.706      0.024      0.187      2.093
np.log(gdp)    1.2187      0.043     28.077      0.000      1.120      1.317
np.log(csv)    0.0663      0.025      2.606      0.028      0.009      0.124
np.log(rpi)   -0.8423      0.127     -6.649      0.000     -1.129     -0.556
np.log(r1)    -0.0386      0.039     -0.993      0.347     -0.126      0.049
==============================================================================
Omnibus:                        0.918   Durbin-Watson:                   1.521
Prob(Omnibus):                  0.632   Jarque-Bera (JB):                0.672
Skew:                           0.029   Prob(JB):                        0.715
Kurtosis:                       1.928   Cond. No.                         903.
==============================================================================
```

图 12-11 剔除外汇后的 M1 分析结果

经回归分析,r1 对 M1 的统计不显著,剔除后再做回归分析可得如图 12-12 所示结果。

```
                        OLS Regression Results
==============================================================================
Dep. Variable:              np.log(m1)   R-squared:                   0.999
Model:                             OLS   Adj. R-squared:              0.998
Method:                  Least Squares   F-statistic:                 2462.
Date:                 Sat, 20 Jan 2018   Prob (F-statistic):        1.22e-14
Time:                         18:43:01   Log-Likelihood:              32.274
No. Observations:                   14   AIC:                         -56.55
Df Residuals:                       10   BIC:                         -53.99
Df Model:                            3
Covariance Type:             nonrobust
==============================================================================
                 coef    std err          t      P>|t|      [0.025     0.975]
------------------------------------------------------------------------------
Intercept      1.2248      0.412      2.971      0.014      0.306      2.143
np.log(gdp)    1.2399      0.038     32.854      0.000      1.156      1.324
np.log(csv)    0.0857      0.016      5.258      0.000      0.049      0.122
np.log(rpi)   -0.9395      0.080    -11.687      0.000     -1.119     -0.760
==============================================================================
Omnibus:                        0.935   Durbin-Watson:                   1.744
Prob(Omnibus):                  0.626   Jarque-Bera (JB):                0.676
Skew:                           0.005   Prob(JB):                        0.713
Kurtosis:                       1.923   Cond. No.                         874.
==============================================================================
```

图 12-12 剔除外汇和利率后的 M1 分析结果

具体表达式如下：

$$\ln M_1 = 1.2248 + 1.2399\ln GDP + 0.0857\ln CSV - 0.9395\ln RPI$$

P: （0.014） （0.000） （0.000） （0.000）

S.E （0.412） （0.038） （0.016） （0.080）

T   （2.971） （32.854） （5.258） （−11.687）

F = 2462; R^2 = 0.999; $\overline{R^2}$ = 0.998; DW = 1.744

类似的对于 $M0$ 剔除外汇储备后的回归分析如图 12-13 所示。

```
                         OLS Regression Results
==============================================================================
Dep. Variable:              np.log(m0)   R-squared:                       0.996
Model:                             OLS   Adj. R-squared:                  0.994
Method:                  Least Squares   F-statistic:                     525.9
Date:                 Sat, 20 Jan 2018   Prob (F-statistic):           1.18e-10
Time:                         18:49:15   Log-Likelihood:                 28.227
No. Observations:                   14   AIC:                            -46.45
Df Residuals:                        9   BIC:                            -43.26
Df Model:                            4
Covariance Type:             nonrobust
==============================================================================
                 coef    std err          t      P>|t|      [0.025      0.975]
------------------------------------------------------------------------------
Intercept      2.0677      0.593      3.490      0.007       0.727       3.408
np.log(gdp)    0.8572      0.061     14.041      0.000       0.719       0.995
np.log(csv)    0.0596      0.036      1.665      0.130      -0.021       0.141
np.log(rpi)   -0.5022      0.178     -2.819      0.020      -0.905      -0.099
np.log(r1)    -0.0405      0.055     -0.742      0.477      -0.164       0.083
==============================================================================
Omnibus:                        0.684   Durbin-Watson:                   1.544
Prob(Omnibus):                  0.710   Jarque-Bera (JB):                0.517
Skew:                           0.414   Prob(JB):                        0.772
Kurtosis:                       2.551   Cond. No.                         903.
==============================================================================
```

图 12-13 剔除外汇后的 $M0$ 分析结果

经回归分析 $r1$ 对 $M0$ 的统计量不显著，剔除后再做回归分析可得如图 12-14 所示结果。

```
                         OLS Regression Results
==============================================================================
Dep. Variable:              np.log(m0)   R-squared:                       0.995
Model:                             OLS   Adj. R-squared:                  0.994
Method:                  Least Squares   F-statistic:                     734.1
Date:                 Sat, 20 Jan 2018   Prob (F-statistic):           5.10e-12
Time:                         18:49:53   Log-Likelihood:                 27.811
No. Observations:                   14   AIC:                            -47.62
Df Residuals:                       10   BIC:                            -45.07
Df Model:                            3
Covariance Type:             nonrobust
==============================================================================
                 coef    std err          t      P>|t|      [0.025      0.975]
------------------------------------------------------------------------------
Intercept      2.1566      0.567      3.803      0.003       0.893       3.420
np.log(gdp)    0.8795      0.052     16.943      0.000       0.764       0.995
np.log(csv)    0.0800      0.022      3.567      0.005       0.030       0.130
np.log(rpi)   -0.6043      0.111     -5.466      0.000      -0.851      -0.358
==============================================================================
Omnibus:                        1.271   Durbin-Watson:                   1.681
Prob(Omnibus):                  0.530   Jarque-Bera (JB):                0.897
Skew:                           0.576   Prob(JB):                        0.639
Kurtosis:                       2.541   Cond. No.                         874.
==============================================================================
```

图 12-14 剔除外汇和利率的 $M0$ 分析结果

具体表达式如下：

$$\ln M_0 = 2.1566 + 0.8795\ln GDP + 0.0800\ln CSV - 0.6043 nRPI$$

P: (0.003)　(0.000)　(0.005)　(0.000)

S.E (0.567)　(0.052)　(0.022)　(0.111)

T　(3.803)　(16.943)　(3.567)　(-5.466)

$F = 734.1$; $R^2 = 0.995$; $\overline{R^2} = 0.994$; $DW = 1.681$

(四) 对于回归结果的分析

1. 所有方程的拟合优度系数和调整后的拟合优度系数都有很高的值，接近1表明方程的拟合优度很高，并且都通过了显著水平为1%的F检验，方程$M0$的DW值为1.753，$M1$的DW值为1.744，$M2$的DW值为1.681，大于1.54且小于$4-1.54=2.46$，所以，可以确定上述三个方程不存在一阶自相关性的问题。除了$M1$的截距，所有方程中的截距和回归系数都通过了显著水平为1%的T统计检验，$M1$的截距也是只有极小的差异(1.4%)，它们的标准差都很小。因此，所有方程中的截距和回归系数都是显著的，且稳定性较好。

2. 在回归方程中，GDP的回归系数与理论预期一致，都是正相关，即随着我国经济的迅速发展，GDP增长，货币需求增加。但是，各种货币需求的弹性不一样，对GDP的各层次的货币需求解释为：一是随着财富和收入的增长，边际储蓄倾向上升，边际消费倾向下降，而公众储蓄的主要形式是银行存款；二是随着信息技术的发展，人们更多地使用移动支付(电子货币)进行交易，降低了流通中的现金需求，即货币$M0$的需求的增加幅度小于GDP的增加幅度，对货币$M1$、$M2$的需求增加幅度大于GDP的增加幅度。

3. 在回归方程中，CSV与$M0$、$M1$都是正相关，弹性都较小。在股票上涨的过程中，人们会增加对货币$M0$、$M1$的需求。石建民(2001)证实了1993年第1季度至2000年第3季度的数据，得出了我国股市已经对货币需求总需求函数具有正相关的影响，并建议将股市的货币需求效应纳入货币供给的规划中去。Friedman(1988)利用1961—1986年美国的季度数据，对股票价格的货币需求效应进行了实证分析，研究表明美国的股票价格对货币需求正相关。范方志、赵明勋在《当代货币政策：理论与实践》一书中则利用向量自回归和脉冲响应函数，认为股票流通市值与$M1$、$M2$的需求成负相关。

4. 在回归方程中，RPI的回归系数都为负数，即随着零售物价指数(通货膨胀预期)上升，对各层次的货币需求减少。这说明在我国物价上涨时，人们对各个层次的货币需求平均倾向减少，等待物价平稳或下跌时才去购买商品的效应大于物价上涨购买商品的效应。

5. 在$M2$的回归方程中，利率R与$M2$成负相关。这是因为利率上升，持币成本上升，投机性货币持有需求减少，人们更趋向于银行存款，说明我国存在利率变动对储蓄的替代效应。由于我国的利率市场化改革还没有完善，所以利率对$M0$、$M1$的货币需求弹性不明显。

6. 近几年我国的外汇储备迅速增长，从理论上来讲，应该对货币需求有所增加，外汇储备增加的主要原因源于经常项目顺差和资本项目顺差两部分，而经常项目已计算在GDP之内，所以在进行回归分析时，FER影响到其他变量，存在一阶自相关性，应该删除。

通过本实验的第一个程序，可以得出GDP和FER的相关系数为0.9465，可以看出GDP与FER的相关度非常高，故在回归时应考虑先将其从回归方程中剔除掉。

六、实验报告要求

1. 实验目的明确,实验过程清晰,实验结论准确。
2. 实验报告在下一次实验课前上交。
3. 实验成绩的考核:实验课上遵守纪律的情况、出勤情况等占40%,实验报告占60%。

七、思考题

1. 利用python,将图12-3绘制出来。
2. 对货币流通速度和货币供应量的影响因素,除实验中已考虑的因素除外,还有其他因素。选择一组有可能与此相关的宏观经济因素,并进行验证。
3. 总结进行回归分析的心得体会。

八、注意事项

1. 注意实验数据的时效性,尽量选择最近年份。
2. 注意实验中所建模型的经济意义,要对其含义进行合理解释。
3. 注意实验中步骤的严谨性,否则很容易报错。

附录一 pip 的安装与使用

>>>>>> 金融仿真综合实验

(一) pip 的安装

pip 是用来方便地管理 Python 各个模块和包的,换言之,pip 的安装建立在 Python 已安装的基础上。pip 的安装可以分为以下三步。

第 1 步:检查 Python 命令。在 Python 安装后,打开命令行窗口,输入 Python,会显示如附图 1-1 的正确结果(会显示已安装完成的 Python 版本):

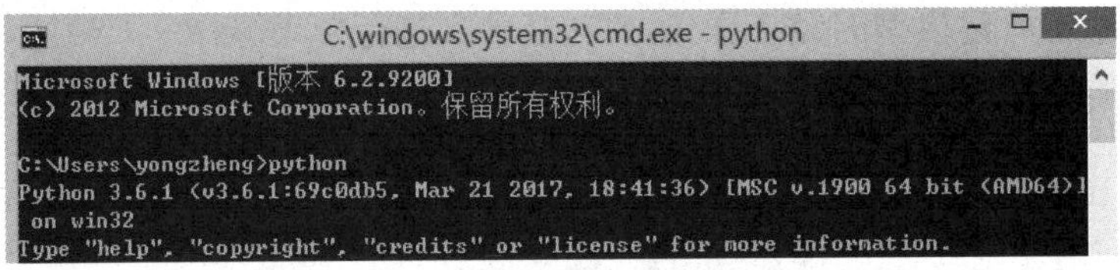

附图 1-1 命令行窗口的 Python 命令

附图 1-1 是 Python 命令的正确结果,会显示已安装 Python 的版本,接下来直接进行第 2 步。但如果提示"Python 不是内部或外部命令,也不是可运行的程序或批处理文件",则需要进行第 1—2 步。

第 1—2 步:鼠标右键我的电脑→属性→点击高级系统设置→点击环境变量→双击或者编辑系统变量中的 path→在最后面加上 Python 的安装路径→点击确定。

找到 python.exe 文件所在的文件夹地址,即 Python 的安装路径,然后复制。

附图 1-2 安装路径

然后,添加安装路径,附图 1-3 和附图 1-4 分别是路径添加前后。在添加路径的时候,只能在最后面添加,千万不要将原来的值覆盖掉,如果不小心这样做了,点击取消。除此之外,路径之间要有英文分号作为间隔,然后点击确定。添加完成后再输入 Python 命令,便会显示附图 1-1 正确结果。

第 2 步:pip 文件的下载与解压。打开网址 https://pypi.python.org/pypi/pip,下载名为 pip-9.0.1.tar.gz (md5, pgp)的文件(备注:文件大小为 1 MB 以上,有时候会由于网络原因下载出错,导致只能下载不足 1 kb 的错误文件,解决办法是多点几次下载链接即可)。

附图 1-3　路径添加前　　　　　　　附图 1-4　路径添加后

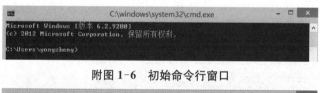

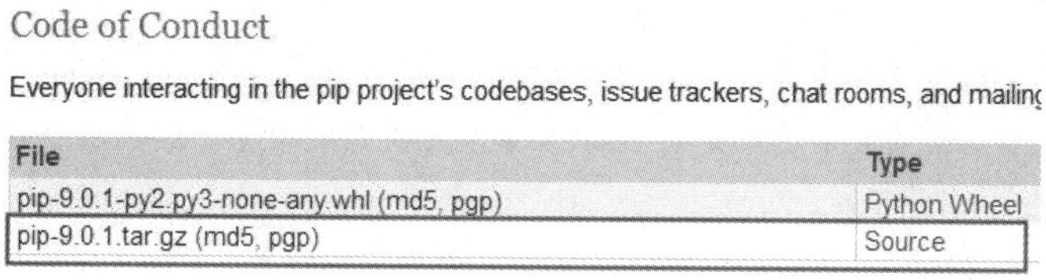

附图 1-5　下载 pip 文件

下载完成后解压，为方便，一般选择解压至桌面的文件夹之中。以编者为例，解压到了桌面上的 pip-9.0.1 文件夹中。

第 3 步：安装 pip。重新打开命令行窗口，用 cmd 控制台进入解压目录。附图 1-6 是初始的命令行窗口。由于编者的解压目录为 C：\Users\yongzheng\Desktop\pip-9.0.1，而初始目录（附图 1-6）为 C：\Users\yongzheng，所以输入 cd desktop\pip-9.0.1 进入解压目录。

附图 1-6　初始命令行窗口

附图 1-7　改变目录后的命令行窗口

然后输入命令 python setup.py install。安装好之后输入 pip，会显示如附图 1-8 所示的正确结果。

附图 1-8　pip 命令正确结果

如果显示如附图 1-8 所示的结果,便代表 pip 安装完毕,但如果显示"pip 不是内部或外部命令,也不是可运行的程序或批处理文件",则还需要进行第 3—2 步。

第 3—2 步:在 python 文件夹中,找到一个名为 Scripts 的文件夹。然后将目录地址添加进 Path 变量中,此步骤与 1—2 步骤相同,依旧以编者为例:在 path 中添加:D:\python36\Scripts。此时 pip 的安装才算是全部完成。

(二) pip 的使用

pip 的使用比较简单,若需要安装 pandas 模块,打开命令行窗口,输入 pip install pandas 命令,此命令会自行下载安装所需文件。若安装半途中失败,可以多重复几次安装命令。如果还一直持续报错,尤其是同样的错误,就需要换一种安装方式。

打开网站 https://www.lfd.uci.edu/~gohlke/pythonlibs/,找到对应自己 Python 版本和电脑位数的相应文件(在安装 Python 的时候一般要选择与电脑位数相同的版本)。

以安装 pandas 模块为例,若电脑操作系统位数为 64 位(右键点击我的电脑-属性即可查看),Python 版本为 3.6,选择如附图 1-9 的 pandas 版本。

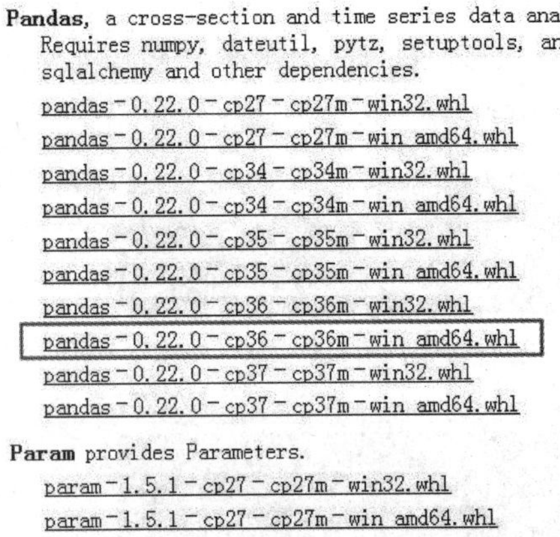

附图 1-9 下载所需对应版本的文件

然后,在命令行窗口将目录转换为文件所在地址,若文件下载到桌面,则先输入 cd desktop,然后输入命令 pip install pandas-0.22.0-cp36-cp36m-win_amd64.whl,至此 pip 的安装与使用介绍完毕。

附录二　Python 基础知识

对 Python 不太熟悉的同学可以通过此部分简单了解一下 Python,有益于后续的学习。

(一) 基本计算

Python 中可以直接使用+、一、*、/进行四则运算。

```
1. >>> 3 * 4
2. 12
3. >>> 8 / 2
4. 4.0
```

(二) 模块导入

Python 中很多函数是被封装在模块中的,只有使用 import 导入相应模块之后,才可以使用这个函数。比如导入 math 模块,然后使用 math 模块下面的 sqrt 函数。

```
1. >>> import math
2. >>> math.sqrt(25)
3. 5.0
```

有些读者可能会发现,直接输入 sqrt(9)是会报错的,但是每次都要加前缀 math 显得比较麻烦,此时就可以用"from 模块 import 函数"的格式先把函数给导出来。

```
1. >>> from math import sqrt
2. >>> sqrt(25)
3. 5.0
```

如果需要大量此模块中的函数,一个个的导出会很慢,可以使用"from 模块 import *"。

```
1. >>> from math import *
2. >>> print(sqrt(25))
3. 5.0
4. >>> print(floor(32.9))
5. 32
```

(三) 容器

容器就是装数据的器具,它主要包括列表、字典、元组、字符串和集合等。

列表的基本特征是中括号,比如:[1,2,3,5,10]

元组的基本特征是小括号,比如:(1,2,3,5,10)

字符串的形式比如:'python'

和其他大多数语言一样,Python 可以使用索引来访问容器中的某个元素。但要注意,第一个元素的位置是 0,第二个是 1,依次类推。列表和元组的区别主要在于,列表可以修改,而元组不能。

```
1. >>> a = [1,2,3,5,10]
2. >>> a[1]
3. 2
4. >>> a[1] = 3
5. >>> a
6. [1, 3, 3, 5, 10]
```

字典与其他容器不同,它是一个无序的容器,形式如{'zero': 0,'one': 1,'two': 2},符号":"前面为键,后面为值。字典不能通过索引来访问其中的元素,而要根据键来访问其中的元素。

```
1. >>> b = {'zero': 0,'one': 1,'two': 2}
2. >>> b['zero']
3. 0
```

另外,容器还有其他的一些操作,比如相加,或者其他一些函数对容器的操作,比如 len(),便是查看容器内元素的个数。本书中用到的一些相关操作,都会在代码介绍中详细说明,此处不再赘述。

(四) 函数

Python 中有多种多样的函数,读者可以根据需要进行调用,也可以自己定义。定义格式如下:

def 函数名(参数):输入函数代码

函数代码中,return 表示返回的值。比如,我们要定义一个两数相乘的函数,如下即可:

```
1. >>> def mul(x, y):
2.       return x * y
3.
4. >>> mul(3,4)
5. 12
```

(五) 简单循环与条件语句

1. for 循环语句

for 循环语句能遍历任何序列,可以是一个列表也可以是一个字符串,在这里,使用 for 语句之前,首先需定义一个列表,然后使用 for 语句遍历列表中的元素:

```
1. >>> letter = ["a","b","c"]
2. >>> for i in letter:
3.     print(i)
4. a
5. b
6. c
```

2. while 循环语句

while 循环语句的原理是循环一直运行下去,直到满足相应的条件为止。

```
1. >>> num = 1
2. >>> while num<5:
3.     print(num)
4.     num + = 1
5. 1
6. 2
7. 3
8. 4
```

3. if-else 条件语句

if-else 是条件语句,其原理是满足某个条件,则执行一条操作,否则,执行另一条操作:

```
1. age = 18
2. >>> if age> = 18:
3.         print("已成年")
4.   else:
5.         print("未成年")
6. 已成年
```

附录三 部分 Python 库和模块的介绍

>>>>>> 金融仿真综合实验

(一) Sympy

Sympy 是一个符号计算的 Python 库,它的目标是成为一个全功能的计算机代数系统,代码简洁易懂,且支持符号计算、高精度计算、模式匹配、绘图解方程、微积分、组合数学、离散数学、几何学、概率与统计、物理学方面的功能。下面举例如何计算求极限:

```
1.  >>> from sympy import *
2.  >>> x = Symbol("x")
3.  >>> limit(sin(x)/x,x,0)
4.  1
```

(二) datetime

datetime 模块是处理时间和日期的标准库,比如计算 2015 年 7 月 1 日至 2016 年 2 月 5 日相差的时间天数,可以直接引入 datetime 模块:

```
1.  >>> import datetime
2.  >>> d1 = datetime.datetime(2016,2,5)
3.  >>> d2 = datetime.datetime(2015,7,1)
4.  >>> d1 - d2
5.  datetime.timedelta(219)
```

(三) Sys

Sys 模块是 Python 标准库中自带的一个模块,包括了一些非常实用的服务,内含很多函数方法和变量,用来处理 Python 运行时的配置以及资源,从而可以与当前程序之外的系统环境交互。Sys 模块功能多,这里只代表性介绍比较实用的功能。

sys.path:获取指定模块搜索路径的字符串集合,可以将写好的模块放在得到的某个路径下,就可以在程序中 import 时正确找到,比如使用 sys.path.append("自定义模块的路径")。

```
1.  >>> import sys
2.  >>> sys.path.append("c:\\Users\ASUS\Desktop")
3.  >>> from binomiolcall_put import binomiolcall_put
```

这样就可以直接使用自定义的 binomiolcall_put 函数作为模块引入使用。

(四) math

虽然 Python 在简单运算中可以应用 Python 最基本的数学运算功能,但是,对于一些较为复杂的数学运算需要引入 math 包,其补充了许多多的函数可供使用。当然,如果想要更加高级的数学功能,也可以考虑选择标准库之外的 numpy 包和 scipy 包,它们不但支持数组和矩阵运算,还有丰富的数学方程和物理方程可供使用。math 包主要是处理数学相关的运算,比如常见的三角函数:

```
1. >>> import math
2. >>> math.sin(2)
3. 0.9092974268256817
4. >>> math.cos(2)
5. -0.4161468365471424
6. >>> math.tan(2)
7. -2.185039863261519
8. >>> math.sin(math.pi/2)
9. 1.0
```

(五) Scipy 库

Scipy 库是一个用于科学计算的工具集,与 numpy 一脉相承,但相比之下是更加高端的数值计算库,在 numpy 的基础之上增加了许多科学研究计算中常用的功能函数,可以方便地进行数据处理,包括统计、优化、线性代数、傅里叶变换以及信号与图像处理等方面的应用。下面举例介绍 Scipy 库中的简单应用,比如 log、exp、sqrt 的使用:

```
1. >>> from scipy import *
2. >>> log(4)
3. 1.3862943611198906
4. >>> exp(4)
5. 54.598150033144236
6. >>> sqrt(4)
7. 2.0
```

注意:在 Scipy 库中计算 log(4) 实际上是计算自然对数 ln(4) 的值。

(六) Matplotlib 库

Matplotlib 库是在 Python 下实现 matlab 功能的三方库,旨在用 Python 实现 matlab 的功能,是 Python 下最出色的绘图库,功能很完善,可以方便地设计和输出二维三维的数据,提供常见的直角坐标、球坐标、极坐标等。下面举例绘制 $y=x^2$ 的图像:

```
1. import matplotlib.pyplot as plt
2. x = []
3. y = []
```

```
4.  for i in range(-1000,1000):
5.      a = i**2
6.      x.append(a)
7.      y.append(i)
8.  plt.scatter(y,x,s = 0.1)
9.  plt.show()
```

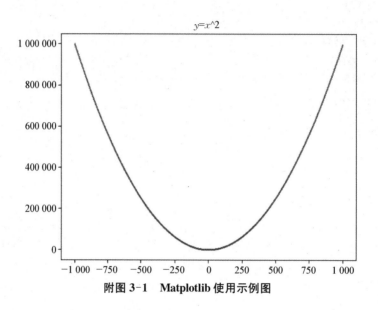

附图3-1　Matplotlib 使用示例图

（七）matplotlib.pyplot

通常，需要绘制图时，都可以直接调用 matplotlib.pyplot 库来进行，其中的 hist 函数可以直接绘制直方图。hist 的参数非常多，但常用的就只有六个，plt.hist(arr, bins, normed, facecolor, edgecolor, alpha)，arr：需要计算直方图的一维数组；bins：直方图的柱数，可选项，默认为10；normed：是否将得到的直方图向量归一化，默认为0；facecolor：直方图颜色；edgecolor：直方图边框颜色；alpha：透明度。

下面举例产生一个泊松分布：

```
1.  import numpy as np
2.  from scipy import stats as stats
3.  import matplotlib.pyplot as plt
4.  n = stats.poisson.rvs(2,size = 1000)
5.  plt.figure()
6.  plt.hist(n,bins = 10,normed = True)
7.  plt.show()
```

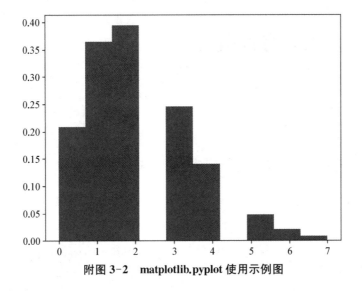

附图 3-2 matplotlib.pyplot 使用示例图

(八) stats 模块

stats 包含了多种概率分布的随机变量,提供了产生连续性分布和离散分布的函数,有均匀分布、正态分布、贝塔分布、几何分布、泊松分布等常见的分布函数。下面举例利用 stats 产生 10 个标准正态分布的随机数:

```
1. >>> from scipy import stats as stats
2. >>> x = stats.norm.rvs(size = 10)
3. >>> print(x)
4. [-0.71324907 -0.42772638 -0.62490633  0.89135587 -0.90662707  0.69350606
5.   0.43097416 -0.04465212 -0.5499808  -1.03054067]
```

利用 stats 产生 10 个[0,1]均匀分布的随机数:

```
1. y = stats.uniform.rvs(size = 10)
2. >>> print(y)
3. [ 0.85592809  0.61489481  0.58415995  0.98197485  0.85745725  0.91585261
4.   0.90443943  0.09350125  0.06067072  0.56705565]
```

除了以上这些模块(库或包)之外,本书还使用了其他的一些常用模块,比如 pandas 和 numpy,这些模块的使用方法介绍都分散到了本书的各个程序代码解释中,读者可以随着实验的进行渐渐深入学习。

附录四　二叉树补充

单步二叉树代码如下：

```python
1. import matplotlib.pyplot as plt
2. plt.xlim(0,10)
3. plt.ylim(0,10)
4. plt.title("Binary Trees",fontsize = 20)
5. plt.figtext(0.15,0.5,"S,f")
6. plt.figtext(0.35,0.65,"Su,fu")
7. plt.figtext(0.35,0.35,"Sd,fd")
8. plt.figtext(0.28,0.56,"p")
9. plt.figtext(0.28,0.4,"1 - p")
10. plt.annotate("",xytext = (1,5),xy = (3.5,6.5),arrowprops = dict(facecolor = "y",
    headlength = 8,headwidth = 5,width = 2))
11. plt.annotate("",xytext = (1,5),xy = (3.5,3.5),arrowprops = dict(facecolor = "b",
    headlength = 8,headwidth = 5,width = 2))
12. plt.axis("off")
13. plt.show()
```

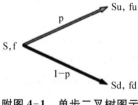

附图 4-1　单步二叉树图示

两步二叉树代码如下：

```python
1. import matplotlib.pyplot as plt
2. plt.xlim(0,10)
3. plt.ylim(0,10)
4. plt.title("Binary Trees",fontsize = 23)
5. plt.figtext(0.15,0.5,"S")
```

6. plt.figtext(0.35,0.65,"Su")
7. plt.figtext(0.35,0.35,"Sd")
8. plt.figtext(0.55,0.5,"S")
9. plt.figtext(0.55,0.8,"Su^2")
10. plt.figtext(0.55,0.2,"Sd^2")
11. plt.annotate("",xytext=(1,5),xy=(3.5,6.5),arrowprops=dict(facecolor="y", headlength=8,headwidth=5,width=2))
12. plt.annotate("",xytext=(1,5),xy=(3.5,3.5),arrowprops=dict(facecolor="b", headlength=8,headwidth=5,width=2))
13. plt.annotate("",xytext=(3.5,6.5),xy=(5.5,5),arrowprops=dict(facecolor="y", headlength=8,headwidth=5,width=2))
14. plt.annotate("",xytext=(3.5,3.5),xy=(5.5,5),arrowprops=dict(facecolor="b", headlength=8,headwidth=5,width=2))
15. plt.annotate("",xytext=(3.5,6.5),xy=(5.5,8),arrowprops=dict(facecolor="y", headlength=8,headwidth=5,width=2))
16. plt.annotate("",xytext=(3.5,3.5),xy=(5.5,2),arrowprops=dict(facecolor="b", headlength=8,headwidth=5,width=2))
17. plt.axis("off")
18. plt.show()

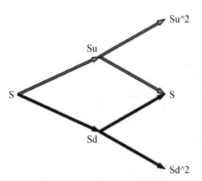

附图 4-2 两步二叉树图示

图书在版编目(CIP)数据

金融仿真综合实验/李政主编. —上海:复旦大学出版社,2018.11
ISBN 978-7-309-14007-1

Ⅰ.①金… Ⅱ.①李… Ⅲ.①金融-系统仿真-实验-高等学校-教材 Ⅳ.①F8-33

中国版本图书馆 CIP 数据核字(2018)第 241608 号

金融仿真综合实验
李　政　主编
责任编辑/鲍雯妍

复旦大学出版社有限公司出版发行
上海市国权路 579 号　邮编:200433
网址:fupnet@fudanpress.com　http://www.fudanpress.com
门市零售:86-21-65642857　团体订购:86-21-65118853
外埠邮购:86-21-65109143　出版部电话:86-21-65642845
上海四维数字图文有限公司

开本 787×1092　1/16　印张 14.75　字数 341 千
2018 年 11 月第 1 版第 1 次印刷

ISBN 978-7-309-14007-1/F·2513
定价:32.00 元

如有印装质量问题,请向复旦大学出版社有限公司出版部调换。
版权所有　侵权必究